U0946404

问倒科学家

1

宇宙全揭秘

致远 著

天津出版传媒集团

天津科学技术出版社

图书在版编目（CIP）数据

问倒科学家 . 1，宇宙全揭秘 / 致远著 . -- 天津 : 天津科学技术出版社，2025.1. -- ISBN 978-7-5742-2514-5

Ⅰ . Z228.1；P159-49

中国国家版本馆 CIP 数据核字第 20243X66X8 号

问倒科学家 . 1，宇宙全揭秘
WEN DAO KEXUEJIA . 1，YUZHOU QUAN JIEMI
策划编辑：杨　譞
责任编辑：马　悦　杨　譞　宋佳霖
责任印制：刘　彤
出　　版：天津出版传媒集团
　　　　　天津科学技术出版社
地　　址：天津市西康路 35 号
邮　　编：300051
电　　话：（022）23332490
网　　址：www.tjkjcbs.com.cn
发　　行：新华书店经销
印　　刷：河北松源印刷有限公司

开本 880 × 1 230　1/32　印张 16　字数 295 000
2025 年 1 月第 1 版第 1 次印刷
定价：88.00 元（全 4 册）

Preface 前言

为什么恒星会发光而行星不会发光？为什么日本的火山特别多？为什么变色龙会变色？为什么夏季多雨瓜果就不甜？为什么天上会下酸雨？为什么火焰通常是橙色的？为什么电脑不能代替人脑？为什么贫铀弹会带来巨大的危害……这些问题的答案或蕴含丰富的科学知识，或藏着大自然的神奇奥秘，或标示人类社会发展的里程碑……寻求这些问题的答案，是人们的好奇心和求知欲使然，却是走近科学、探索未知世界的一个新起点。

本套书分为宇宙全揭秘、奇趣动植物、科技新天地、生活万花筒四册，内容涵盖天文、地理、动物、植物、交通、军事、科学技术、日常生活等诸多领域，就像一所小型图书馆，不仅给读者以严谨、科学的指导，并且增补了近年来各领域的研究成果，时代感和知识性强，在获得科学知识的同时，还能培养读者的探索精神和创新意识。

将实用、有趣的科学探索以提问的形式展开，用通俗生动的语言，深入浅出地予以巧妙回答，将抽象、深奥的科学知识形象而浅近地予以阐释，非常符合青少年读者的认知方式和阅读特点，能帮助其开阔视野，增长知识，提高智力。

“问倒科学家”不仅是一种挑战，更是一种激励。它鼓励青少年保持好奇心，勇于提问，不断探索，从而在知识的海洋中不断成长，最终成为推动社会进步的重要力量。

Contents

目录

神秘宇宙

奇幻地球

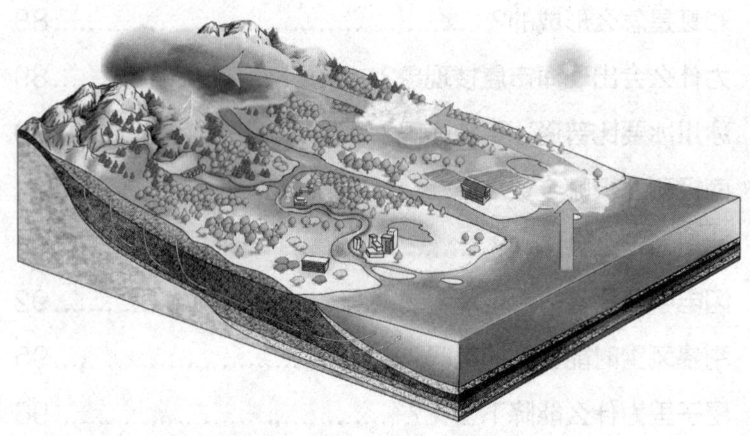

神秘宇宙

» 太阳系是在银河系的中心吗?

在中国古代，银河又称天河、银汉、星河，牛郎织女在天河鹊桥相会的美丽传说一直流传到今天。夏天晴朗的夜晚，我们可以看到犹如一条白色飘带的银河横跨天际。那么，我们经常在神话故事中提到的“银河”与天文学上的“银河系”是不是同一个概念呢?

其实银河系是一个由 2000 多亿颗恒星、数千个星团和星云组成的盘状恒星系统，而太阳系正处于这个系统中。银河系中的大部分恒星集中在一个叫作银盘的盘状结构里。从地球上看去，由于人类的肉眼分辨不出银河系主体部分密集的恒星，而是看到晴朗夜空中呈现的一条边界不规则的乳白色亮带，这就是我们所说的银河。所以说，银河只是银河系的一部分，银河系和银河这两个概念是不同的。

后来，天文学家沙普利先后观测了约 100 个球状星团。他的统计表明，人马座以内的球状星团占总星团的三分之一，而以人马座为中心的半个天球竟分布了 90% 以上的球状星团。沙普利对球状星团和造父变星进行系统的研究，推断出太阳系不在银河系中心，而是处于银河系边缘，银河系的中心在人马座方向。

» 银河系为什么被称为“宇宙岛”？

茫茫宇宙中分布着大量的星体及各类星际物质。就像烟波浩渺的大海是由无数颗水滴组成的一样，宇宙中的星体和星云等各类星际物质的数量之巨也是超乎人们想象的。银河系以外的其他星系，被人们统称为河外星系。河外星系大小不一，外观和结构也多种多样。

根据天文学家的观测，在苍茫的宇宙空间里，分布着至少1000亿个星系。每个星系大概由近1000亿颗恒星，以及弥漫于星际间的大量的气体和尘埃组成，每颗恒星的体积都可能和太阳一样大。而太阳所在的银河系只是那千亿个星系大家庭中的普通一员，如同宇宙汪洋中的一个小岛。因此，人们把银河系称为“宇宙岛”。

仙女座

1924年美国天文学家哈勃利用当时世界上最大的反射式望远镜——口径为2.54米的胡克望远镜，发现了仙女座大星云的造父变星，从而准确地推算出该星云远在银河系之外，是规模与银河系相当的巨大恒星系统。从此，人类把视野从小小的银河系投向更为广阔的宇宙空间。

» 黑洞能吞噬一切，包括光吗？

如果你完全坚信着牛顿的万有引力定律，那么解释黑洞这个问题就会变得非常困难了。我们在日常的活动中如玩撞球或掷球时，牛顿定律被使用得很好，甚至连火箭发射都是遵循牛顿定律的。但是当它面对像黑洞这样复杂的问题时，你不得不开始考虑是什么引力在空间中起作用。这就是爱因斯坦在 20 世纪早期所研究的问题。他的引力理论认为引力影响着一个叫作时空的由时间和空间组成的组合体。爱因斯坦认为引力扭曲了时空，以至于光不能沿着直线前进。从 A 点到 B 点之间直线运行是最快的方式，除非它沿的并不是直线。

这将帮助你去理解如下问题：你也许会认为从英国伦敦到加拿大西海岸的温哥华最便捷的方式就是沿着直线飞越过太平洋，但实际并不是这样。它们会先向北飞向苏格兰，然后穿越格陵兰的上方，因为这才是最直接并且最短的航程，虽然它看起来并不是。这个世界在我们的视界里就是一个平面——我们使用的所有地图都是平的——所以看起来直线穿越大海好像是最短的路线。但是如果你看着一个地球仪——这个世界的真实模拟物，你会很容易发现最短的路线是穿越过格陵兰的一个大圆弧。

这同样适用于时空。在我们看来太空是一个平面，而且这个观点也被广泛接受，即使是登上月球也是如此。但是，一旦我们开始讨论太空中引力非常强的那些地方——例如黑洞——我们就不得不开始考虑时空中引力的作用。想象这里有一张画有一条直线的蹦床，如果你将一包很重的马铃薯放在它的中间，蹦床将向中间陷下去，而这条直线也不再是直的。这时如果你将一个弹球从蹦床的一头滚到另一头，在蹦床上它不会沿着一条直线前进，而是会在蹦床上曲线前进。而那就是时空和光线之间发生的事。引力扭曲了时空，而光跟随着已经被引力弯曲的直线穿越时空。黑洞将时空扭曲得太厉害以至于直线实际上已经被弯曲成一个圆，而光就沿着圆形轨道不停地旋转，直至消失。所以说，光是无法从黑洞中逃脱的。

» 为什么恒星会发光而行星不会?

20 世纪初，科学家根据伟大的物理学家爱因斯坦的相对论推出了一个质量和能量的关系式，帮助天文学家解决了恒星为什么发光这一问题。原来，恒星内部温度高达 1000 万摄氏度，物质处在这样高的温度下会发生热核反应，由较轻的原子核聚变成为较重的原子核，在这个过程中损失一部分质量，同时释放出巨大的能量。于是，这些能量以辐射的方式由内传到外，从恒星表面发射至空间，使它们长期在宇宙中闪闪发光。

行星的内部温度远低于恒星，因此它们自己是不能释放出巨大能量的，也就不会发光。同样，行星的质量也比恒星小得多，即使是太阳系质量最大的木星也还不到太阳质量的千分之一，因此，行星由引力收缩而得到的能量，不会使其内部温度高到发生热核反应的程度。

» 什么是脉冲星？

脉冲星是一种体积小、密度大、高速旋转的恒星，它在旋转的同时发出窄束无线电波，就像旋转的灯塔，只有它朝向我们的时候才能够检测到这些无线电波。所以从地球上看，这种奇怪的恒星发出的好像是脉冲信号。

脉冲星是一种中子星：有时，巨大的恒星会在激变爆炸中结束生命，而中子星就是这种爆炸的产物。

一个中等大小的恒星（如太阳）有上百万个地球那么大。而一个巨星或超巨星的直径是太阳的 10 倍 ~ 1000 倍，中子星就是一个如此巨大的恒星塌陷为一个城市的大小之后形成的。这就是中子星的不同之处，它具有普通恒星的质量，但体积却小到难以想象的程度——一汤匙大小的中子星物质足有 10 亿吨重。

恒星爆炸后的残留物质会发生塌陷，塌陷时，它的重力越来越强，原子则被挤得越来越靠近。在一般情况下，原子之间会保持一定距离，因为原子中绕原子核运动的电子使原子间相互排斥。但在中子星中，电子受到强大的挤压离开原来的轨道，进入原子中心。原子的中心是原子核，由质子和中子组成，进入原子核的电子与质子发生反应，形成更多中子。最终，该恒星充满了中子，于是中子星就形成了。

科学家认为，中子星在人类发现它之前已经存在很长时间了。1967 年 11 月，人类第一次发现它存在的迹象：英国的一个射电望远镜阵列发现了宇宙中一个新的无线电波源。

宇宙中有许多种无线电波源，比如说，在恒星间漂移的水分子和氨分子就会发出无线电波，这些无线电波可以被射电望远镜的碟形天线接收。

脉冲星发出的无线电波与其他无线电波都不相同。乔瑟琳·贝尔是一位研究生，当她偶然发现这些奇怪的信号时，她仔细研究了这些电波的特点，她惊奇地发现，这个无线电波源规律地发出无线电波——每次间隔时间是 1.337 秒。

贝尔的发现被公之于众后，很多人以为她发现了地外文明建造的无线电信标机，但是几个月之后，另一个脉冲射电源被发现了。于是，科学家不再认为贝尔发现的是人造物体发出的无线电波。天文学家最终认定，这些无线电波是恒星塌陷的产物，并将其命名为脉冲星。事实证明，脉冲星是中子星的一种。从此之后，成百上千的脉冲星陆续揭开了它们神秘的面纱。

不过脉冲星为什么会产生脉冲呢？科学家认为是因为其高速自转的缘故。所有的恒星都会自转，太阳自转一周需要近 1 个月。所有旋转的物体，当其缩小时旋转速度都会加快。想一想花样滑冰运动员，当他们做旋转动作时，慢慢地把手臂曲向胸前会让他们转得越来越快。对于塌陷的恒星也是同样的道理。

一个城市大小的脉冲星可以每秒自转一周，还有转得更快的。

再来看看脉冲是如何形成的。脉冲星有强磁场，南北极附近的自由质子和电子沿着磁场线被扫射出来，当这些粒子加速时，就会放出能量光子——从 X 射线到无线电波。因此，脉冲星旋转时，窄束辐射闪出，就好像旋转的灯塔发出的光忽明忽暗。

» 夜空为什么是黑的？

地球上，白天的天空是亮的，这是因为空气分子能够反射阳光，就像一面面小镜子。但是在月球上没有大气层，所以天空一片漆黑，连星光也消失了。同样的道理，宇宙空间本身也是空荡的，几乎没有能够将光线反射进我们眼睛里的物质，所以我们看到的空间就是黑暗的，即使太阳周围也是漆黑一片。

但是关于宇宙的黑暗仍然存在着疑团：宇宙中所有的天体发出的光为什么不能合在一起形成明亮的光？天空为什么会在晚上变黑？

托马斯·迪奇斯是 16 世纪的天文学家，他当时也研究了这些问题，他认为宇宙是无限的，宇宙在各个方向上拓展，在这个无尽的空间里，有无数颗恒星。但是按照他的推理，如果宇宙里充满了恒星，天空被星光笼罩，那么夜空将和白天一样明亮。然而事实并不是这样。迪奇斯终其一生都没能解开这个难题。

威尔海姆·奥伯斯（一位 19 世纪的天文学家）也花了许

多年来思考同样的问题，并且关于夜空为什么是黑暗的问题被称为“奥伯斯佯缪”。奥伯斯考虑了很多种可能，最后认为原因是宇宙空间里的尘埃：我们之所以看不见远处恒星发出的光，是因为宇宙中的尘埃吸收了这些光。

但奥伯斯死后，天文学家计算了所有恒星发光的总和，结果发现，这个能量足以让挡在半路的所有尘埃升温发光。也就是说，夜空在闪亮的尘埃的照耀下也变得一片光明。于是，问题又回到了起点。

美国马萨诸塞大学的爱德华·哈里森在他的《夜的黑：宇宙之谜》一书中写道：宇宙中的恒星数量并不足以覆盖整个天空，所以夜空是黑的。

借助于强大的天文望远镜，我们可以看到离我们很远的恒星。光从遥远的恒星传播到地球上都需要几百万年，所以当我们遥望夜空深处时，就是在回顾历史。最强大的天文望远镜能帮助我们看到某颗在 100 亿年前发出的光的恒星。

宇宙的历史只有 150 亿年，天文望远镜越发达，我们就能看见越远的恒星。埃德加·爱伦·坡受到这个理论的启发，写下了许多带有恐怖和超自然色彩的小说、诗歌，其中有《渡鸦》《告密的心脏》等。1848 年，爱伦·坡在《我得之矣：一首散文诗》中写道：在漆黑的夜空深处，我们看到了宇宙诞生前的虚无。

按照哈里森的理论，爱伦·坡的诗刻画了一个真实的宇宙。

就像他诗中写的“穿过群星，我们看到了宇宙的源头”。

» 木星上的“大红斑”是怎么回事？

木星是太阳系八大行星中最大的一个，赤道长度约为44.56万千米。这是一个寒冷的星球，大气中弥漫着氢气，还掺杂着氨和水的冰晶云。在气态物质下面，液态金属氢覆盖整个星球表面。

在木星赤道南侧有一个“大红斑”。这不是行星得了“麻疹”，而是一个巨大猛烈的风暴，这个风暴跨越5万多千米，宽约1.1万千米，足以包下整个地球。同地球上普通的气旋相似的是，它也旋转，但由于尺寸实在太大，它转一周需要花去地球上6天的时间。

木星上这阵红色的风暴已经刮了很久了。1664年，英国天文学家罗伯特·胡克首次发现了它，后来人们称之为“大红斑”。很难说它在被发现之前已经持续了多久，但人们清

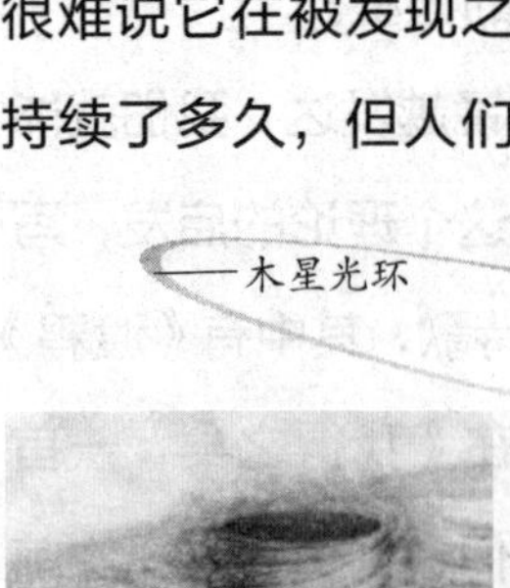
木星“大红斑”

楚的是，300 年后它将依然强劲。

随着它沿逆时针旋转，强大的上升气流吹过上部和下部。随之而来的一个问题就是这个“大红斑”为什么没有逐渐被分解？

为了找到问题的答案，加州大学伯克利分校的菲利普 · 马库斯专门在计算机上为“大红斑”建立了模型。一时间，许多相关学者都对这个模型产生了兴趣。如何才能在实验室环境下制造模拟气旋？得克萨斯大学奥斯汀分校的科研小组将大桶盛满水，用它来模拟木星上的气旋。

从木星内部发出的热量使气流形成并以乳白、褐、红色的云的形式旋转，样子就像大锅里即将沸腾的水。

为了模仿这种气流，他们将大桶旋转起来，再用水泵将大桶里的水抽出又灌入。同时，在水里加入了红色颜料，以便观察水的运动情况。

一种运动模式终于从混乱中显现出来，桶里的水逐渐形成了涡旋。然后，许多小的涡旋慢慢汇集在一起，形成一个大的椭圆形涡旋。事实证明，他们成功地塑造了一个微型“大红斑”。

这个实验告诉我们，是无数小气旋汇集在一起才形成了火星上的“大红斑”。虽然它时刻有被分解的趋势，但它同时也在不断吸收周围新生成的小气旋。就像大鱼吃小鱼，大气旋靠吞噬小气旋来维系自己的旋转。

那么红色从何而来呢？克拉克 · 查普曼（美国亚利桑那州

的图森行星科学研究所的一位研究员）认为是磷或硫等化学物染红了斑点，但没有确凿的证据，所以仍不能确定。

» 恒星为什么会有五彩斑斓的颜色？

淡黄色的太阳是离我们最近的恒星。宇宙中的恒星可不都是淡黄色的，它们的颜色五彩斑斓，一簇恒星就可以成为珠宝盒了。在宇宙里，一颗颗恒星就像蓝宝石镶嵌在上面一样，而当中一颗橘黄色的恒星则发出耀眼的光芒。

恒星的颜色取决于它们自身的温度。光是以波的形式传播的辐射，相邻波峰之间的距离就叫作光的波长。光波很短，短到什么程度呢？如果将 1 英寸分成 25 万份，那么一个光波的长度仅相当于其中的几份加起来那么长。

但无论光波多么短，它的变化却足以引起人们视觉上的很大差异，因为波长的变化反映在人眼里就是颜色的变化。比如，红光的波长是蓝光的约 1.5 倍。而各种波长（也就是各种颜色）的光混合在一起就是白光。

日常生活中我们可以发现，当物体的温度改变的时候，它的颜色也会变化。比如，一块冷的烙铁是黑色的，把它放进火炉里，一会儿工夫，它的表面就变成暗红色——加热时间越长就越红。如果继续加热，在熔化之前，它会依次由红变成橘红、黄、白，最后变成蓝白色。

科学家已经发现了物体颜色与温度之间的关系，即温度越高的物体，来自它的辐射的能量越大，波长越短。蓝光的波长比红光短，所以加热能发出蓝光的物体就一定比发红光的物体热。

恒星中的热气体原子发射出光粒子——光子。气体温度越高，光子的能量越强，波长越短。所以，最热、最年轻的恒星会发出蓝白色的光。随着恒星上的核燃料慢慢被消耗掉，它们的温度也慢慢降下来，所以年迈的恒星温度都比较低，通常会发出红色的光。而介于两者之间的中年恒星就会发黄光，比如太阳。

太阳距离地球只有 1.5 亿千米，我们可以轻而易举地看出太阳的颜色。但是有些恒星距离地球上万亿千米，比太阳远得多，即使用目前最大倍数的望远镜也很难分辨出它们的颜色。因此，科学家让来自恒星的光通过一种特殊的过滤器，或者通过一种叫作滤光镜的光学仪器，这些仪器能够显示出来自某个恒星的光里每种波长的光各有多少。

天文学家可以通过标出什么光的波长强度最高来确定恒星的整体颜色。只要知道了恒星颜色，就可以利用简单的数学换算公式来推断恒星的表面温度，还可以进一步估计恒星的年龄。

» 太阳为什么会发光发热？

太阳像一个无比炽热的大火球，每时每刻都在发光发热。

它的亮度是其他任何天体都无法与之相匹敌的，它比肉眼

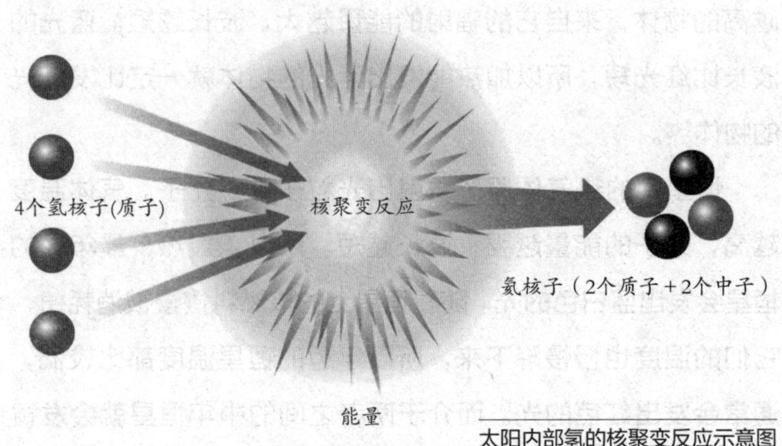

太阳内部氢的核聚变反应示意图

能见到的最暗星要亮10多万亿倍。

如果把一层12米厚的冰壳覆盖在太阳表面，那么1分钟后，太阳发出的热量，就能将这层冰壳完全融化。而在人类有史可查的漫长岁月中，人们未曾发现太阳的光和热有丝毫减弱。那么，如此巨大而持久的能量究竟是从哪里来的呢?

原来太阳中的燃料是氢，它燃烧后的余烬则是氦，氢的聚变反应产生了太阳能。

所以，在太阳上所发生的燃烧过程并非如一般人想象的那样是太阳内部的物质燃烧的结果。太阳内部进行着的氢转变为氦的热核反应才是其产生巨大能量的源泉。太阳上贮藏的氢至少还可以供给太阳像现在这样继续辉煌地闪耀50亿年！即使太阳上的氢全部燃烧完毕，也还会有其他的热核反应继续发生，因此太阳还是可以继续发射出它那巨大的光和热来！

» 为什么天体都近似球形？

天体并不都是标准的球形，它们只是看上去像球形，或者说几乎是球形罢了。

地球就是一个两极稍扁的球形；木星和土星由于其有密度极高的大气，因而它们的两极看上去更扁。

恒星、行星和其他天体之所以都是球形，而不是正方形或是别的奇形怪状的样子，完全是万有引力作用的结果。

任何物体都会对其他物体产生吸引力。依据牛顿定律，万有引力的大小与两个物体间距离的平方成反比，而与物体相互间的位置无关。因而，有限多个不均匀分布的、一样的粒子总是倾向于聚在一起形成球状的团。在行星和恒星形成的过程中，同时还有许多其他力的作用。

假设在宇宙大爆炸后一段时间里，有大量不同的粒子不均匀地分布于宇宙空间中,由此形成了一大片分布不均的物质云。在这片物质云中，粒子彼此吸引，但整体的万有引力却没有达到平衡，就仍有某种扰动力使其旋转。特别地，可能因此而得到一颗伴星，那么两个天体间就有引力相互作用。当然，这中间还涉及电磁学、摩擦和热学等各方面的复杂问题。

这时，分散的物质云在引力的作用下逐渐聚合在了一起，同时由于其本身的非均一性和某些外力的作用而开始自转，于是便形成了一个大致的（不是完美球形的）旋转天体。它的形状将取决于其自转速度的大小，自转速度越快，其形状就越趋近于扁圆形。此外，这个天体的形状也与其组成物质的密度相关。

如果假设有一个呈标准球形的台球，在旋转中它会保持自己的外形近乎为球形；但若是一个旋转着的充水气球，则会呈两头扁、中间凸出的扁球形。事实上，天体大都有很大的质量和很高的

海王星

土星

天王星

自转速度，赤道附近的物质很可能会因此被甩离该天体，给它来一次“瘦身运动”。被甩脱的“赘肉”可能会四处分散开来，在某些情况下也可能会通过类似的过程形成一颗球状的卫星。

围绕太阳转动的行星距离太阳的远近各不相同。

» 太阳系中的行星为什么都在绕太阳旋转?

众所周知，太阳系中的行星都在围绕太阳旋转，但它们开始旋转的起点在哪里？是什么促使它们不停地运动呢？

要回答这个问题，必须追溯到太阳系的形成。太阳系是气体和尘埃在重力的影响下慢慢聚集形成一个巨大的球体后爆发而成的。当尘埃聚集时，粒子互相撞击，球体中央变得越来越热，直到它变得足够热，最终形成了一个我们现在称之为太阳的物体。随着温度的升高，太阳达到了一个临点，它变成了“导体”，就像火突然燃烧起来一样。这一燃烧导致了气体和尘埃脱离了太阳而形成了行星的最基本的物质结构。

现在对于旋转，有一条运动定律叫作“角动量守恒定律”，它描述的是当某些东西逐渐变小时，它会旋转得越来越快。这就是为什么溜冰者环抱双臂紧贴身体使身体变小时，旋转速度会加快。这同样适用于尘埃和气体：任何正在旋转的物体，当它的体积逐渐减小时，旋转都会越来越快。当物体旋转时，离心力会把中部推开，把顶部拉回来。这发生在一个球体身上时，会最终使这个球体不再是一个球体，而是成为围绕着太阳旋转的圆盘。行星也来自这个圆盘，这就是为什么它们都在固定的平面轨道上围着太阳转。

最初的气态球体不一定需要太多的旋转来产生我们今天看到的太阳系的轨道，尽管最初是什么造成的轨道我们仍不清楚。但宇宙中的物体如果有任何变化，一般都可能是在旋转。事实上，来自银河系的每个物体都在旋转。

» 土星环是怎么形成的？

土星环是太阳系里最壮观的景色之一。1610 年，伽利略成为第一个看到土星环的人，他说，从望远镜里看到的土星像是有一对“耳朵”。

1655 年，荷兰天文学家克里斯蒂安 · 惠更斯使用更高级的天文望远镜再次观察了土星环，他发现土星的“耳朵”其实是围绕土星的漂亮的环系统。

在暗黄褐色宇宙的陪衬下，土星环闪烁着来自太阳的光芒，显得璀璨夺目。与木星一样，土星也是一个巨大的气体星球。表面大气的主要成分是氢气，其中飘浮着氨和水形成的冰晶云，在这下面则是包裹了整个星球表面的液态金属氢的汪洋。

耀眼的土星环主要由水态冰组成，而不是冻结的冰。冰块大小有的像我们喝的冰饮料里的碎冰碴，还有的像大冰砖，有的甚至像北冰洋上漂浮的冰山。

这些冰块以7.2万千米/时的速度绕土星旋转，从远处看去，它们组成了几条完整的宽光环。在1980年和1981年发射行星际探测器“旅行者1号”和“旅行者2号”探测土星前，大多数学者认为有三或四条土星环。但是探测器发回的照片却出乎人们意料，从图片上看，土星环远不止几条而已，而是有数千条。有几条环间距显得非常宽，但大多数环排列紧密，环间隙看起来就像是光盘上的暗槽。

“旅行者号”距离火星太远，照相机无法拍摄到单个冰块的样子。但这张照片却足以让我们见识土星环的样子，有些环非常薄，甚至可以透过它们看见后面的星星。

另一个惊人的发现就是小卫星，不同于土星的普通卫星，这些小卫星都是体积巨大的冰块，直径2～100千米。人们把这些小卫星想象成土星环中的牧羊人或牧羊犬。有人认为，通过研究小卫星和土星的卫星的万有引力，可以确定土星环的边缘和环与环之间的间隔。

在照相机拍照的同时，“旅行者号”上的无线电设备也在搜索着宝贵的信息。这些设备发现了静电噪，这是一种由静电发出的“噼啪”声，来自穿过环的看不见的闪电现象，因为宇宙空间里没有空气，于是闪电无法产生可见光。

关于土星环形成过程的解释众说不一，一种观点认为环中的颗粒是土星的卫星在受彗星或小行星撞击后爆炸，遗留下来并形成环状结构；还有一种观点认为是彗星运动到距离土星太近的位置，由于承受不了土星的引力作用，最终瓦解成碎片，构成土星环。有些天文学家认为，一些邻近的小卫星受陨星撞击爆炸后的碎片很有可能会随时加入进来，壮大土星环。无论怎样，科学家都希望有一天能够采集回土星环上的物质进行分析，以验证这些说法的真伪。虽然土星与众不同，但它却不是太阳系中唯一的带有环状结构的行星，木星、天王星、海王星都有环状结构环绕，只不过它们的星环比较薄，而且不发光。

» 为什么地球没有像土星环那样的环呢？

土星并不是唯一一个有环的行星：木星、天王星和海王星也有，不过和土星环不同的是，它们的环我们在地球上看不见。在探测器“旅行者 1 号”和“旅行者 2 号”探索之后，我们才知道了它们的存在。有趣的是，这些环都是被称为气体巨星的外行星所有的，而且天文学家现在相信所有环绕这些外行星的环都有一个相同的形成过程。关于它的形成过程有两种推测：第一种推测认为环是由靠近行星的小行星碰撞所产生的石块和尘埃组成的。土星和其卫星的引力将石块和尘埃捕捉成为我们现在所看到的环状物。第二种推测指出，当这些行星由微粒和气体云形成时，不是所有的微粒和气体都被行星所采集。换句话说，环只不过就是行星形成时的残留物。现在如果天文学家可以查出行星环中岩石的年龄，就可能证明哪种推测是正确的。大部分人都相信第一种猜测是正确的，因为木星、天王星、海王星的环都是那么的暗淡。他们认为土星环是仅有的亮环，因为它们是“最近”的（在天文学的术语里，“最近”意味着是几百万年以前）由于流星的碰撞而形成的。其他行星的环没有那么明亮是因为他们形成的时间较长，而且大部分环中的块状物已经被吸进了行星里。

为什么地球没有环呢？要形成行星环首先需要材料来源，而且这些材料必须不能太远，不能超过3倍行星半径——那将比卫星还近。关于木星，看起来它的尘环似乎是由流星碰撞到距木星很近的卫星上，爆炸所产生的碎片组成的。

另一个需要考虑的因素是太阳风的能量。太阳风是太阳向外释放的能量不断流动所形成的能量风。由于我们距离太阳较近，因此与其他距离太阳远的行星相比，太阳的能量风对地球的影响要更强烈。它会轻易地卷走任何试图绕着地球运转的小微粒。

即使地球拥有了提供环的材料来源，它们也将会相当灰暗，因为任何明亮的冰块（土星环的主要构成物）都会被太阳的热量所蒸发。它们不会持续很久的另一个可能的原因是日潮和月潮是相当强的，最后一定会将环的体系打乱。如果我们可以捕获一颗小行星并且使它在适当距离的轨道上解体，地球可能会在短时期内拥有环，但这显然不会持续很久。

» 冥王星为何从太阳行星中被除名？

冥王星是太阳系中距离太阳最远的天体，曾一度被认为是太阳系的第九大行星。它的体积很小，距离我们又很远，所以我们对冥王星的了解并不是很多。冥王星的表面可能主要由氮冰构成，绕日公转周期约为 248 个地球年。在冥王星上永恒的暮色中，太阳看起来就像是一颗比较明亮的普通恒星。

不过，有时冥王星与太阳之间的距离比它的近邻海王星要近，也就是说，有些时候海王星才是距离太阳最远的行星。1979 年，冥王星穿越了海王星的轨道，这就好像一辆车从另一辆车眼前斜插过去。

从冥王星表面可以看到卡戎

其实，早在几十年前，科学家就发现，冥王星的轨道与太阳系中其他行星的轨道不同，其余八个行星的轨道几乎在同一平面内，类似于以太阳为中心的一系列同心圆（事实上没有任何一条轨道是正圆）。而冥王星的轨道平面则明显与其他八个行星的不重合，于是在绕日旋转的同时就免不了跨越海王星的轨道，所以它时而在八大行星的头上，时而又沉到它们的脚下。

后来，越来越多的天文学家开始重新思考冥王星的身份问题，他们觉得将冥王星划分为行星似乎有些不妥。原因是冥王星的体积太小。我们知道太阳系的前四大行星——水星、金星、火星和地球——都是体积较小的石质星球，接下来的四颗行星——木星、土星、天王星和海王星——都是体积庞大的气体星球。冥王星的体积与月球差不多大，与外太阳系的大个头的邻居们相比，这个尺寸小得离谱。冥王星的卫星卡戎的体积大约是冥王星的一半，从这个尺寸来看，卡戎更像是冥王星的姊妹星，而不是卫星。

所以有些天文学家质疑的观点认为，冥王星和卡戎不属于九大行星体系。冥王星是类似于行星的星体，但却不是行星。冥王星和卡戎都是外太阳系边缘许许多多的准行星中的成员。还有些天文学家认为在冥王星和卡戎之外还有成千上万的“冥王星”。

2006 年，国际天文学联合会第 26 届大会通过决议，冥王星被降格为“矮行星”，而其他许多同类的星体也被命名为“矮行星”。这些星体距离我们非常遥远，而且是黑暗的，所以很难被发现，它们都在外太阳系很远的地方绕日旋转。

» 引力为什么导致行星按固定轨道运行?

科学家认为，万有引力是世界上最神秘的力，也是最奇妙的力。没有它，八大行星早已像弹珠一样，跑到离太阳很远的地方去了。

其实，如果没有引力，世界上也根本不会出现行星。是引力使物质之间彼此相吸，才形成了今天的星球。

太阳的引力很大，足以“牵”住八大行星、几十颗卫星、上千颗小行星和彗星绕它旋转，就像飞蛾绕着手电筒的光柱打转一样。要不是太阳的引力，这些天体会沿着直线运动。它们之所以沿着圆形轨道运转，是因为太阳的引力是持续的，这个力时刻改变着它们的运动方向。被拴在树干上的大马只能围着大树打转，周围跟着小马。同样，行星绕着太阳旋转，就好像太阳在它们身上拴上了看不见的绳子。

但随着距离的增大，两个物体间的引力会迅速减小。

引力随距离的变化是显著的。如果地球处在距离太阳 3 亿千米处，也就是目前距离的 2 倍，那么太阳对地球的引力将减小为原来的四分之一；如果远 3 倍，那么太阳对地球的引力就减小为原来的九分之一；以此类推。如果地球距离太阳足够远，就可以脱离太阳的束缚。照此推理，如果宇宙足够大，超过了星体之间引力的作用范围，那么宇宙将不再是一个整体：星体之间不受约束，彼此远远地分开。

除了距离因素，物体的质量也会影响引力的大小。两个物体之间的引力与这两个物体的质量都有关。比如说，太阳和地球互相吸引，太阳受到地球的引力作用的同时，地球也受到太阳的引力作用，而且这两个力的大小相等。

有人认为，引力塑造了宇宙的形状。物体周围的空间由于物体的质量而发生扭曲，而且物体质量越大，扭曲越明显。为了形象地说明这一理论，我们可以想象两个人拉床单的情景：床单被拉紧、拉平，这时，如果在床单上放一个铁球，那么床单就会被压弯。如果再往床上放东西，物体就会沿着斜坡向铁球滚去。同样，恒星周围的宇宙空间被恒星的巨大质量扭曲，这样才使附近的行星绕着它旋转。

» 火星为什么呈火红色？

在太阳系众多的行星中，火星是最有趣的行星。

当夜色笼罩大地时，如果你稍加注意，就会发现火星就像火焰一般在夜空中发出火红色的光芒。假如你能从望远镜中观看，你会发现火星宛若一团燃烧的火球在夜空中格外明亮。

我们知道，行星本身是不会发光的，所以我们所看到的火星火红的颜色一定是它反射太阳光的结果。既然如此，是什么物质能够使火星如此强烈地反射太阳光呢？科学家在分析了从火星探测器上发回的照片及其带回的一些物质后，认为火星之所以呈火红色，是因为火星表面的岩石含有较多的铁质。这些岩石很容易受到风化作用而成为沙尘，而其中的铁质也被氧化成为红色的氧化铁。火星上的沙尘，极易在风的驱动下到处飞扬，甚至发展成覆盖全球的尘暴。正是这种经常发作而且覆盖面极广的尘暴，使火星表面几乎到处都覆盖着厚厚的氧化铁沙尘。这样，在太阳光的照射下，火星就会在夜空中荧荧似火，发出火红色的光芒。

» 在火星上如何判断方向？

如果能到火星上，我们会发现那里和我们地球一样有南极和北极，不过磁场微弱了 800 倍。所以，使用灵敏度足够高的指南针在火星上仍能够找到路。如果你想要像水手在几个世纪以前做的那样，根据太阳、行星或是其他星星的位置航行，也是有办法的。在火星上看到的夜空看起来和地球上看到的景象差不多，而通过对恒星的测量和已知的时间，将能把你的位置准确定位在火星表面大约方圆 100 米之内。

» 金星的地表温度有多高？

金星离太阳比地球近三分之一左右，科学家通过观测发现金星表面温度高达 465 ~ 485 摄氏度。

为什么金星表面温度会如此高呢?

我们现在已经知道，金星大气中二氧化碳的含量高达 97% 以上。大气底层的二氧化碳含量还要更高些，达 99%。

金星在天空中显得特别明亮，因为它的大气可以反射约 76% 的太阳光。其余 24% 的太阳光穿过金星大气，照射到金星地面。这照射到金星地面的 24% 的太阳光中，本来有一部分会从地面返回太空。可是，金星大气层就像给金星盖了一床大棉被，起到了阻碍作用，由于这床棉被的作用，太阳辐射的热量在金星表面附近越积越多，产生所谓的“温室效应”，温度也越来越高，以致达到了难以想象的程度。

» 为什么很多行星表面看上去都是坑坑洼洼的?

随着年龄的增长，人类机体的组织和细胞逐渐老化，老年人的脸上都会留下岁月的印记；微笑和皱眉都会在眼角和嘴角刻下皱纹；日晒会形成斑点；水痘和痤疮则会导致麻点……

46 亿岁高龄的行星和卫星的脸上自然也少不了各种印记。大陆板块互相挤压，形成山脉；火山爆发，喷出岩浆灼热的液态岩石，随后岩浆冷却，又变成固体岩石。如果这些星球上有大气，风吹雨淋也会改变地貌。

还有很多更剧烈的因素可以塑造行星和卫星的表面，比如小行星、彗星和陨星的冲撞，它们从宇宙空间里呼啸而来，狠狠地撞在星球表面上。这种直接的冲撞会形成“撞击陨坑”。

直接撞击会严重破坏星球表面。比如，一个直径 30 米的陨石以 54400 千米 / 时的速度与地球相撞，产生的能量相当于 400 万吨炸药或者好几颗核弹爆炸释放出的能量。

大约 2.5 万年前，就有一块这样的陨石突然落在美国亚利桑那州，至今，在温斯洛镇附近仍可以看到撞击的遗迹，一个撞击陨坑——巴林杰陨坑。陨坑位于沙漠中，大约 200 米深，陨坑口的边缘高出地面。在陨坑的周围散落着冲撞溅出的物质。

在陨星或类似物体撞击行星和卫星固体表面瞬间，发生碰撞的部位就会有残片被溅射起来，而且残片的运动速度极快。与此同时，星球表面的岩石被压扁，冲击波在周围岩石中迅速传播。如果陨石的体积较大，冲击波还会使岩石开裂甚至崩裂。

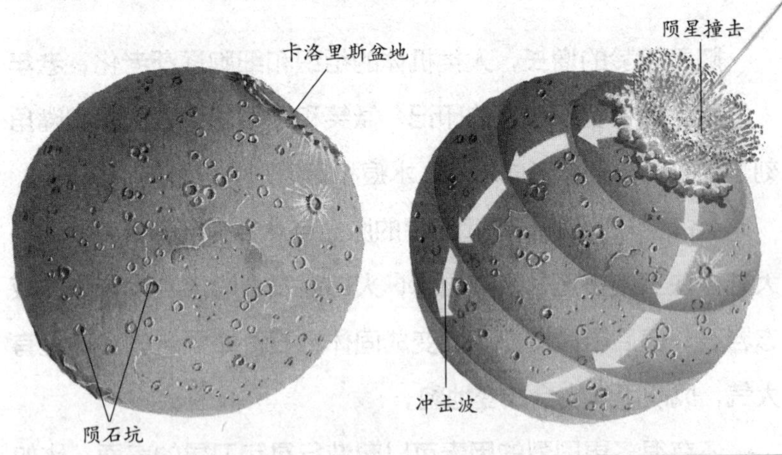

所有的行星都被巨大的陨星撞击过。地球表面的陨石坑因气候影响而逐渐消失。但是水星几乎没有大气层，不能形成自然气候，所以之前形成的陨石坑仍旧保留着，它们几乎布满了整个星球。最大的一个陨石坑叫作卡洛里斯盆地，是一颗巨大的陨星造成的冲击波形成的。

如果陨石体积非常大，那么岩石很可能会在因碰撞产生的热量作用下熔化。

由于碰撞产生热量，受压岩石受热膨胀，自己也会裂开来。岩石碎片从火山口里喷射出来，散落在周围，给地面覆盖上一层厚厚的碎石（在大陨石坑附近就有碎石层）。整个爆炸性过程持续大约1分钟。

随着时间的推移，陨坑的形状会发生变化。坑壁可能会坍塌；风吹雨淋会侵蚀陨坑，陨坑中央被填入碎石和沙粒；地下深处的岩浆会沿着岩石的缝隙涌上地表，填充陨坑，然后凝固。

目前地球上已经发现200多个陨坑。当然，在46亿年的历史长河中，袭击过地球的外星来客远不止这些，但是它们留下的痕迹却由于侵蚀、岩浆等作用消失得无影无踪。

但是月球上没有风和雨，因为这里根本就没有大气。虽然月球上也曾经有过火山爆发，但与地球上的环境相比，那里仍然平静得多。所以宇宙空间里的陨石撞击月球留下的痕迹可以保留很久，有些甚至已经有40亿年的历史。这些痕迹大小不一，大的有960千米宽，小的甚至只有图钉帽那么大（这些小坑是由一些很小的陨石撞击形成的）。

» 最亮的星星一定是发光能力最强的吗？

日落之后，浩渺的夜空就成了星星的乐园，它们闪闪烁烁，忽明忽暗，将整个夜空装扮得异常美丽。可是，如果你细心观察一下就会发现，并不是所有的星星都如明珠般闪亮，有些星星仅仅隐隐约约地闪烁着微弱的光，如果我们不加注意，甚至很难发现它们。那么，同处在一个天空下的星星为什么会有如此大的差异呢?

让我们先用灯泡打个比方。我们知道，功率为 60 瓦的电灯比在同样条件下的20瓦的电灯亮,这是因为它的发光能力强。那么，按照这种解释，有些星星之所以看上去比较亮，仅是因为它们的发光能力比其他的星星强。这种观点正确吗？事实并非一定如此，因为决定星星亮度的除了它本身的发光能力，还有另一个原因，就是星星与我们距离的远近。一般来说，星星离我们越近，看上去就越亮。

可是,亮度并不能代表星星的实际发光能力。天空中的亮星，有的可能真的是颗发光能力很强的恒星，但也有的可能只是因为它离我们特别近，才显得亮。相反，有些看上去比较暗的星星也不一定真暗，尽管要通过望远镜才能观测到它们，但它们的发光能力可能要比某些亮星还要强许多，只是由于它们距离我们太遥远，所以看上去就显得比较暗。

» 为什么北极星看起来是不动的?

星星的东升西落是由于地球自转造成的一种假象。地球在一刻不停地绕着一根假想的轴自西向东旋转，自转的结果便是昼夜的交替现象，也造成了我们肉眼中的群星的东升西落。如果把这根假想的自转轴向两边无限延伸，那么它就会与我们头顶的天球交于两点，在地球北极上方的一点是北天极，它对应的是正北方；而在地球南极上方的一点就叫南天极，对应的就是正南方。群星的东升西落是地球自转造成的，而北天极就是地球自转轴的方向，北极星就在离北天极不到1度的地方，所以，给我们造成的假象就是看上去群星围绕北极星旋转。其实，北极星并不等于北天极，北极星实际上也在沿着一个很小的圆圈绕北天极旋转，只是这个圆圈太小，我们的肉眼通常是看不出来的，于是我们就感觉北极星好像在天空中总是一动不动似的。

» 彗星为什么会拖着长长的尾巴？

彗星只有地球质量的几千亿分之一，是太阳系内质量很小的一种天体，它们常常沿着扁扁的轨道绕太阳运行，绕行一周要花去少则几年、多则几百年甚至更多的时间。云雾状的彗星，其主要部分是由冰物质组成的彗核。当彗星接近太阳的时候，彗核的冰物质升华为气体，围绕在其周围，形成云雾状的彗发。彗发中的微尘和气体被太阳风推斥，在背向太阳的一面形成一条很长的彗尾。彗尾有单条或多条，这是怎么一回事呢？

我们可以把彗尾的众多形状归纳为3种类型，即Ⅰ型、Ⅱ型和Ⅲ型。Ⅰ型彗尾又称气体彗尾或离子彗尾，这种彗尾直而细，略带浅浅的蓝色。Ⅱ型和Ⅲ型彗尾统称为尘埃彗尾，都是由尘埃组成的，呈淡黄色。它们比Ⅰ型彗尾更宽更弯曲些。Ⅱ

型彗尾弯曲程度小些，Ⅲ型彗尾弯曲程度比较大。

彗尾中既有气体又有尘埃，所以当一颗彗星运行到离太阳比较近的时候，常常可能同时形成气体彗尾和尘埃彗尾，因此很容易看到有两条以上彗尾的彗星。

» 地球为什么能安然穿过彗星的尾巴？

在 20 世纪初，天文学家曾经计算出：到 1910 年，著名的哈雷彗星将回到太阳附近，到那时，它的彗尾要扫过地球。消息一传出，人们顿时惊恐万分，媒体也趁机大肆渲染。一些报纸甚至宣称世界末日即将来临。1910 年 5 月，哈雷彗星经过地球轨道，令人想不到的是地球却安然穿过了它的尾巴，毫发无损。实际上，彗尾是由很稀薄的气体组成的，所以，地球穿过彗星的尾巴，就好比燕子穿过炊烟一样，不会受到什么影响。

但是，如果彗星的主要部分——彗核撞上地球，情况就会完全改变了，因为彗核主要是由坚硬的冰体组成的，当高速运动的巨大冰体撞上地球，肯定会给地球带来一场空前的灾难。虽然存在着这种撞击的可能，但它发生的概率微乎其微。

» 月球正在离我们越来越远吗？

月球与地球之间的距离为 36.2 万 ~ 40.3 万千米，这个距离是时刻变化的，因为月球绕地球运动的轨迹不是正圆形，而是椭圆形，有点像鸡蛋的形状。

其实，月球正在慢慢地远离我们，大约每年远 3.8 厘米，那么几万年之后，地球上的人们看到的月球将比今天的小。也许有一天，月球会彻底离开地球，但这种情况的可能性不大，因为月球与地球之间的引力作用会平衡二者之间的距离。

任何运动的物体都有维持直线运动的趋势，这种性质叫作惯性，所以，做圆周运动的物体总有逃逸的趋势，也就是离开圆形轨道向着切线方向笔直地飞出去，就好像有力朝向远离圆心的方向拉着它，这个力就叫作离心力。如果你在游乐场里玩过快速旋转的游乐设施，或者坐过急转弯的汽车，你就会有体会了。围着地球转的月球也有远离地球的趋势，但它受到的离心力刚好与地球对它的万有引力相平衡，所以它一直待在轨道上。

现在，月球围绕地球公转一周需要 27 天。但是 28 亿年前，当月球离地球比现在近得多时，它绕地球转一周只需要 17 天。位于美国亚利桑那州的图森行星科学研究所的一位研究员克拉克 · 查普曼认为月球与地球之间的距离曾经甚至比这还短。依据查普曼的说法，在 46 亿年前，地球和月球形成之初，月球围绕地球旋转一周只要 7 天时间。那时，如果有人在地球上能看见月球升起的话，他会在地平线上看见一个巨大的月球。

有趣的是，地球上的潮汐现象使月球距离我们越来越远。月球的引力作用于地球上的海水，但地球不是静止的，它不停地自转，当地球上朝向月球的海平面受月球吸引升高时，这片海域同时随着地球的自转远离了月球。这部分涨潮海水的万有引力对月球有吸引的作用，但这片海域又不是正对着月球的（因为地球自转），月球就被拉向了前方。这相当于拉大了月球的公转轨道。

随着轨道慢慢变大，年复一年，月球就离我们越来越远了。虽然这个变化是非常微小的，但是日积月累，几百万年以后，月球也许会最终脱离地球的引力场，进入它自己绕太阳运转的轨道。但出现这种情况的可能性很小，因为潮汐同样会影响地球。海水的波动会削减地球自转的速度，一百年的时间就可以让一天延长半分钟。

照此推算，几百万年后，地球自转一周的时间会与月球绕地球公转一周的时间相同，也就是说，一天和一个月的时间是相同的。当然，那个时候的一天要比现在的 24 小时长得多。

一旦地球自转与月球公转同步起来，海潮就可以时刻对准月球了，这样月球就会开始被拉回地球的方向。从此，整个过程发生逆转，潮汐的运动将滞后于月球，使月球轨道慢慢缩小，从地球上看到的月球又会慢慢地大起来。

» 月球为什么会引起地球上的潮汐现象？

宇宙里的大部分空间是空旷的，但也到处都有四处游移的物质球体，如行星、卫星和恒星。它们穿梭于太空中，时时变换队形，就像上演着一场集体舞。在太空舞会进行的过程中，各个星球彼此之间都存在牵引力，使一个星球朝向另一个星球的平面凸起。这个牵引力就是万有引力。

地球在万有引力的作用下，海平面有规律地涨落，这就是潮汐现象。海平面每 13 小时出现一次涨潮的最高点，叫作“高潮”；当海平面降至最低点的时候就叫作“低潮”。所以，潮涨潮落其实就是地球在深邃的夜空中旋转过程中产生的局部效应。

太阳、月球和太阳系中的所有其他行星对地球上的陆地和海洋都有牵拉的作用，但只有太阳和月球的作用是比较明显的。虽然太阳离地球很远（1.5 亿千米），但太阳的质量也很大，

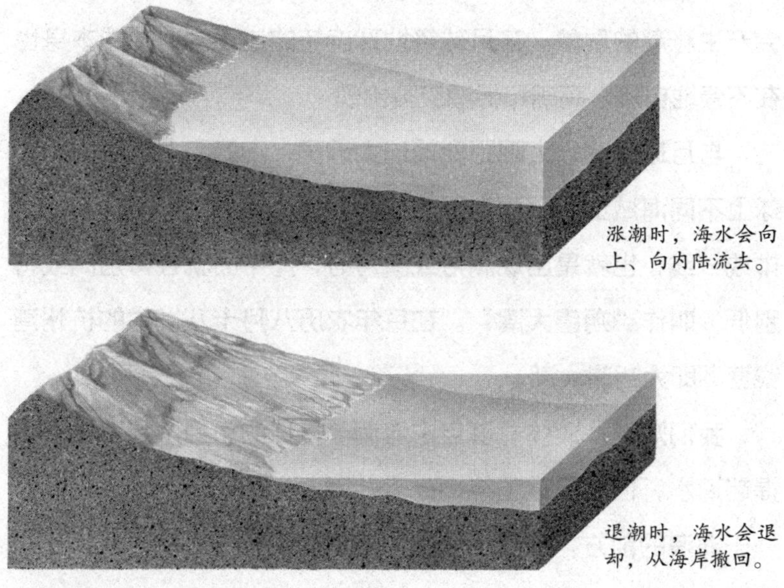

涨潮时，海水会向上、向内陆流去。

退潮时，海水会退却，从海岸撤回。

每24小时会发生两次潮起潮落。

所以它作用在地球上的万有引力相对较明显。月球的质量虽小（约为地球的八十一分之一），但它却是地球真正的近邻（距离地球约为38万千米），所以它对地球的作用也是相对显著的。

虽然太阳的引力大些，却不如月球的作用效果明显。引起潮涨潮落的力主要来自月球，不仅因为月球距离地球比较近，而且月球作用在地球上的引力在各处变化比较明显——大小取决于该处距月球的距离。刚好朝向月球的海域由于比其他海域距离月球更近，所以受到的引力比较大。可事实上，朝向月球和背对月球的海域会同时出现涨潮，这又是为什么呢？可以这样想：在朝向月球的一面，海水被月球拉向远离地球的一侧，而在背对月球的那面，则是地球被拉向远离海水的一侧，这也会产生涨潮的现象。在月球绕地球旋转的过程中，地球本身也在不停地自转，高潮和低潮交替出现。

与月球相比，太阳距离地球太远了，它的引力无法引起地球上不同海域上海平面的显著变化。但是当太阳、月球和地球排成一线，也就是出现满月或新月时，海平面就会特别高或特别低，叫作“朔望大潮”。在每年农历八月十八发生的杭州湾钱塘潮即为朔望大潮。

我们知道，液体能够自由流淌。月球的引力不足以竖直地提起海水，但当月球围绕地球旋转时，在某些位置上月球刚好处于海浪的前方，这就加速了海浪的运动，使海水在月球正对着的海域积聚。这个过程并不需要很强的力。

聚集的海水一般会使海平面升高一到两米。当海浪冲向岸边时，海岸再次提升了海浪的高度。在某些海域，海浪可以高出海平面十几米。而在另一些海域，由于部分海水移向了涨潮的地方，这些海域就出现了低潮。

» 为什么日食时不能用眼睛直接观察？

每当日食发生的时候，许多人都想观看日食发生的全过程，即它是如何开始、如何发展变化，直至最后如何结束的。但是在人们好奇心得到满足的同时，伴随而来的是，许多人因为直接用肉眼观看日食而导致双目失明，比如，几十年前，德国就有几十人因观看日食没有使用东西遮挡光线而导致终身残疾，一生与黑暗为伴。所以人们在观察日食时必须注意，直接用眼睛对着太阳观看是万万不可的！

那么，直接用眼睛看日食会伤害眼睛，甚至使人双目失明的原因究竟是什么呢？

大家都知道这样的常识，用眼睛直接看太阳时，即使只看短短的一刹那，也会给眼睛带来极大刺激，眼前出现一片黑色光斑，很久也难以恢复过来。这是因为眼睛里的水晶体能起聚光镜的作用，眼睛对着太阳看，眼底的视网膜上会聚集太阳光中的热能，就会觉得刺眼。如果超过一定的时间，视网膜就会因被烧伤而失去视力。大部分时间发生的日食都是偏食，月球挡住的太阳只不过是一部分，剩下的部分发出的光和热仍然和平常一样，所以用肉眼直接看很久的话，烧伤眼睛的可能性是很大的。

» 月球为什么有圆缺变化？

为什么太阳没有圆缺，而月球有呢？因为太阳发的光来源于自己，而月球则是依靠反射太阳照射到月球上的光。只要观察过月食的人，都会有这样一个常识，月全食时什么光也看不到，那是因为当时月球正好进入地球产生的阴影的范围内。而月偏食则是指月球的一部分进入地球的阴影内。太阳光照射月球产生月光便由此得到有力证明。

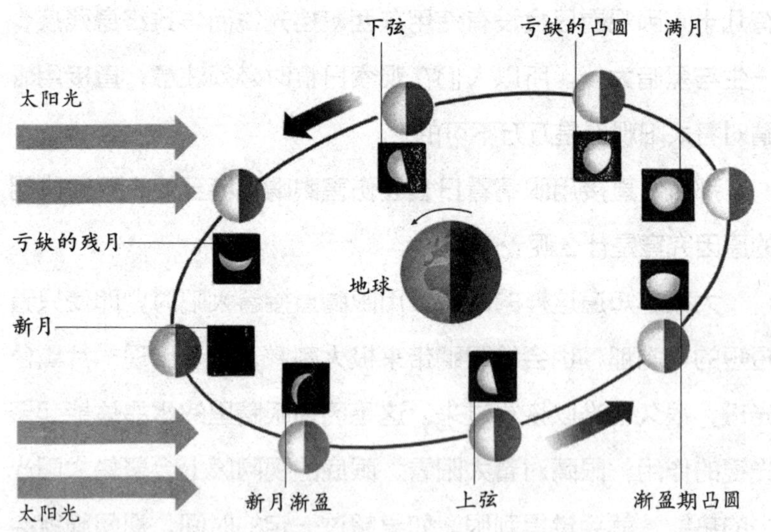

月相变化图
图中的中心天体是地球，外圈表示月球在公转轨道上的不同位置。无论月球在哪一个位置，总是一面亮，一面暗。月球轨道内框中显示人们在地球上看到的月相。

按照农历的算法，月球绕地球一圈就是农历一个月，也就是月球变化的周期。初一，太阳光照射到的月球半面正好背向地球，我们就看不到了。月半，月球被太阳照到的半面正好朝着地球，所以我们就看到满月。然而又慢慢恢复到很小直至看不见。月球正是按照这样的规律周而复始地变化着。

» 月球上为什么广布环形山?

美丽的月球并没有我们想象得那么美好，荒凉孤寂的环形山多得足以让我们眼花缭乱，月球上面为什么会分布着那么多的环形山呢？目前有两种关于它的解释：其中一种解释认为，环形山是由于陨星撞击月球表面而形成的。由于月球上没有大气层保护，这样宇宙间的陨星就可以直接穿过月球上空撞击月面，撞击爆发出来的大量物质堆积后就成为圆形的环形山。

另外一种解释认为，月球在历史上曾经多次发生过猛烈的火山爆发，而每次火山爆发都会喷射出大量的物质，而环形山就是这种喷射出来的物质经冷却后凝结而成的。

目前大部分天文学家的观点是：月球上的环形山主要是由于宇宙间高速运动的陨星猛烈撞击月球表面所形成的，而由火山爆发形成的环形山只占所有环形山的一小部分。

为什么会有那么多的陨星撞击月球呢？原来月球表面的重力很小，不足以吸引太多的空气，所以月球表面的大气层十分稀薄，这样当陨星经过月球上空时，就不会因为与大气摩擦生热而燃烧掉，从而很容易到达月球并与其相撞。环形山也就因此而得以形成。

» 月球朝着地球的为什么总是同一面？

月球已经伴随地球转动了几十亿年，年复一年，日复一日，从不休止。然而，你知道吗，我们现在每天所观测到的月球仅仅是它的一个侧面而已。它的另一面就像刚出嫁的新娘似的，“害羞”得不敢向我们揭开它的“神秘面纱”。那么，它的另一面为什么老是“躲”着我们呢？

原来月球在绕地球公转的同时，其自身也在不停地自转，

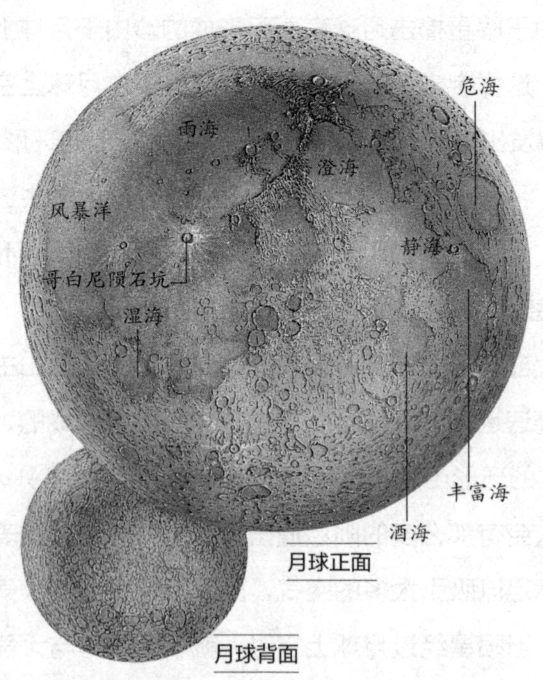

而它自转一周所需要的时间，恰好和它绕地球公转一周的时间相同，二者都是27.3天。所以，当月球绕过地球转过一个角度时，它自己也正好旋转了同样的角度，如果月球绕地球转了360度，它也正好自转了一圈。这样，月球的同步自转，使它永远是一面朝着地球，另一面背对着地球。

» 为什么月球靠近地平线时看起来比较大？

月球实际的大小并没有变化，只是因为视觉上的错觉，让人觉得月球变大了。

当月球在地平线附近时，它更靠近建筑物和树木这类更为人所熟悉的地面物体，同时，将两种景物重叠毗邻会改变人脑中对景深的暗示。你知道建筑物就在自己的眼前，作为补偿，人脑就会假定此时的月球要比它高高悬挂在空中、周围没有任何参照物时显得更大。

在海边，周围没有任何建筑物和树木，就不会出现景深暗示，所以也就不会产生类似的错觉。另一个检验的方法就是头冲下，视线穿过两腿之间观察月球。此时所有的景深暗示被完全消除，因此人的错觉也被削弱了不少。当你头冲下地观察树木之中的月球时，大脑就只把树木当作一个形体，而不是当作树木来看待。

如果要让自己相信月球大小并未变化，自己只是被视觉上的错觉所迷惑，那么可以通过测算天空中月球的实际尺寸来证实。最好的方法就是在玻璃窗上小心仔细地贴上一张纸，当月球在地平线附近和在半空中时分别描摹下当时月球的形状。在画的时候，要注意自己头部的位置，以使得两次分别描摹的时候眼睛与纸的距离完全相等。

月球看上去会变大与大气层的影响基本没有关系。如果说大气层会对人们观察到的月球造成什么影响，那么也是使整个月球看上去颜色略微变浅或是显得微微有些扁。

» 地球上为什么会有四季？

地球在公转的同时还在自转，自转轴与公转平面并不是垂直关系，二者之间的夹角是 66.5 度，即自转轨道面与公转轨道面并不重合，而是有 23.5 度的夹角。天文学家认为，46 亿年前的宇宙大爆炸造就了太阳系，也塑造了地球今天的形貌。

太阳、地球和其他七大行星的共同祖先原本是宇宙中旋转着的气体和尘埃云团。无数运动的物质颗粒碰撞后黏附在一起，物质团越长越大形成小星球，小星球之间又在相撞后合二为一，直到一颗行星大小的星球诞生。我们的地球也是这样形成的（地球的卫星可能是在地球还处在红热状态下时，某个较大体积的星体撞在地球上形成的）。按照克拉克 · 查普曼（美国亚利桑那州的图森行星科学研究所的一位研究员）的理论，地球在形成过程中经受了无数次的冲撞，但最后一次强冲撞确定了地球今天的位置和姿势。

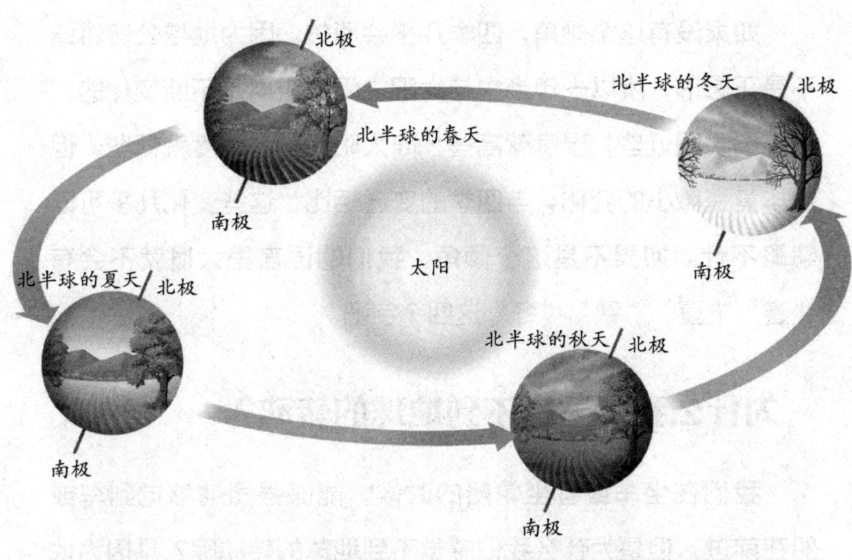

由于地轴是倾斜的，地球在绕地轴自转的同时，还要围绕太阳公转，因而产生了四季变化。

这个倾斜的角度却使地球上的风景变得多姿多彩：北半球的枫叶在深秋十月变成红色；孩子们在酷暑的八月跳进池塘戏水；在严冬一月有时白雪皑皑……总之，地轴的倾斜带来了地球上四季的变化。

由于地轴与公转轨道面之间有夹角，所以一年当中，北极有半年时间倾斜朝向太阳，另外半年倾斜远离太阳。当北极倾向太阳时，北半球会获得更多的光和热；而当北极远离太阳时，北半球天气就会变冷，夜晚也更漫长。南半球刚好相反。当波士顿时值严冬之际，巴西的圣保罗正沐浴在夏日的阳光中。

如果没有这个倾角，四季几乎会消失。因为地球公转轨道不是正圆形，所以一年当中与太阳之间的距离是不断变化的。地球离太阳近些，温度就高些；离太阳远些，温度就低些。但这毕竟是微小的变化，与四季的变迁相比，这些变化几乎可以忽略不计。如果不是这个倾角，我们的语言里大概就不会有“春”“夏”“秋”“冬”这四个字吧。

» 为什么我们感觉不到地球的转动？

我们在坐车或者坐轮船的时候，能够强烈地感觉到车或船在前进，但是为什么我们感觉不到地球的转动呢？是因为地球的转动没有车和船的速度快吗？当然不是。地球转动的速度是很惊人的。拿地球自转的速度来说，它在赤道上的速度达到465 米 / 秒，这比车和船的速度要快多了。

当我们乘船在江河上航行的时候，感觉到两岸的景物迅速地向后退去，于是我们意识到船在向前进。但是当我们乘船在大海里航行的时候，四周都是碧蓝的海面，远处几只随船飞行的海鸥就像是钉在天幕上一样，我们就会有停滞不前的错觉。所以，我们之所以能够感觉到速度，是因为旁边有相对静止的事物可以当作参照物。如果看不到静止不动的参照物，我们就不会感觉到速度，而认为自己是静止不动的。

同样的道理，因为我们身边的事物都随着地球一起转动，它们并不能帮助我们觉察到地球的转动，而只有钉在夜空中的星星可以给我们一些启示，但是它们太遥远了，在较短的时间内，我们看不出它们位置的移动，所以我们感觉不到地球的转动。

» 地球的自转速度是永恒不变的吗？

地球生来就是旋转的。科学家推测，地球和太阳系的其他7颗行星都来自约46亿年前的一个旋转的气体和尘埃云团。云团里的物质颗粒自己也不停地旋转，相互黏附在一起，最后形成体积较大的天体。

今天，各行星绕太阳公转的方向依然与初始的云团旋转的方向一致。小行星，也就是行星和卫星形成之后留下的岩石天体，在围绕太阳公转的同时也在不停地自转。一些体积较大的小行星需要5～8小时才能自转一周。

我们的地球自转一周的时间大约为24小时。据此，一位美国天文学家威廉·哈特曼（亚利桑那州的图森行星科学研究所的研究员）推算出地球赤道上的自转速度约为1670千米/时。

地球自西向东转。于是各个国家都将卫星的发射地点选在赤道附近（比如美国的佛罗里达州），而且总是朝着东方发射，这样，卫星在发射前就具有1670千米/时的初速度。

问题是，地球的自转速度为什么不加快也不减慢呢？实际上，地球的自转速度是在变化的。地球形成初期，它的旋转速度比现在快得多，据科学家估计，那时候地球赤道附近的自转速度大约为 6400 千米 / 时，也就是说，那时的一天只有 6 小时（如果那时候地球上有人类存在，那他们将会在日出 3 小时之后看到日落，然后是只有 3 小时的夜晚）。

那时月球距离地球也比现在近得多。几亿年来，月球离我们越来越远。月球的万有引力作用在地球的海洋上形成了潮汐现象。海浪的波动使地球自转减速，据估计，每过 100 年，一天的时间就加长半分钟。

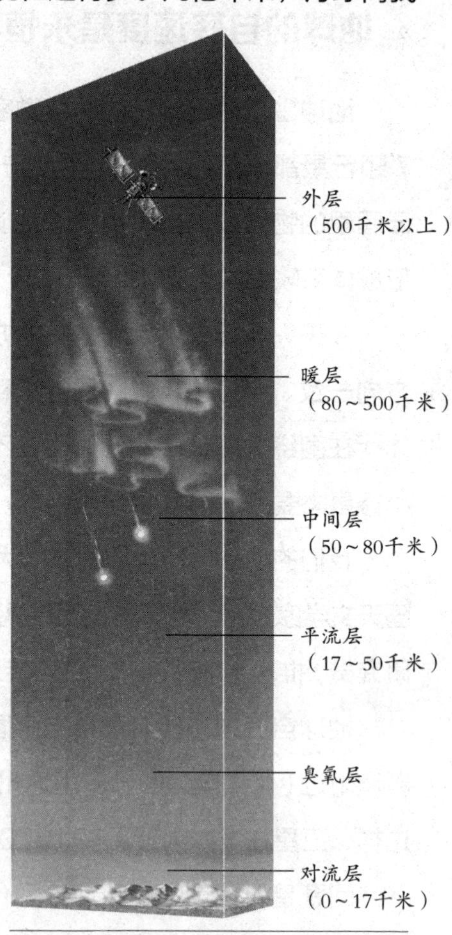

我们生活在大气的最底层即对流层；飞机在平流层飞行；极光现象发生在暖层；暖层之上便是地球大气与宇宙的过渡层。

» 大气中的氧气过多会怎样？

地球上的大气是由很多种气体共同组成的混合物，含量最高的是氮气——大约占空气总量的 77%；其次是氧气，占 21%；其余的占 2% 主要由痕量气体组成，包括氩气、二氧化碳、氦气、氖气、氪气、氙气、一氧化二氮和一氧化碳等。

此外，空气里还含有一定含量的水蒸气。

人类离不开氧气，因为氧气维持了机体的运转。早产的婴儿通常会被放入氧气含量比较高的育婴箱，因为他们的肺还没有发育完全，呼吸功能不完善。育婴箱里的氧气含量通常是30% ~ 40%，这比空气中 21% 含量要高出很多。对出现严重呼吸障碍的婴儿，为防止脑供氧不足，有时还需要为他们戴上氧气罩，让他们呼吸 100% 的氧气。

但是氧气过多同样对人体有害。育婴箱里氧气含量过高会使婴儿血液中氧含量升高，而过高的血氧含量会损伤婴儿眼球里的血管，从而导致视力下降或丧失。

这说明了氧气的两面性。一方面，人类依靠氧气才能生存；另一方面，氧气也会成为危害生命和健康的毒药。

当空气中的氧气与其他元素（像氢、碳）混合在一起时，通常会发生化学反应，叫作氧化反应。在氧化反应中，通常一些构成生命的最基本的有机分子会被分解。

» 如何评价托勒密的功与过？

日月星辰的构成、运动常常让古人迷惑不解。托勒密（约 90—168 年）是第一个系统研究这些问题，并因此获得成就的科学家。

在继承亚里士多德等人学说的基础上，托勒密进行了大量的天文观测和大地测量，创立了宇宙结构学说，写出了 13 卷本的巨著《天文大全》。书中，他进一步发挥和系统总结前人提出的地球是宇宙中心的观点，肯定了地球是一个悬空的没有支柱的球体，并且区分出行星和恒星，并认定日、月是离我们较近的一群天体，做出了把太阳系从众星中识别出来的关键一步。经过系统的天文观测和计算，托勒密编制了包括 1028 颗恒星的位置表，并且测算出月球到地球的平均距离为 29.5 倍地球直径，这个数值在古代是相当成功的。但是托勒密学说中的糟粕——地心说，因为符合人们的经验感觉，所以也长期被人们所推崇。后来长期被教会利用，成了一个不允许被怀疑的教条，统治欧洲思想界达 1400 年之久。

» 为什么说“日心说”冲击了宗教神学？

现在，“地心说”已经被人彻底摒弃。可是，“地心说”曾经被奉为真理达一千多年，直到哥白尼 (1473—1543 年) 的“日心说”出现才第一次冲破了宗教神学的束缚，为人类打开了通往自然科学的大门，引起了人类对宇宙认识的革命，人们的世界观也因此发生重大变化。近代自然科学开始的标志也正是它。

为了取得天文观测数据，哥白尼在他任职的教堂箭楼上，建立了一座小型天文台。不论寒暑，每天他都用自己制造的天文仪器来观测、计算、研究，30 年如一日，从没间断。哥白尼根据丰富的观测资料和细致的计算研究，写出了划时代的天文学巨著《天体运行论》，创立了“日心说”。

在《天体运行论》中，哥白尼明确宣布，太阳是宇宙的中心；地球和别的行星一样，是一颗绕太阳公转的普通行星，而且地球还在不停地自转。

哥白尼由于顾忌教会的迫害，不敢公之于世。这本不朽著作《天体运行论》直到多年以后，才在他的朋友们的帮助下得以出版。

» 伽利略为什么受到教会的审判？

1608 年，伽利略听说有个荷兰人制造了一种奇妙的光学仪器，能看清远处的物体，从中受到启发，开始研制望远镜。1609 年他制成了历史上第一架能放大 32 倍的望远镜。伽利略利用这架望远镜，进一步证明了哥白尼的日心说，还取得了许多天文学的重大发现，震撼了全欧洲，也引起教会的恐慌和仇视。1611 年 2 月，伽利略的学说被禁止宣传，他的著作被禁止出售，甚至他的观点也被教会宣布为异端邪说。

伽利略没有因此停止自己的科学研究，他偷偷地继续研究，著书立说。几年后，出版了《关于两大世界体系的对话》一书，并以他出色的论辩才能和铁的证据，为哥白尼的学说辩护，给地心说以粉碎性的打击。但教会的迫害并没有停止。1633 年 2 月，近 70 岁的伽利略受到教会的残酷审讯，并被判处管制。朋友们和他的女儿都劝他改变观点，但伽利略却毫不动摇。尽管教皇采用卑鄙的手段，强迫伽利略跪下，可是这位巨人站起来后，依然坚定地说："地球仍旧在转动！"

» "宇宙大爆炸理论"是怎样被提出来的？

"呜……"火车进站了，司机拉响了汽笛。汽笛声对司机来说，音调是固定的。但是站台上候车的旅客却听到了两种音调：火车的汽笛声先是升高，火车从旅客身边驶过时，音调却又降低了。1842 年，奥地利物理学家多普勒解开了这一自然之谜。这一现象被称为"多普勒效应"。它引发了宇宙大爆炸理论的研究。

为什么会有"多普勒效应"呢？多普勒解释说声音实际上是一系列的声波，它是通过空气来进行传播的。声波在声源趋近时被压缩，音调相应地升高；相反，随着声波舒展远去，音调也随之降低。多普勒证实，光波也存在"多普勒效应"。当光源与观测者反方向运动，光源的光波发生谱线红移，波长变长；相反，当光源向着观测者运动时，谱线就向紫端位移，光波也随之变短。

美国天文学家哈勃在 20 世纪 20 年代末观测时注意到，除了距离我们最近的星系，星系在天空中的分布是均匀的，但是谱线红移现象几乎发生在所有星系的光谱中。哈勃认为，如果多普勒效应引起了这种星系谱线红移，那么就意味着星系在远离地球。

几乎同时，另一位科学家哈马逊也在进行相同的研究。他想得到那些更遥远的河外星系的光谱。这些星系更加暗弱，哈马逊表现了极大的耐心和非凡的才能。他先从成千颗闪烁的恒星中选出所要考察的暗弱星系，使其像刚好落在光谱仪的狭缝上。他的工作时间是从深夜到凌晨，在这期间，他要不停地调整望远镜，几乎每几分钟一次，有的时候还需要接连几夜对准同一星系观察，这样辛勤的观测工作，哈马逊进行了28年之久。终于，哈勃和哈马逊在1931年联名发表文章，用扩充的观测资料进一步肯定了“哈勃定律”。

哈勃定律揭示了宇宙在不断地膨胀。但是，1929年刚公

大爆炸

哈勃根据宇宙变得越来越大的发现得出了一个关于宇宙历史的惊人结论。如果如哈勃所说的宇宙在扩大，那么它必然曾经也小过。事实上，所有的证据都表明它曾经非常小，可能就是一个原子那么大。然后宇宙经历了一次无法想象的巨大爆炸，这一爆炸威力如此大，以至于直到今天，星系都还在往外运动。

创世大爆炸示意图

约150亿年前，宇宙经过一次巨大的爆炸（即“创世大爆炸”），开始了它膨胀和变化的过程，而这种膨胀和变化至今仍在持续进行着。

布哈勃定律时，哈勃和哈马逊非常谨慎，他们采用星系视退行这一名称。

其实，早在 1917 年，荷兰天文学家德西特就证明，由 1915 年发表的爱因斯坦广义相对论可以得出这样一项推论：宇宙的某种基本结构可能在膨胀，而且这种膨胀速度是恒定的。但是，那时还没有充分证据证明这一说法，对德西特的这种宇宙膨胀理论，当时的科学家大都持不屑一顾的态度，认为是无稽之谈。

后来，比利时天体物理学家勒梅特根据弗里德曼宇宙模型，把哈勃观测到的现象解释为宇宙爆炸的结果，宇宙膨胀的概念才又一次被提出来。勒梅特还从一个特殊的端点开始考虑膨胀，他进一步提出宇宙的起源是一个“原初原子”，也就是我们现在所熟知的“宇宙蛋”。这一说法引起了英国著名的科学家爱丁顿的注意，他提醒科学家注意勒梅特的文章，这时，人们才注意到宇宙膨胀论。

美籍俄国学者伽莫夫继承并大大地发展了勒梅特“宇宙蛋”的思想。1948 年 4 月，他联合天体物理学家阿尔弗和贝特共同署名发表了一篇关于宇宙起源的重要文章。

他们在文章中写道，河外星系既然一直在彼此远离，那么，它们过去就必然比现在靠得近，全部星系在更久远的时候靠得更近；可以推测，极早期宇宙应当是非常致密的，那时，宇宙极其地热，而且物质的密度非常大；文章甚至说宇宙最初是一团“原始火球”，它发出的辐射在发生爆炸后随着宇宙的膨胀而冷却下来。文章描述了原初宇宙“浑汤”中的基本粒子是如何从氢经过质子和中子的核聚变，又是如何演化成为氦原子的，等等。

伽莫夫认为当时大爆炸产生的尘埃就是今天人们在地球上和宇宙中发现的原子。通过精确的分析和理论计算表明，在150亿~200亿年以前，大爆炸发生了。根据有关计算还得出，宇宙大爆炸之后，一般有5～10开的残余辐射温度。

现在，“宇宙大爆炸”学说已被科学界普遍接受。

» 为什么称齐奥尔科夫斯基为“航天之父”？

“地球是人类的摇篮。人类决不会永远躺在这个摇篮里，而会不断探索新的天体和空间。人类首先将小心翼翼地穿过大气层，然后再去征服太阳空间。”苏联科学家齐奥尔科夫斯基(1857—1935年)曾经这样为我们预言。现在，他的预言已经开始实现。他为航空航天科学的发展贡献了毕生精力，做出了卓越成就，被人们称为“航天之父”。

19世纪末，在飞机还没有升上天空的时候，作为一名中学教师，齐奥尔科夫斯基在实验条件很差的情况下，做出了一流的研究工作。1903年，他发表了著名论文《利用喷气工具研究宇宙空间》。齐奥尔科夫斯基一生写了700多篇论著，其中不仅包括航空航天的科技论文，还包括一些科学幻想作品和有关语言学、生物学等方面的著作。他还提出了火箭速度公式和多级火箭飞行原理，以及用液体燃料推进剂代替固体燃料推进剂的设想。正是依据齐奥尔科夫斯基的这些航天理论，人们发明了火箭，把宇宙飞船送上了太空。

» 是什么开启了天文观测的新纪元？

能凭肉眼看见的星星只是宇宙中星星的极少的一小部分，还有许多肉眼看不见的遥远的天体。因此，天文学家在研究宇宙时，要获得天体的精确数据就必须借助仪器的帮助。

直到 1609 年，意大利物理学家、数学家和天文学家伽利略 (1564—1642 年) 才第一次用自己做的望远镜指向了浩瀚的星空，人类方才告别肉眼观天的历史，进入了一个新纪元。后来，另一个著名的天文学家开普勒又制成了开普勒望远镜。

随着人类社会的进步和科技的突飞猛进，天文学的观测仪器也日趋精良。在现代天文观测中，肉眼和目镜早已不是观测的主要手段了。由于人眼的瞳孔仅为 2 ~ 8 毫米，它能观测到的只是波长从 4000 ~ 7000 埃的一小段辐射，而望远镜的口径要大得多，能收集到大量肉眼不及的星光，同时适用于不同波段的望远镜，如射电望远镜、红外望远镜、紫外望远镜、X 射线望远镜等的出现，使现代天文观测如虎添翼，宇宙逐渐被科学家揭开了神秘的面纱。

» 为什么天文望远镜越大越好?

我们要想观察到非常遥远的天体，就必须尽可能地使用大的天文望远镜，也就是说望远镜越大越好。这是什么原因呢?

望远镜的大小通常是指它的通光口径，也就是物镜的直径大小。它是望远镜观测天体能力的反映。口径越大就能收集到越多的天体辐射，聚光本领就越强。所以我们要想观测到更远、更暗的天体，就必须使用口径大的望远镜。除此之外，我们通过望远镜的角分辨的倒数来衡量望远镜的分辨本领，望远镜刚刚能分开两个天体(或一个天体的两部分)像的张角便是角分辨。在良好的天文台址的条件下，口径越大，望远镜的分辨率越高，所能观测到的天体就越多。因此，天文学家大都倾向于建造越

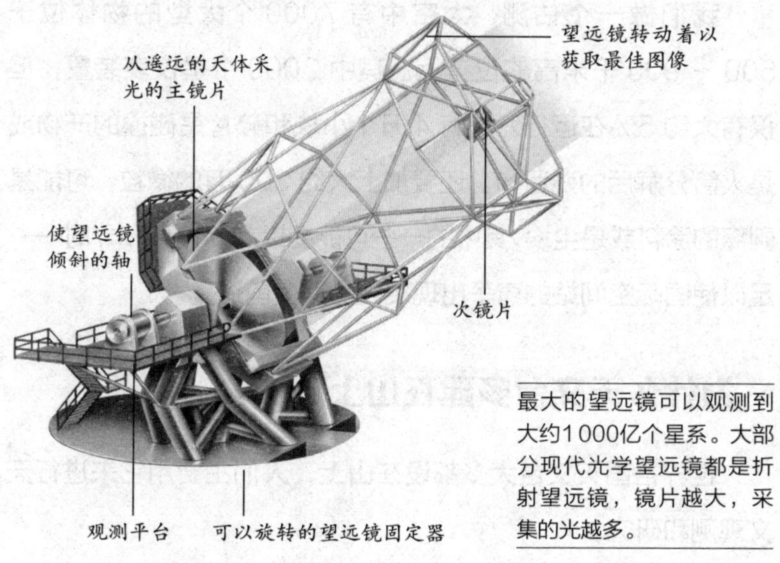

最大的望远镜可以观测到大约1000亿个星系。大部分现代光学望远镜都是折射望远镜，镜片越大，采集的光越多。

来越大的望远镜。

从伽利略发明第一架天文望远镜到现在，天文望远镜的发展非常迅速。300 多年来，光学望远镜的口径已从当初的几厘米发展到现在的 10 米。此外，望远镜家族还包括红外望远镜、射电望远镜、X 射线和 γ 射线望远镜、紫外望远镜，而且这些望远镜也越做越大。望远镜就好比是天文学家的“千里眼”，使他们获得了大量宝贵的观测资料，人们因此能不断深入地探索宇宙的奥秘。

» 太空垃圾是怎么产生的?

因为大量人造物体的逐渐增加，事实上太空正变得相当拥挤，并且由于这些东西互相碰撞而造成了更多的碎片。

我们做一个估测，太空中有 7000 个大型的物体位于 500 ~ 900 千米高的位置上。其中 2000 个是仪表装置，但仅有大约 5%在运行。还有 4 万个小块和碎片是碰撞的产物或是火箭分解后的残留物。还要加上大约 300 万的微粒，可能是剥离的涂料或是尘埃，其中的一些可能会以28.8万千米/时——足以使国际空间站的窗子出现裂纹的速度前进。

» 为什么天文台多建在山上?

世界各国天文台大多都设在山上，人们主要用它来进行天文观测和研究。

天文台的主要工作是用天文望远镜观测天体。天文台设在山上，是为了离天体近一点吗？不是的。

天体离我们都非常遥远。离我们最近的天体——月球，距离地球38万多千米，一般的恒星都在离我们几十万亿千米以外，地球上的高山一般只有几千米高，缩短这么一小段距离，显然是微不足道的。

星光要通过围绕地球的大气才能到达天文望远镜。大气中的烟雾、尘埃以及水蒸气的波动等因素，对天文观测都有影响。大城市附近，夜晚城市灯光会照亮空气中的微粒，使天空带有亮光，妨碍天文学家观测较暗的星星。远离城市的地方，尘埃和烟雾较少，情况要好一些，但是这些影响还是比较大的。

越高的地方，空气越稀薄，烟雾、尘埃和水蒸气越少，对天文观测的影响就越小，所以天文台多设在山上。

我国的天文台也大多设在山上。如紫金山天文台，它就设立在南京城外东北的紫金山上，海拔 267 米。北京天文台设有 5 个观测站，其中兴隆观测站海拔约 940 米，密云观测站海拔约 150 米。上海天文台在佘山的工作站，海拔也有 98 米。云南天文台在昆明市的东郊，海拔为 2020 米。

» 海底天文台有哪些科学优势？

中微子是宇宙空间中一种奇特的基本粒子。它是一种质量比电子还要小得多的不带电的中性粒子，但是它却具有极强的穿透力，可以穿透任何物质，甚至从地球的这一头穿透到另一头。

天文学家非常看重它，因为中微子携带着来自宇宙天体的信息，可是，如果我们想在太空中或是地球表面的大气层中捕获它真是太难了。于是，科学家根据中微子的特点，希望能够利用地表的岩石和海水来阻隔来自宇宙的其他粒子，将搜寻、观测中微子的装置移到了地底下和海底，从而密切注视中微子，并设法捕获它。

美国在夏威夷的“特玛姆特”海底天文台，就位于海平面以下 4800 米深处。清澈的海水被作为汇集光源的装置，同时为了避免水波和发光鱼类的干扰，科学家也动了不少脑筋，对装置做了技术处理，以保证观测效果。

科学家宣称，用海底天文台来观测和接收天体某种信息的效果，是地面天文台所望尘莫及的。比如同样是观测太阳，海底天文台就能观测到太阳核心部分瞬间发生变化的情况，这是任何一架地面望远镜都无法办到的。

» 为什么天文台的观测室是圆的？

一般房屋的屋顶，不是平的就是斜坡形的，唯独天文台的屋顶与众不同，是银白色的圆形屋顶。

这些银白色的圆顶房屋，实际上就是天文台的观测室，它的屋顶呈半圆球形。

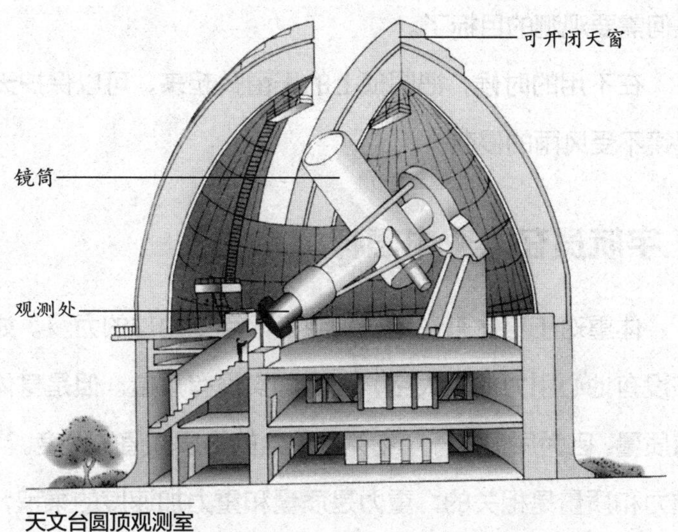

天文台圆顶观测室

走近一看，半圆球上还有一条宽宽的裂缝，从屋顶的最高处一直裂开到屋檐的地方。走进屋子里看，裂缝是一个巨大的天窗，庞大的天文望远镜通过这个天窗指向辽阔的太空。

科学家为了便于观测才将天文台观测室设计成半圆球形。因为在天文台里，人们用来观测太空的天文望远镜往往非常庞大，不能随便移动。而天文望远镜观测的目标，又分布在天空的各个方向。因此天文台的屋顶不仅被造成半圆球形，并且在圆顶和墙壁的接合部还装置了由计算机控制的机械旋转系统，这使观测研究更方便。这样，用天文望远镜进行观测时，可以根据观测的需要，转动圆形屋顶，把天窗和望远镜转到同一方向，再上下调整天文望远镜的镜头，就可以使望远镜指向天空中的任何需要观测的目标了。

在不用的时候，把圆顶上的天窗关起来，可以保护天文望远镜不受风雨的侵袭。

» 宇航员在太空中怎样称体重？

体重对于身体来说是一种将其吸引到地球的力量。如果人在没有地心引力的外太空，那么确实没有重量。但是身体仍然有质量，因为质量是一个物体所包含的物质数值的量度。当然，重力和质量是相关的：重力是质量和重力加速度的乘积，因此吸引产生的力越大，重量越大，而质量则没有改变。

在太空中称质量，必须使用一个靠地心引力独立工作的仪器——惯性秤。记住，你的惯性也是衡量你质量的一种方式，或者说你的“质量”越大，你移动起来就会越困难。所以宇航员将他们自己用皮带绑在摆动的仪器上，利用轻微向前向后摆动的惯性秤可以计算出需要多少力才能让他们动起来。由此，宇航员的质量就可以被计算出来，并且也可以推算出他在地球上的重量。

» 宇航服要满足哪些特殊的设计要求？

宇航员身着的宇航服是由数层超强纤维和其他材料制成，它有足够的牢固度，以保证不会在真空的宇宙中破裂。

这9～10层的保护层包括各种材料和织物层，如直纤维（一种结合了凯芙拉纤维防断保护的特氟龙纤维）、由涤纶平纹织物加固强化的镀铝迈拉薄膜层、覆有氯丁橡胶的尼龙织物层、涤纶织物、覆有聚氨酯的尼龙织物层、聚氨酯浸渍薄膜、多纤维丝伸展尼龙、内含水冷剂的乙烯一醋酸乙烯管，以及为宇航员穿着舒适而设计的尼龙薄绸衬里。

但是宇航服防护的主要目标并非真空拉力，更直接的威胁其实源自宇航服密封失效和温度的剧烈变化：微小陨石的撞击破坏会在宇航服上击出小孔，造成内压外泄；宇航员处于地球朝向太阳的一面时宇航服表面温度会急剧升高，相反处于背向太阳的一面时温度则会急剧下降。

宇航服内的生命保障系统为宇航员提供呼吸用的空气并维持温度控制系统的稳定，后背上的背包则用来为生命保障系统提供所需的压力。

» 为什么有时在白天也能看到月球？

正是由于你假设自己出于某种原因在白天看不到月球，才使这个问题显得格外有意思。其实无论在白天还是夜晚，月球本身并没有什么不同。

在白天，太阳强烈的光芒掩盖了一切的光亮，因此就算这时候能够看得见月球，它也往往不为人所注目。但在夜晚，月球就成了天空中最明亮的物体。

月球一个月绕行地球一周，因此它在一天 24 小时内呈现不同的景象。地球上每天所能看到的月球大小即月相取决于在某个特定的时间太阳能照亮的月球表面积。一般说来，除去初一、初二，在农历每个月的上半月，天气晴朗的话，在白天都可以看到月球。白天由于大气层对太阳光有散射作用，因此天空十分明亮。但是月球距离地球足够近且本身也足够大，所以才能反射部分阳光，显得比周围天空亮，使人们在白天也能看见它。

但地球上的人们却无法在白天看到星星。不过，就算空中有耀眼的太阳，在月球上的宇航员也能一样看到星星。这是因为月球上不存在大气层，太阳光也就不会被散射，所以即便是在白天，宇航员也能看到布满在漆黑天空中的点点繁星。

奇幻地球

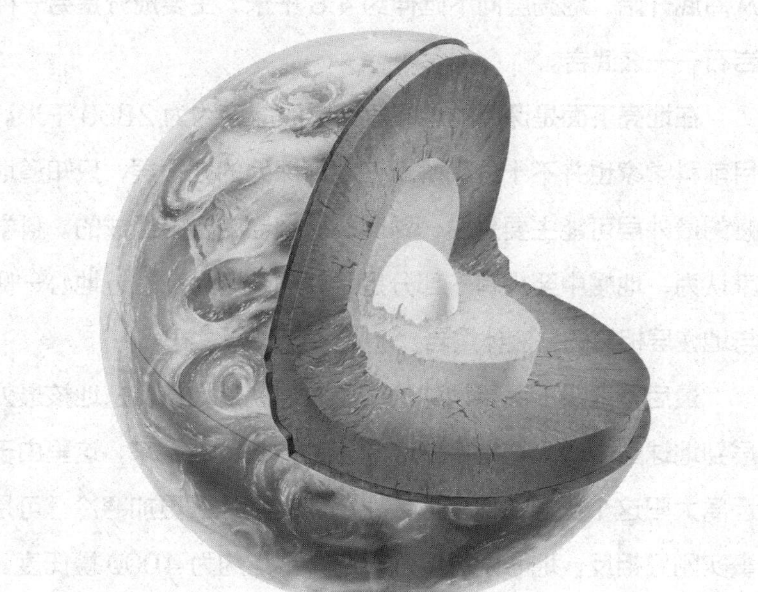

» 地心温度为什么如此之高?

如果我们可以像切水果一样把地球一分为二，就可以看见地球的内部是分圈层的。地壳是地球的最外层，类似水果的外皮。地壳的厚度为 24 ~ 48 千米，庭院里、公园里的地面是地壳的最外层。如果从地面的土壤开始向下挖，最终会碰到岩石圈。陆地上，地壳的主要成分是花岗岩。在像美国科罗拉多大峡谷这样的地方，流水的冲刷已经把一部分地壳侵蚀掉了，这里的花岗岩已经暴露在外了。而在海洋下面，地壳就薄了很多，从海底开始，地壳层向下延伸约 4.8 千米，主要成分是另一种岩石——玄武岩。

在地壳下面是深厚的地幔层，它的厚度约为 2880 千米。目前科学家也并不十分了解藏在地下深处的地幔层，只知道地幔的最外层可能主要是由一种叫作橄榄岩的岩石组成的。科学家认为，地幔中至少有一部分是柔软的，因为在靠近地心一侧与地幔层相接的是液体熔岩。

最后，地幔下面是地球的中心，也就是地核。从地核最外层到地球最中心大约有 3200 千米的厚度。看起来，这里由于远离太阳这个热源，似乎应该比南、北极地区更加寒冷。可是事实刚好相反，地心附近温度极高，平均约为 4000 摄氏度，如此高的温度使地核的外层呈现液态，主要是熔融状态的金属。想象有一个仓库，里面装满了熔化了的平底煎锅，这就与地心处的景象差不多了：混合了氧和硫的液态金属四处流淌。随着地球的自转，这个地下海洋也形成了自己的洋流。

地核的密度非常大。因为星球的大部分重量都压在地核上，所以这里的物质被紧紧地挤压在一起。科学家认为，巨大的压力使地球的内核成为一个固态铁核（也含有少量氧和硫）。即使温度很高，但是巨大的压强使所有的铁分子都紧紧地被压在一起，宏观上维持着固体的状态。地球中央的固态金属球大约是月球体积的四分之三，被包裹在液态金属的海洋中，成为星球中的星球。

地球深处的热量是哪来的呢？大部分热量是 46 亿年前地球形成时产生的——体积较小的物体撞在一起形成地球就会放出热量。但有些地质学家却认为大部分热量来自地球深处的天然的放射能。

地球内部的放射性元素会释放粒子，比如电子，这些粒子与岩石层中的原子碰撞，将部分能量传递给岩石中的原子，岩石的温度就升高了。地球形成初期，这些放射性元素使地球内部的岩石变得非常热，而岩石很容易保

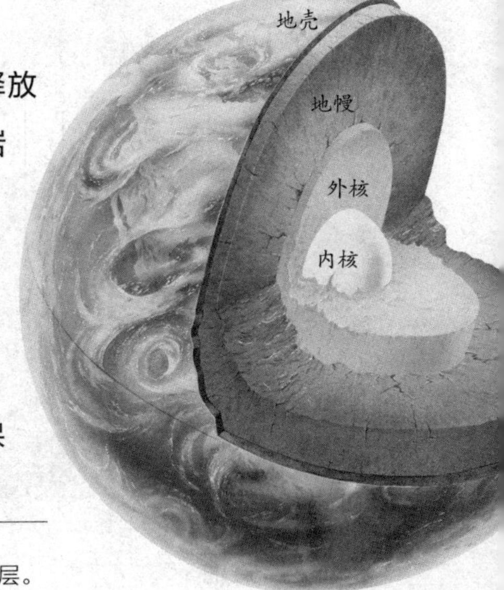

地球结构剖面图
地球从内到外依次分为地核、地幔和地壳三层。

存热量（可以想象下夏天太阳下的石头有多烫），所以这些热量就被保留在地球内部了。几百年之后，地球内部的高温已经足以熔化岩石中的金属物质。后来，重金属又从较轻的金属中分离出来，沉入地心，形成了地核。

» 地球上的水是怎样循环的？

海洋占地球总面积的 71%，蒸发量最多，它在水的循环中起主要作用。估算表明，每年海洋蒸发掉的水量为 42 万立方千米，其中的三分之二通过海洋上空的大气降水重新降落到海洋里，构成了海洋内部的水循环。其余的三分之一被气流带入大陆上空，它们和陆地上植物树叶蒸腾出的水汽，以及江湖、

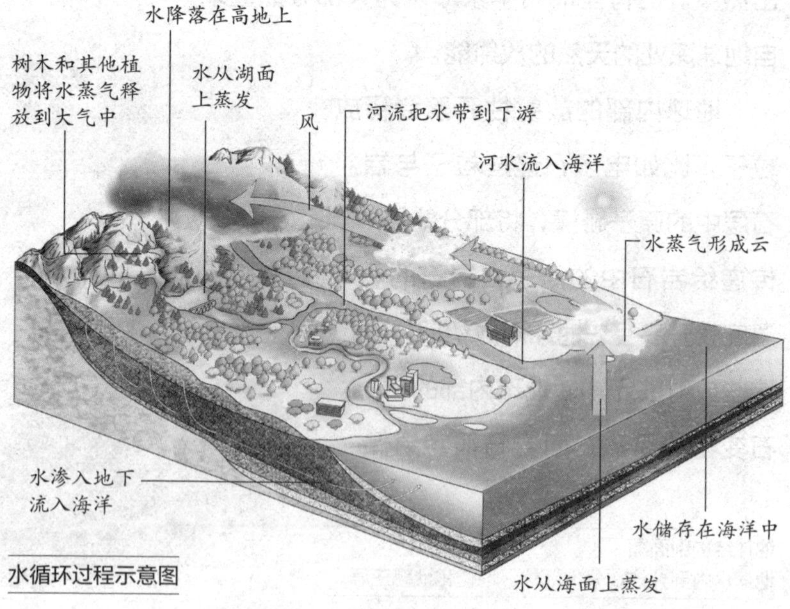

水循环过程示意图

土壤蒸发的水汽混合在一起，以陆地上空的大气降水形式落到地面。每年陆地上的总降水量为 10 万多立方千米，其中的三分之二被地面植物暂时截留后，通过植物蒸腾和地面蒸发，重新返回到陆地上空，构成陆地内部的水循环。剩下的三分之一的降水，或直接以江河湖泊的形式重返海洋，或渗入地下，以地下水的形式慢慢流入海洋。这样，大海不断地向空中蒸发水分，同时陆地又不断地向大海补充水分，如此循环往复，加上海洋和陆地各自内部的水循环，就构成了地球的水循环。

» 气温日较差和哪些因素有关？

一天之内，最高气温和最低气温之间的差距就叫作日较差。观察气温的日较差，可以更好地认识一个地方的气候特征，一般来说气温日较差的大小和该地的纬度、地表性质、季节和天气情况等因素有关。

气温的日较差一般随纬度增高而减小，研究发现，低纬度地区的平均气温日较差是 10 ~ 12 摄氏度，中纬度地区平均为 8 ~ 9 摄氏度，高纬度地区平均为 3 ~ 4 摄氏度。海洋和陆地上的气温日较差也不一样：海洋上的气温日较差较小，一般仅有 1 ~ 2 摄氏度；陆地上的气温日较差较大，常能达到 14 ~ 15 摄氏度。另外在陆地上，气温日较差又因地面状况而异，裸地比林地大，砂土地比黏土地大，谷底、盆地日较差大，丘陵、山顶的日较差小。气温随季节的变化，以中纬度地区最为显著。

中纬度地区，夏季正午太阳高度角大，而且白昼的时间长，一天之内太阳辐射强度变化大，所以气温的日较差也大，而冬天则恰恰相反。天气情况也会影响气温的日较差，阴天时云层厚，地面上获得的太阳辐射少，夜间云层又能阻挡地面热量散失，所以日较差要比晴朗的天气小。

» 世界各地的气候为什么不一样？

大气在运动过程中受到很多因素的影响，变得非常复杂。因此，全球各地的气候有着比较明显的差异，类型多种多样。大体上来说，全球从南向北在不同的纬度有着不同的气候带。但是在小的方面，同一纬度的地方也有可能出现不同的气候类型。比如，地中海地区和我国长江流域几乎处于同一纬度带上，一个在大陆的东岸，一个在大陆的西岸。但是地中海地区是冬季湿润、夏季干燥，而我国的长江流域却恰恰相反，冬季干燥、夏季湿润。另外，受到山地、高原、森林、沙漠等地形影响，彼此相邻的两个地区也常常出现截然不同的气候特征，因此有“一山有四季，十里不同天”“南枝向暖北枝寒，一种春风有两般”的农谚，生动地说明了气候类型的丰富。

多种多样的气候类型，在造就了各具特色的自然、人文环境，使世界更加丰富多彩的同时，也给人们带来了很多麻烦。

许多气候条件恶劣的地区非常不适合人类生存，如干燥的沙漠地区、寒冷的极地等。于是人们常常怀有美好的愿望：如果全世界的气候都一样，都很宜人就好了，这样无论在什么地方，什么季节，都不必担心恶劣气候的侵害了。这个愿望确实让人无限向往，但是科学告诉我们，那是根本不可能实现的。因为，各种气候的形成原因非常复杂，凭借人力来改变整个世界的气候，现在看来还是天方夜谭。

气候的形成主要与五大要素有关，这些要素在短期内变化很小，因此气候也相对比较稳定。太阳的辐射是五大要素中最重要的一点，对于不同地区而言，由于所处的纬度不同，所能接受到的太阳辐射能量自然也大不相同，以赤道地区最多，依次向南北两极高纬度地区递减。大气环流通过热量和水汽的输送来影响气候的形成，当大气环流趋于稳定的时候，气候也表现得正常，当环流出现异常时，那么灾难性的天气也常常伴随而来。海陆对气候的影响显著，在地球上形成了差别巨大的大陆性气候和海洋性气候两种基本气候类型。一般来说，大陆性气候全年温差变化较大，湿润程度较低，而海洋性气候则恰恰相反。地形对气候的影响同样不可小觑，高大的山脉或者高原常常能阻挡住大气的环流，从而造成山脉或者高原两边的气候大不一样。洋流对气候产生间接性的影响，一般情况下，有暖流经过的地区，气温要比同纬度各地要高。相反，有寒流经过的地区，温度往往较低。

除了上述五个基本要素，还有冰雪覆盖等因素也能对气候的形成产生重要影响。由此可见，一种气候的形成是由多种条件共同影响的结果，是非常复杂和不可改变的。所以，我们的美好愿望一时难以实现。不过幸好各地的人们也早已习惯了当地的气候，如果气候发生变化，他们还有可能适应不了呢！

» 地球的温度带是怎么形成的？

每年的冬季，我国的北方尤其是东北地区就步入了冰天雪地的世界。哈尔滨市的市民们还利用松花江中的天然冰块，精心雕刻出各种各样的奇异壮观的冰雕艺术品，再配上绚烂的灯光效果，营造出水晶宫一般的冰雪大世界。而几乎是同一时间，南方的广州市，却在举办一年一度的迎春花市，不同花色、不同品种的花儿争妍斗艳，一派暖洋洋的春天气息。这两种截然不同的景象，就是由于两地相差悬殊的气温造成的。如果各地的温度都一样，普天之下一样冷热，那么如此迥异的景象只有在不同的季节才能出现了。

其实，之所以出现各地气温不一样的现象，是因为太阳光投射各地的角度不同。太阳光照射地面的角度越大，热量越集中，当地得到的太阳光热就越多，气温也就越高，反之则越低。依据获得太阳光热的多少，人们把地球分为五个温度带，从北到南依次为：北寒带、北温带、热带、南温带和南寒带。南北寒带位于南北半球的高纬度地区，热带位于赤道附近，而南北温带则位于热带和寒带中间。我们知道，因为地球是倾斜的，太阳的直射点常年在南北半球的低纬度地区徘徊，纬度越高的地方，阳光斜射得越厉害，气温也就越低。夏季的时候，高纬度地区的太阳照射角度虽然小，但白昼时间长，吸收太阳的热量和南方相比差距不是很明显，所以我国北方的夏天和南方的夏天温度相差不太大；冬季的时候恰恰相反，高纬度地区的太阳照射角度小，白昼时间也比低纬度地区的时间短，所以南北温差比较大。

热带位于赤道南北两侧，约占全球总面积的 39.8%，全年的太阳照射角度较大，温度很高而且差异很小，没有明显的四季变化，仅有热季和凉季或者干季和雨季之分。南北温带的面积较大，共占地球总面积的 52%，这一地带是全球太阳高度和昼夜长短变化最明显的地带，也是四季变化最突出的地带，是热带和寒带之间的过渡地带。南北寒带，位于南北极圈之内，面积较小，仅占全球总面积的 8.2% 左右，终年严寒，有极昼和极夜现象存在。

这五带的分布表明，地球上的各个地方在太阳系这个大环境中，收到太阳的热量是不均匀的。这种不均匀，会造成大范围的冷热交换，对大气的环流和洋流的形成都有很重要的意义。所以，如果没有了五带，全球各地没有了气温差异，那么我们的世界将会变成什么样子，谁也无法想象。

» 为什么不能给地球装一个大空调？

暑来寒往，一年四季气温各不一样，人们不得不承受夏天的酷暑，忍受冬天的严寒。春秋季节早晚温差大，早出晚归的人们穿衣都成了一个麻烦事。有人想，如果给地球安装一个大空调就好了。

给地球安装一个大空调，这确实是一个不错的想法。但是将这个想法付诸实践，至少在现在看来还是不可能的。地球是一个半径约为 6 370 千米的球体，表面面积达 51000 万平方千米。给偌大的天体安装一个空调，这个空调的大小自然可想而知了。不用说制造这样一个空调需要花费多少的人力物力，单是把这样的空调悬挂在地球上面也是一个难以想象的工程。空调安装完毕，让空调正常运转所需要的能量，恐怕也不是哪一个国家所能承受的。即使是人类克服了这些难题，由谁来操纵遥控器，全世界恐怕也难以达成一致。你渴望四季如春，爱好滑雪的人却希望冬天能长一些，爱好冲浪的人可能想让炎热的夏天永远没有尽头。所以，给地球安装一个大空调，看起来是一个美好的愿望，实际上根本不可行。我们所能做的是将忍受变成享受。气温为什么会在一年之内、一天之内变化多端?

我们知道因为地轴是倾斜的，地球上才有了四季的变化。一日之内气温的变化规律是：气温在一天之内的最高值一般出现在下午 2 时左右；最低值出现在黎明前最黑暗的时候。这是因为，日出以后，随着太阳辐射逐渐增强，地面不断吸收太阳的热量，温度随之升高，同时地面还将部分热量输送到大气之中，于是气温也慢慢升高了；正午时分，太阳的辐射达到了最高值，随后就慢慢减弱，但这时地面的温度仍然在慢慢地升高，输送到大气中的热量也在不断增多，温度也不断升高，直到下午2时，温度达到一天之中的最高值，之后就开始慢慢下降；太阳落山以后，地面没有了热量来源，但在白天攒下的“积蓄”还够维持一段时间，直到黎明前，地面的热量逐渐消耗殆尽，于是气温也降到了最低点。这就是一天之中气温变化的规律。明白了一年乃至一天之内的气温变化规律后，我们就能很好地适应气温的变化，提前做好准备了！

» 为什么赤道不是最热的地方？

地球上什么地方最热？很多人都觉得赤道是最热的地方，因为赤道地区太阳一年到头普照大地。其实，最热的地方不在赤道。在亚洲、非洲、大洋洲和南北美洲地区一些远离赤道的大沙漠里，白天的气温竟比赤道气温高得多！

原来沙漠里植物十分稀少，水也比较罕见，只有光秃秃的一片沙地，沙地的热容量小，很快就会升温，沙地本身传热的本领也小，热量很难向下传递，当沙地表面温度很高的时候，下层的沙子还是冷冰冰的，再加上沙地又缺乏水的蒸发耗热作用，所以当太阳一出地平线，沙漠里的温度就直线上升，一到中午，地面就变得滚烫如火烧似的。

另外，赤道上的云层和降雨都比沙漠地方多得多，几乎每天下午都下雨，这样一来，下午的温度更不可能升得很高。而沙漠里多为大晴天，降雨非常少见，炎热的太阳从早晨一直照到傍晚，所以沙漠地区下午的温度就会升得很快很高。

» 火山爆发为什么会影响气候?

地球上的火山可分成不同的类型。正喷发或呈周期性、间歇性喷发的称为活火山；停止喷发，并且火山构造已被严重破坏，仅留存着早期喷发的遗迹的，称为死火山；还有一类火山，形态完好，可能处于宁静期，暂不喷发，称为休眠火山。

火山爆发使一些地区气候变冷是由于大量的火山尘进入大气层的缘故。火山尘的厚度在大气层里可达 0.5 ~ 3 千米，并能在对流层、平流层游荡 1 ~ 2 年，这使得某些地区太阳辐射的热量减少 10% ~ 30%。同时，火山尘是云和水滴形成的凝

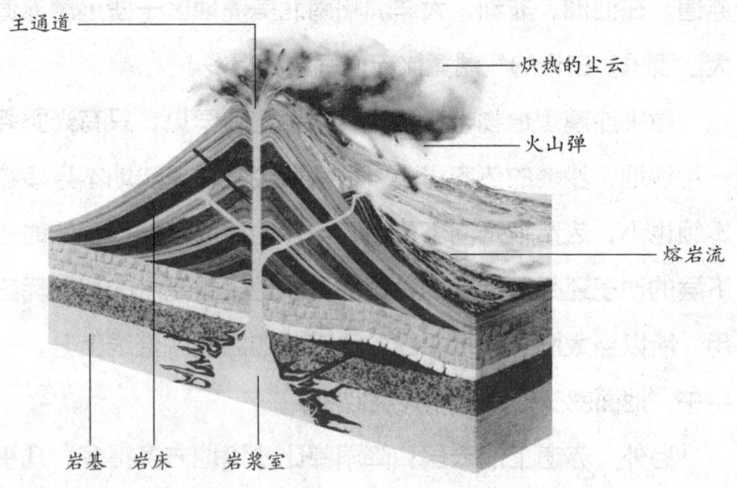

正在爆发的火山的横断面

除了由主火山通道喷出来，熔岩也能从附近被称为岩脉的通道流出来。岩床指岩石层间充满熔岩的通道。

结核，天空充满火山尘，云、雨就易于形成。天空中云多、水滴多，显然会减弱太阳辐射的热量。所以，在火山剧烈爆发的 1 ~ 2 年里，地球上一些地区的气候会出现偏冷的现象，这种现象在夏季最为明显。

» 海水为什么不会把喷涌的海底火山扑灭?

海底火山又叫作平顶海山或是海底山。火山喷出的熔岩在海底岩床上四处流淌，最终被海水冷却，形成枕状熔岩。

在近海面处，当海水遇到熔岩时会形成爆炸性的水蒸气；而在距离海面 2000 多米的深处，巨大的压力避免了这一情况的发生。

比如位于冰岛附近的瑟尔塞岛边上的火山喷发时，每 3 分钟就会发生一次 2 万 ~ 4 万吨三硝基甲苯（TNT）当量的爆炸。

在 1973 年，当火山喷发威胁到同样位于冰岛附近的赫马岛的海港的安全时，人们考虑尝试进行类似用海水淹没海底火山喷发的努力。人们试着用管道将海水浇到流动中的熔岩前端，使其在适当的地方被冷却凝结。当部分熔岩已经溢流侵入岛上海港时，人们甚至一度考虑用炸药将熔岩流上相对较冷部分的外壳炸开，让海水冷却内部尚且红热的熔岩，以阻止熔岩流继续向前推进。

然而，专家们经过计算后认为，如果海水在这种情况下与红热的熔岩相遇，爆炸的水蒸气会导致更多熔岩流的外壳被撕裂，于是将会有更多的海水从中涌入熔岩当中，从而引发链式反应。

专家们担心这样的链式反应会传遍水下整个熔岩流，所引发的爆炸几乎相当于引爆一颗几百万吨当量的氢弹，这无疑会给整座岛屿带来巨大的灾难，而且爆炸产生的巨浪还会对北大西洋沿岸所有的港口造成严重的威胁。

这一提案理所当然地遭到了否决。最终，熔岩流被平息下来，岛上的海港也因此得以保全。

» 为什么日本的火山特别多？

太平洋占去了地球表面的三分之一，其底部有许多深度为8000米以上的凹地和海沟，最深的达11034米。这些海沟和凹地的壳很薄，多数不到10千米，而周围大陆的地壳平均厚度是35千米。这样的地壳结构使得太平洋成为火山的集中地带。

日本恰好位于太平洋的边缘，它和阿留申群岛、千岛群岛、菲律宾群岛以及美洲的西海岸组成了著名的太平洋“火山环”。这一地区分布有200多座活火山，是地球上火山活动最多、最强烈的地区。实际上，这些火山常常是海底山脉露出水面的部分，火山脚下还有很多深深的海沟。这一地区地壳厚薄变化悬殊，同时还伴有巨大的断裂。所以岩浆易沿着断裂带向上溢流，形成多次的火山喷发。

» 为什么会发生地震?

在我国，许多地区都曾发生过地震，如唐山、汶川等地。地震发生时，整个城市都在摇晃，楼房倒塌，山崩石裂。强烈的地震甚至可以在顷刻间将一座城市夷为平地。为什么会发生地震呢?

绝大多数地震是由地壳运动所引起的。坚硬的岩石在地壳运动中受到外力的作用,发生形变甚至破裂,往往就会发生地震,虽然到目前为止对地壳运动的推动力从何而来还有许多争论，对地震产生的根本原因也有多种推测，但“地震是由于该处的岩石发生破裂而直接引起”这一论断是人们一致同意的。绝大多数地震的发生是由于该处地下的岩石产生了新的断裂，或者原有的裂缝再次发生错动。在地下的岩石接近破裂时，太阳和月球对地球的引力作用、大气或水（水库）对地面压力的变化，都可能使其破裂，从而引发地震。

此外，地震也常常伴随着火山爆发而发生。地球上有很多火山，每当爆发时，大量炽热的岩浆由地层深处涌出，其体积迅速膨胀，冲击地壳，因此必然会引起地震。

» 海啸是怎么形成的?

有的时候，海上本来没有风暴，一会儿却巨浪翻滚，高达数米的海浪涌上海岸,破坏力极强。这就是人们常说的“海啸”。

那么，海上为什么会发生海啸？其中一个原因是海底的地壳出现断裂，有的地方下陷，有的地方上升，引起地壳剧烈运动，产生出波长极长的巨大波浪，这些巨浪冲向海岸或港湾，使水位暴涨，冲向陆地，产生巨大的破坏力量。

海底的火山爆发是形成海啸的另一个原因。火山在水下喷发，还可造成海水沸腾，涌起水柱，使大量的鱼类和海洋生物死亡，造成海洋生物尸体遍布海面。

此外，海底斜坡上的物质有时会失去平衡，造成海底滑坡，从而引起海啸。也有些海啸是由风引起的。强大的台风通过海面，使岸边水位暴涨，波涛汹涌，甚至使海水泛滥成灾，给人类造成巨大损失。人们称这种现象为“风暴海啸”，也称之为“气象海啸”。

» 台风为什么产生在热带海洋上？

台风就是风力在 12 级（包括 12 级）以上的热带气旋，它的产生需要比较高的温度和充沛的水汽。

只有在热带的海洋上才能同时具备这两个条件。第一，热带海洋洋面上气温非常高，低层空气可以充分接受来自海面的水汽。而这些水汽正是台风形成发展的原动力。第二，热带海洋离赤道有一定距离，地球自转所产生的偏转力有利于台风发展气旋式环流和气流辐合的加强。第三，热带海面情况比较单一，同一海域上方的空气，往往能长时间保持稳定，从而有充分的时间积蓄能量，酝酿出台风。

» 为什么霞能预兆天气？

日出和日落前后，天际有时会出现红或橙红色的艳丽色彩，这就是霞。

为什么会产生霞呢？日出和日落时分，太阳光要通过较厚的大气层才能照射到地平线附近的空中。阳光通过大气层时，波长较短的紫色光和蓝色光发生的散射最强，到达地平线上空时所剩无几，余下的只有波长较长的红、橙、黄色光线。这几种光线经地平线上空的空气分子、水汽和尘埃的散射后，就产生了我们看到的色彩艳丽、美如画卷的彩霞。

空气中的水汽、尘埃越多，彩霞的颜色就越鲜艳。如果这时天上有云块，云块也会被“染”上艳丽的色彩。

霞的颜色和鲜艳程度与大气中水汽、尘埃的含量有关，因此霞的色彩与出没能够指示天气变化。谚语说：“朝霞不出门，晚霞行千里”，就是告诉人们，朝霞预兆雨天，晚霞预示晴天。

» 风向和风力怎样来表示？

风指的是空气相对于地面的水平运动，用风向和风力来描述。风向指风的来向，风力就是单位时间内空气的行程，即风速，它是用米 / 秒或千米 / 时表示。在天气图上，风的来向用风矢来表示，其尾端也就是风羽所指的方向就为风的来向，风羽用

全部风力口诀				
0级风烟直上	1级风烟稍斜	2级风树叶动	3级风旗飘动	4级风灰尘起
5级风水起波	6级风大树摇	7级风步难行	8级风树枝断	9级风烟囱毁
10级风树根拔	11级风陆罕见	12级风浪滔天		

部分风力示意图

来代表风速。风羽有三种：即三角旗、长划与短划，它们分别代表每秒 20 米、4 米和 2 米。

天气预报中讲的风向、风力，指离地 10 米高处的地面风，气象上把 8 级（17 米 / 秒）以上的风叫作大风。地面以上的风，叫作高空风。

» 为什么夏季常常出现雷阵雨？

夏天，我们常常看见这样的情况，天空飘浮着一小团、一小团像棉花似的云，那就叫积云，积雨云的前身往往就是这些积云。空气不断上升，能使积云的云块不断增厚增大，形成了浓积云。这时，如配合有合适的条件，浓积云就会向上继续发展，上升到 7 ~ 10 千米以上的高空，变成了积雨云。

在这厚达几千米的积雨云里，包含的水汽、小水滴和冰晶很多，其中有些小水滴和冰晶在云中与云体的发展同步变大，当上升气流无法把它们托住时，就落到地面上来。它们经过气温较高的云层时，其中大水滴变成雨滴，大的冰晶则先变成雪珠，然后又消融成为阵雨。

由于形成积雨云的剧烈的热力对流，比较容易出现于夏季，所以雷阵雨也常常会出现在夏季。又因为由于热力对流所形成的积雨云的剧烈扰动，往往会有闪电现象产生，而且其中上升气流强弱不定，一块积雨云过去后，又移过来另一块积雨云，所以雨量大小不定，变化不定，而且又是一阵阵的，所以叫作雷阵雨。

» 雨水是怎么形成的？

水蒸气不可见，但总是存在于空气中。云是由水蒸气组成的，水蒸气凝结成了小水滴或小冰晶并聚集在一起，才形成了看得见的云朵。

如果空气里有可以黏附的颗粒，水蒸气就会聚集成小水滴。比如在海洋上空，水蒸气渗进盐粒就可以形成水滴。或者当温度降到 0 摄氏度以下，水汽会在灰尘颗粒周围冻凝结成固体，然后随风飘到高空。小冰晶通常来自普通的灰尘颗粒。而空气里其他的尘埃物质，比如烟尘，也可以成为凝结核。

雨并不是云的一部分，而是当云朵分裂时，从其中分离出的部分形成的。当组成云朵的小水滴或小冰晶增长到一定重量时，就会形成降雨。

气象学家发现水滴可以通过好几种方式慢慢变大并变成雨落到地面上来。雨滴的形成方式取决于它们所属的云团种类——暖云团或冷云团。

暖云团是由空气中的小水滴组成的，有时雨滴在到达地面之前就会重新蒸发变成水蒸气。当雨滴的个头足够大了，就可以噼里啪啦地落在我们头上。

» 雷雨前为什么天气闷热?

天气闷热时多半会下雷雨，为什么呢?

大部分地区盛夏常常下雷雨。下雷雨需要地面温度高和空气湿度大两个条件。地面温度高，靠近地面的空气的温度才能升得很高，从而浮向高空；空气的湿度大，潮湿的空气才能上升到高空，形成雷雨云。只有出现了雷雨云，才有可能发生雷雨。

大气的温度高，水汽多时，地面上的水便难以蒸发，人身上的汗也同样很难干。在浴室里洗澡会感到又热又闷，同样也是由于浴室里温度高、水汽多的缘故。所以闷热就说明大气里水汽多、温度高，也就说明雷雨即将发生。

有时候天气虽然十分闷热，却落不下雷雨。这是因为夏天雷雨的范围不大，雷雨可能落在了别处。

» 为什么江淮流域有梅雨天气？

我国江淮流域每到6—7月黄梅成熟季节，常常阴雨绵绵，很难见到连续的晴天，气象学上把这个时期的天气称为梅雨天气。

为什么会出现这种天气呢？

原来，每年6—7月，南方暖湿空气常常向北伸展到长江流域和长江以北的地区。但同时，北方冷空气仍然相当强大，于是，冷暖两种空气就交汇在江淮流域一带。暖空气比冷空气轻，因此它沿着冷空气向北斜向上升，所带来的大量水汽在上升过程中凝结成云，形成一个长条形的狭小雨带，宽为200～300千米。

南方的暖空气和北方的冷空气，在6—7月这段时间里，往往忽强忽弱。如果冷空气更强，雨带就会南移；

江南梅雨

梅雨时节出门要随身携带雨具，淅淅沥沥的小雨说下就下。

如果暖空气更强，雨带就会北移。因此，雨带一直在江淮流域南北摆动，从而使江淮流域出现梅雨天气。

两股气流交汇的结果是南方暖空气愈来愈强，北方冷空气愈来愈退缩，江淮流域的梅雨天气就此结束，紧接着进入炎热的盛夏。

为什么说雾是靠近地面的云？

秋冬季节的夜晚，云少风小。地面的散热速度快、温度下降的幅度大。近地面的空气中，水汽在后半夜和黎明时分容易达到饱和状态而凝结成雾。像云一样，雾中也包含了大量的水汽和尘埃，所以雾实际上就是靠近地面的云。

雾大体分为五种，第一种叫作辐射雾，太阳一升高，随着地面温度的上升，空气中容纳水汽的能力增大，雾也就立即蒸发消散了。辐射雾常常预示着当天是个好天气。谚语“十雾九晴”指的就是这种雾。第二种叫作平流雾，是由温暖潮湿的空气流经冷的海面和陆面时，空气低层受冷凝结而成的，这种雾一旦形成，持续的时间就会较长。第三种雾叫作蒸发雾，当水面是暖的，而空气较冷时，水汽便会源源不断地从水面蒸发出来，遇到冷空气凝结成小水珠，就成了蒸发雾。这种雾多出现在寒冷的极地。第四种雾是上坡雾，这是由潮湿的空气沿山坡爬升，逐渐冷却使空气的水汽含量达到饱和而形成的。第五种雾是锋面雾，这是冷暖空气交汇时出现的情况。

» 为什么重庆的雾特别多？

我国的重庆是著名的多雾城市，每年平均有 100 多天有雾。大雾弥漫时，能见度有时只有几米。

为什么重庆的雾特别多呢？原来，重庆位于长江和它的支流嘉陵江的汇合处，空气湿润，全年相对湿度在 80% 以上。同时，重庆周围有高山阻挡，地面崎岖不平，也没有强风吹过，空气中的水蒸气难以扩散。天气晴朗的夜晚，地面的热量急剧散发，温度迅速下降，靠近地面的潮湿空气中的水蒸气就凝结成无数细小的水滴，在低空飘浮，从而形成了雾。冬季日照时间较短，太阳辐射弱，雾在白天不能完全消散。日落以后，山坡上密度较大的冷空气由于受地形的影响，会下沉积聚在盆地底部，使大雾更易形成。

» 为什么龙卷风很难预报？

美国电影《龙卷风》应该给许多看过它的人留下了极深的印象。龙卷风袭击了农场，庄稼被一扫而空；一棵大树被连根拔起，像一棵草一样被抛到了很远的地方；一头强壮的牛被卷到空中，随风旋转；一辆飞驰中的汽车被风卷起，摔成一堆废铁……这些虽然是电影特技，但的确真实地表现了龙卷风的威力。

龙卷风给人类带来了如此巨大的灾难，那么，天气预报能否准确及时地预报出龙卷风的位置和移动方向呢？龙卷风来势迅猛，范围又较小，天气图上很难将它反映出来，非常不容易预报。目前，唯一能测出龙卷风动向的是脉冲型激波雷达。这种雷达能发出一种波束，波束进入云层后，与云中的小水滴、冰晶等相遇，被反射接收，自动输入电脑。电脑经处理后，云层的分布、方向和运动速度等数据就会被显示出来。根据这些数据，气象工作者即可对龙卷风的形成和发展情况进行预测。气象工作者现在已能根据数据，向将要形成龙卷风的云层发射火箭，促成积雨云降雨，以阻止龙卷风的产生。

» 什么是自然界的“蝴蝶效应”？

天气预报只是某种推测，两三天以内的预报与实际天气状况基本相符，超过一周的预报就会与实际天气大相径庭。

美国气象学家洛伦兹在计算机上制造了一个玩具天气模型，对两组天气状况进行了仔细的研究，他惊讶地发现，输入的微小误差，就会出现“失之毫厘，谬以千里”的结果。由此他认为，只要收集到的气象数据哪怕有一点点误差（这是不可避免的），通过计算机将会得到令人无法估计的后果。后来，洛伦兹在一次讲演中用形象的比喻说明这一现象：“一只蝴蝶在巴西拍动翅膀，会在美国得克萨斯州引起龙卷风。”以后人们就把这种现象称为自然界的“蝴蝶效应”。长期的天气预报失去实际价值的原因正是由于“蝴蝶效应”的存在。

» 为什么晴朗的天空是蔚蓝色的?

大雨过后的天空澄净得像一泓平静的湖水；雷鸣电闪之后的天空常常变得湛蓝，令人心旷神怡。为什么晴朗的天空总是蔚蓝色的，而且越是晴朗，蓝得越澄澈呢?

难道天空中含有蓝色的气体? 或者大气本身就是蓝色的?

原来，地球的表面包围着一层大气，其中悬浮有许多微小的颗粒，如尘埃、冰晶、水滴等。当由红、橙、黄、绿、蓝、靛、紫等有色光组成的太阳光通过这层大气时，波长较长的红、橙、黄等有色光透射能力较强，能透过大气中的微粒射向地面；而波长较短的蓝、紫、靛等有色光，则被悬浮在空气中的微粒散射向四面八方，天空因此呈现出蔚蓝色。

» 为什么天空中的云多姿多彩?

天上有各种颜色的云，有的洁白如絮，有的乌黑一块，有的灰蒙蒙一片，还有的发出红色和紫色的光彩。这不同颜色的云究竟是怎么产生的呢?

云体包括散布全天的层状云，孤立散处的积状云，以及如波涛般层叠起浮的波状云，等等，它们的厚薄相差很大，厚的可达七八千米，薄的只有几十米。层状云和雷雨时拥塞天空的积雨云都比较厚，太阳和月球的光线难以透过，云体看起来就很黑；稍微薄一点的层状云和波状云看起来就是灰色的，特别是波状云的边缘部分，色彩更为灰白。

孤立散处的积状云比较厚，它向阳的一面，光线几乎全部反射出来，因而看起来是白色的；它背光的一面底部，光线不容易透过，看起来比较灰黑。

日出和日没的时候，太阳光线穿过很厚的大气层斜射过来，空气中的分子、水汽和杂质，使得光线的短波部分大量散射，而红色、橙色的长波部分却散射得很少，照射到大气下层时，阳光以长波光（其中特别是红光）为主，因此这时日出、日没方向的天空呈红色，被阳光照亮的云也变成了红色。

» 彩虹是怎么形成的？

炎热的夏季，暴雨过后常常会出现一条七色的彩环，悬挂在空中，这就是虹，人们习惯称其为“彩虹”。

虹是太阳光被飘浮在空中的水滴反射而形成的。在天气晴朗的早晨或傍晚，背着太阳站立，然后向空中喷一口水，就会看到水珠上面有一条小小的彩虹。夏季暴雨过后的空气中，飘浮着许多小水珠，它们一个个就像悬浮在空中的微型三棱镜，把通过它们的太阳光分解成红、橙、黄、绿、蓝、靛、紫七色光带，再反射回来。这时，人如果站在太阳（在地平线附近）和雨滴形成的“雨幕”之间，就会看到色彩缤纷的虹。

空气中水滴的大小往往影响着虹的色彩鲜艳程度和虹带的宽度。水滴大，虹就鲜艳清晰，但比较窄；水滴小，虹的颜色就淡一些，但虹也宽一些；水滴过小，虹就可能不会出现。

彩虹是在背着太阳的方向，在与我们和太阳之间的直线成42 度的前方出现。因此，早晨在西方的天空，傍晚在东方的天空可以看到。

» 为什么会出现海市蜃楼现象？

海市蜃楼是一种自然现象，它是虚幻的，同时也是客观事物的实际反映。

海市蜃楼是一种光学现象，多出现在海洋、大湖、大江和沙漠的上空，它是光线在密度不同的空气中发生折射和全反射的结果。夏天没风时，水面的上层空气被晒得较热，密度小；贴近水面的空气由于受水的影响，温度较低，密度大。上下两层空气的温度相差较大，密度上稀下密时，周围地平线以下的岛屿、城镇、船只等景物的反射光线，通过在空气中的折射和

海市蜃楼示意图

海市蜃楼是特殊大气情况下产生的光幻视。大气层内的热空气层折射光，形成远处风景和天空的影像。

全反射，就会形成正立的影像。在沙漠中，地面由于受灼热的阳光照射强烈增温，靠近地面的空气热得快，密度小，上层的空气热得慢，反而密度大。当上下空气密度相差较大，呈上密下稀时，就会产生倒立的影像。两层密度不同的空气相平行时，海市蜃楼也可能出现。很多密度不同的气层稳定而缓慢移动时，海市蜃楼就会更加变幻多端。

» 冰川冰要比普通冰更纯净吗？

相比于普通冰，冰川冰是有其优势的。且不说有相关的科学原理可以证明这一点，单是从感官上的直接认识来讲，冰川冰也更具吸引力。

首先，冰川中的水要相对纯净一些。这是因为远古时候降下的雪在千万年的时间中不断地被压缩，雪花中原本所含的杂质都被挤到雪花晶体边缘并被相继冲刷带走。最后形成的冰块，特别是由单晶雪花所形成的冰块，其纯净度堪比三次蒸馏的水，远比最初的降雪纯净。

其次，从感官的角度来看，冰川内包含的冰晶与冰箱制出来的冰块所包含的冰晶大小相仿，甚至可能更大。单晶中的分子都呈线性排列，而普通冰块则由很多细长形的冰晶构成。所以光线在冰川冰内折射形成的景象要比在普通冰内所形成的晦暗景象漂亮得多。

» 南极和北极哪个更冷？

南极比北极要相对更冷一些。南极的平均气温只有约 -48.9 摄氏度，比北极的平均气温要低 1.7 摄氏度。南极洲有记载的最低气温是于 1983 年 7 月 21 日在沃斯托克冰湖测得的，当时的气温只有 -89.4 摄氏度。

南极气温较低的原因至少有两个，其一是因为观测站建在海拔 3600 多米的高原上，在如此的海拔上空气稀薄，很难留住太阳辐射的热量。太阳一落山，大部分的热量很快就辐射掉了。同时，与四周被大片的浮冰所环绕着的北极不同，南极被广袤的南极雪原所包围着，因此南极大地根本无法留住太阳的辐射能。大部分（大约 80%）的太阳辐射都被南极永久存在的雪被给反射回去了。

» 冰川为什么会流动？

1827 年，一个地质工作者曾在阿尔卑斯山的冰川上修筑了一座石砌小屋。13 年以后，他发现小屋向下游移了 1428 米。小屋本身是不能动的，是小屋下面的冰川运动，带动了小屋移动。

冰川运动和水流很相似，都是中间快、两边慢。如果在冰川上插上一排木杆，不用多久，你就会发现中间的木杆远远地跑到前面去了。许多海洋冰川上出现造型奇特的弧形联拱，就是这个原因。

移动的冰川

虽然冰川运动与水流有不少相似的地方，甚至冰川也有漩涡，但是冰川毕竟是冰川，它有自己的特点。最明显的例子是冰川的表面有很多裂缝，这说明冰川有脆性。但是，科学家通过大量的观测发现，冰川的裂缝深度不超过 60 米，大多数裂缝在远远小于这个深度的地方就闭合了。从中可以看出，至少冰川 60 米以下的部分是有可塑性的。由此，人们把冰川分为两个部分，表面容易出现裂缝的部分叫作脆性带，下部柔软的部分叫作塑性带。塑性带的存在是冰川流动的根本原因。

» 闪电中蕴藏着多少电能？

一般人也许会认为电都是从发电厂来的，水滴组成的乌云中怎么会放出电来呢？不过乌云中的确有电，纸里也有，甚至连身体里都有。

无论是乌云还是树木，或者是人体，一切物体都是由原子组成的。每个原子的中心都存在一个由若干个带正电荷的质子和若干个不带电的中子组成的原子核（除了一种最简单的氢原子，它的内部没有中子）。在原子核的周围，是绕核运动的带负电的电子。正负电荷相互吸引，所以围绕在原子核周围的电子就像围绕在蜂窝周围的蜜蜂。

质子和电子之间的引力是一种电磁力。我们视力可及的范围内处处有电，只不过它藏在了原子里面。通常情况下，一个原子内的正负电荷数目相等，所以由原子组成的物体，比如人的身体，整体上不会带有正电或负电。这样，你走来走去碰到别人时也不会触电。

但有时，原子内的正负电荷也会失去平衡，你或许也有过这样的体验。比如说寒冷的冬天，你待在自己的温暖小屋里。我们假设房间里的空气非常干燥，你拖着鞋在羊毛地毯上蹭来蹭去,不知不觉中,地毯上和鞋上的一些原子就会失去部分电子。

此时，你身上的电子数和质子数不相等，正负电荷不能互相抵消，所以整体上看你就成了带电体。这时如果你用手去碰金属门把手，就会在你的手掌和门把手之间形成一个微弱的电流，于是你就产生了被电击的感觉。

正负电荷之间相互吸引的力就是电力。电力使电子在你的手掌和门把手之间流动，使你自身的电荷重新恢复平衡。如果房间里很暗，你还可以看见火花，这是因为电子在跳跃时会放出光子。要是房间里还很安静，你甚至可以听到噼啪声。

我们周围时时处处都有电存在，云朵里也不例外。在阳光明媚的晴天，云彩安静地飘在空中，一点也看不出它具有什么威力。不过云朵也会聚集起电荷，所以当天空中乌云密布时，千万要小心。如果云层中的电子发生流动使原子恢复电荷平衡，就会出现闪电，还有轰隆隆的雷声。

当黑压压的乌云里有气流吹过时，云中的颗粒相互碰撞——包括从海洋里蒸发出的盐、灰尘等。就像鞋在地毯上摩擦会释放出电子，这些颗粒在碰撞之后也会释放电子。颗粒如果失去了电子，就带上正电荷；如果得到了多余的电子，就带负电荷。

从实际情况来看，较重的物质颗粒比较容易带上负电荷，而重量轻的颗粒则容易带上正电荷。不过具体原因是什么，科学家至今还不是很清楚。云层的下半部分是质量较大的颗粒集中的区域，所以这里通常带有负电荷。

聚集在云层底部的负电荷会吸引带正电的质子，同时排斥游离在地表之上的电子。很快，在云层与地面之间就聚集起了正电荷。然后，就像手与门把手之间的电流一样，一道刺眼的闪电划过天际，这就是乌云与地面之间的电流。电流在乌云与地面之间曲折前进，与来自地面的带正电荷质子相遇，这时你听到的就不是轻轻的噼啪声了，而是震耳欲聋的巨响。

如果我们能通过慢动作来观察整个过程，我们会看到：一个微微发光的雷电（叫作“先导”），出现在云层的底部，然后，先导开始跌跌撞撞地向地面前进，它先向右下方跳 50 米，然后又向左下方跳 50 米——这就是我们看到的天空中曲曲折折的闪电。

先导从云层到地面的运动过程只持续 1 秒钟，而产生的电流相当于 200 安培（家用电器通常使用 15 ~ 20 安培的电流）。如果雷电距地面在 20 米之内，地面会有束火花跃起与雷电相遇，然后这股电流又跃回云层，这时，其中的电流高达 1 万安培。

云层中瞬间又激发出另一个先导，它沿着刚才上行闪电的路径通向地面。随后，另一束火花又跃回云层。闪电内部的温度可达 33000 摄氏度。电流沿着这条路径在云层与地面之间往返几次，但由于这一系列过程只发生在短短 1 秒钟之内，所以我们肉眼只能看到一束闪电的亮光。

那么一束闪电有多大的能量呢？竟然高达 2 万兆瓦。这么大的功率足以点亮美国一个州的所有电灯，包括居民住宅和办公大楼在内——不过只能点亮 1 秒钟。

» 刮暴风雪时能看到闪电吗？

虽然罕见，但是刮暴风雪的时候有时确实也会有闪电。事实上，最大的暴风雪都是伴有电闪雷鸣的，气象学家将这种现象称为“雷雪”。

大部分“普通”的雷暴都是发生在夏天，此时暖湿空气在大气层较低处，而冷空气处于暖空气上方。在这种不稳定的系统中，上升气流创造出雷暴。

这种暴风雨造成的扰流有时造成不同的区域带上不同极性的电荷，两个不同极性的电场为达到电荷平衡产生的放电现象就是我们看到的闪电。与此同时还伴有轰隆隆的雷声，这是由于闪电产生的巨大热量使周围的空气被迅速加热，此时空气瞬间的温度可能比太阳表面的温度还要高，空气受热剧烈膨胀，形成音爆，也就是我们听到的打雷声。

但是，冬天的气候环境一般不具备形成雷雨天气所需的两个特征条件，即温度的垂直分布和低层空气含有大量水汽。只有在最强的暴风雪来临之时，这两个条件才能得到满足：此时有大量的冷空气聚集在暖空气上方，而且近地面空气具有足够大的湿度。

靠海的地区要比内陆地区更容易遭遇雷暴雪天气，这是因为海洋上方的暖湿空气在向内陆移动的过程中与冷空气相遇而形成暴风雨，之后由于受冷空气影响，暴风雨更可能进一步转变成雷雪或雷暴雪的缘故。

» 屋子里为什么能降下雪花？

1773 年的冬天，俄罗斯圣彼得堡的一家报纸上刊登了一则非常有趣的新闻。新闻上说，在一次舞会上，由于舞厅里人多，而且又有成百上千支蜡烛在燃烧，使得舞厅里面又热又闷。这种糟糕的环境，让一些身体欠佳的小姐和夫人感到难以接受，甚至有几个人还因此而昏了过去。这个时候，一个年轻人跳上窗台，一拳打碎了玻璃。顿时一股冷气冲进屋来。

忽然，舞厅出现了令人意想不到的奇迹，一朵朵美丽的雪花随着寒风在舞厅内飞扬，飘落在闷热得发昏的人们的头上和

雪花是由微小的晶体构成的，在显微镜下可以观察出晶体的形状。每朵雪花都为六边形，但没有两朵雪花是完全一样的。

手上。所有人都认为舞厅外面也下起了小雪，然而当他们走出舞厅的时候，才发现天空星光稀疏，明月当空，分明是一派晴朗的景象。

那么，舞厅内的雪是从哪里来的呢？莫名惊讶的人们议论纷纷，以为是一种神秘的力量所造成的。后来，科学家才打破了这种谣传，原来舞厅里由于许多人的呼吸，已经饱含了水汽，蜡烛燃烧又在空气中布满了凝结核。当窗外的冷气破窗而入的时候，使得大厅内的水汽骤然凝结成固体，于是就出现了美丽的雪花。可见，只要具备了下雪的两个条件，就连屋子内也会下雪。

» 有些高山上的冰雪为什么终年不化？

位于我国西部的一些山脉，比如祁连山、天山、昆仑山、喜马拉雅山这些高山的一些山峰上，常年白雪皑皑，像戴着一顶“白帽子”，就算是在气候炎热的夏天，这些冰雪也不会融化。在热带地区，比如南美洲、非洲、地中海沿岸地带的许多高山上也是终年积雪，终年不化。造成这种状况的主要原因是高山上气温很低，空气很冷，热量很少。

但并不能绝对地说凡是高山山顶都堆满冰雪。出现这种情况应具有两个条件：一是有降雪的气候；二是那里有可以堆积落雪的环境地形。还有一个需要说明的问题是：那些山峰上的冰雪也不是绝对地终年不化的。原因之一是如果有强烈的阳光照射，会融化掉一部分冰雪；原因之二是一旦到了夏天，气温升高，冰雪融化将不可避免。但这种情况不会持续很久，当冬天来临时，降雪会大量补充融化掉的积雪，因此，这又将始终保持足够的冰雪存在。

» 夏季的清晨为什么会有露水？

夏季的清晨，草叶、树叶上常常有一颗颗亮晶晶的小水珠，这就是露水。我国古代的人们以为露水是从别的星球上落下的宝水，所以许多民间医生和炼丹术士都注意收集露水，用它医治百病及练就“长生不老丹”。其实，露水并不是从别的星球上降下来的，而是在地面上形成的。

露水的成因可以通过吃冷饮得到说明。吃冷饮时，盛放冷饮的容器外面马上会出现一层薄薄的水珠。这是因为容器外面的热空气碰到器壁而冷却，水蒸气达到饱和状态后，部分水汽在容器外面凝结成小水珠。露水的形成与此类似，在晴朗无云、微风吹拂的夜晚，地面的花草、石头等物体散热比空气快，温度也比空气低。当温度较高的空气碰到地面上这些温度较低的物体时，其中的水蒸气便会凝结成小水珠滞留在这些物体上面，形成我们所看到的露水。如果夜间有微风，发生水汽凝结后变得较干燥的空气就会被吹走，湿热空气不断补充过来，从而形成较大的露珠。

» 小瓶子为什么能漂洋过海？

我们都知道海水有涨潮和落潮之分，可是却不一定知道海水也会像河流那样沿着同一方向流动，人们把这种朝同一方向流动的海水称为“洋流”。

人们是如何认识到洋流的存在的呢？这还得从小小的瓶子说起。美国有一个小男孩有一天在海滩上玩耍，偶然间发现了一个小瓶子，于是他好奇地将瓶子捡起来，打开一看，发现瓶中有一份英国某贵妇人的遗嘱。上面写道：谁如果捡到小瓶就可以凭遗嘱获得一笔价值不菲的财产。转眼间小男孩变成了“小富翁”。

那么这个小小的瓶子为什么会由英国漂到千里之外的美国海洋上去呢？科学家经研究后发现，原来大海中有一股水流，它就像陆地上的河流一样，会有规律地朝一定方向流动，而这个方向与地球上恒定的风带有关。这就不难理解一个小小的瓶子何以能够漂洋过海来到异国他乡了。

» 为什么南极的冰比北极的多？

南极和北极都位于地球的两极，纬度高低也相同，太阳照射的时间长短和角度也一样，那么，为什么南极的冰更多呢？

原来，南极地区有号称世界“第七大陆”的南极洲，它是一块很大的陆地，面积约 1400 万平方千米。由于陆地储热能力不强，夏季获得的热量很快就散发了，所以南极的冰更多。大陆冰川从高处向四面移动，在海边断裂成许多巨大的冰块，漂浮在大陆周围的海洋上。高大的冰障和冰山就是由于这种断裂造成的。北极地区北冰洋占去了约 1310 万平方千米的面积，由于水的热容量大，能够吸收较多的热量，然后再慢慢散发出来，所以北极的冰比南极少，而且绝大部分积存在格陵兰岛上。

统计和计算说明，整个地球上冰雪覆盖的面积将近 1600 万平方千米，南极占了五分之四以上。南极的冰如果全部融化，世界海洋的水平面将因此上升 70 米左右。

» 为什么干旱的塔里木盆地会有地下水库？

我国新疆维吾尔自治区的塔里木盆地四面被高山和高原所环绕，是一个封闭的盆地，四季风都难以到达。在这里干旱永远是一个十分致命的威胁。

然而，经有关部门多年考察，发现塔里木盆地的地下竟然有巨大的天然水库，仅盆地西部的地下水库每年就可提供 60 亿立方米优质水，相当于黄河的八分之一。

为什么塔里木盆地地下会形成巨大的地下水库呢？

考察表明，塔里木地区有非常长的聚水期。早在 30 万年前，塔里木盆地和柴达木盆地还是连在一起的大海，后来这里的地壳逐渐抬升，但还是个湿润地带，降水比较丰富，草原、沼泽密布。这一时期一直持续了数万年，使得塔里木地区积聚了大量地下水。

后来，南面的昆仑山、阿尔金山和青藏高原，北面的天山不断隆起，塔里木相对沉降成为盆地。四周山地降水和高山冰川融水都源源不断地汇集向盆地，这里当时曾有河流 100 多条，其中大河有 13 条，这些河流的水在盆地大量垂直下渗，使得地下水更为丰富。

» 为什么海水是咸的？

海洋是生命的摇篮，我们的地球表面有 70%以上都为海水所覆盖，陆地面积只占很小一部分。另外无数科学家都用大量证据证明了生命最早孕育于海水之中，水是维持生命的必要条件之一。但我们无法直接饮用海水，因为它的味道既咸又苦，对身体没什么好处。那么，能够孕育生命的海水为什么会是咸的呢？

对海水这种均匀而又复杂的混合液体，科学家用了一个多世纪的时间才彻底弄清它的化学成分。原来海水里溶解了多种盐类，主要是氯化钠（食盐）、氯化镁、硫酸镁等。海水里究竟有多少盐呢？1984 年，海洋专家迪马特博士对从 77 个不同海域中采集的海水样本进行分析，发现世界海洋的平均含盐量为 35‰，也就是说平均每 1 千克的海水中有大约 35 克的盐。

如果提炼出海水中全部的盐分，并将其铺在陆地上，将有 40 层楼那么高，而这总体积达 23 000 立方千米的盐完全可以填平整个北冰洋。知道这些，我们也就不奇怪海水为什么那么咸了。

» 海水真的是蓝色的吗？

当我们面对大海，看到那辽阔碧蓝的壮丽景色时，心旷神怡的感觉总会油然而生。如果来到浅水边，太阳光能直射水底，这时你会惊奇地发现，海水是无色透明的。

那为什么海水在海洋中看上去是蓝色的呢？其中一个原因是海水对光线的吸收、反射及散射。当太阳照射海面时，大海仿佛是一个透明的三棱镜。太阳光被分为红、橙、黄、绿、靛、蓝、紫 7 色。波长较长的光，如红光、橙光、黄光，射入海水后，几乎全都被海水吸收。绿、靛、蓝、紫等光，光波较短、穿透力差、容易发生散射和反射。当它们碰上海水分子或其他微粒的阻挡，就会出现程度不一的散射和反射。其中蓝色和紫色最易被散射和反射。另一个原因是人们的眼睛对紫色光敏感度不高，几乎视而不见，但对蓝色的光比较敏感。因此，海水看上去便成蓝色的了。

除此之外，其他因素也会影响到海水颜色的变化。当海水中含有大量泥沙时，海水将变黄。如果含有大量红色藻类时，便会显现出红色。如果阴天下雨，海面上的蓝色甚至会消失。

» 怎样利用海浪发电?

随着现代工业和人类社会的发展，人类对能源的需求量越来越大，而在人类不断地向地球索取的过程中，可循环的绿色能源越来越多地受到人们的青睐，海浪发电便是其中的一种。

据调查，海浪可以以每平方米 30000 牛的冲击力拍打崖岸，最大时，甚至可以达 60000 牛。海浪的冲击力十分惊人，可以毫不费力地把 13000 千克重的巨石抛到 20 米的高空。它常冲上海岸边，激起六七十米高的浪花。

1952 年，一艘美国轮船在意大利西部不幸遭遇了海难。还没有等惊恐中的船员看清究竟，海浪就已经把巨大的船体拦腰折断，其中一截留在波浪翻滚的大海里，而另一截后来被人们在海岸的沙滩上发现。

海浪，竟能把巨轮一劈两半，可见，海浪的破坏力是惊人的。这也启发了科学家，他们设想将这种大自然的力量用来发电。

世界上第一个海浪发电器装置是 1964 年由日本科学家研制成功的，被称为航标灯。这是因为这种发电装置的发电能力仅够 1 盏灯使用。虽然仅有 60 瓦的发电量，但它却为人类利用海浪发电开创了新纪元。

从此，挪威、英国和日本等许多国家都相继研制成功了各种不同的海浪发电装置。

有一种是利用海浪上下运动从而产生的空气流动来发电的浮标式海浪发电装置。这种发电装置的主要构造是一个空气管，管内的水面可以上下运动起到一个活塞的作用。海浪的起伏运动，就带动漂浮在水面上的浮标做上下运动，这就使浮标体内的“空气活塞”里的空气和水面这个“活塞”之间形成一种压缩和扩张的关系，结果空气活塞里的空气在压缩之下冲出来，这就是汽轮发电机发电的驱动力。

还有一种与浮标式海浪发电装置相似的固定式海浪发电装置。它的不同之处是空气活塞室被固定在海岸边，使空气活塞室内的空气通过中央管道内水面的上升或下降得到压缩和扩张，从而驱动汽轮发电机组发电。

海浪发电装置有三种利用海浪发电的原理：一是通过上下起伏的海浪，利用它们产生的空气流或水流带动汽轮机或水轮机转动，从而使发电机发电；二是通过海浪装置的前后移动或

海浪摇动浮摆产生动力驱动水泵运转，水泵驱使液体流转动涡轮机发电。

转动，利用这种运动产生的空气流或水流，带动汽轮机或水轮机的转动，进而驱动发电机发电；三是将大波浪的低压变为小体积水的高压，然后在高位水池积蓄起来，使其产生一个能驱动水轮机的水力，从而达到发电的目的。

挪威科学家更是大胆提出要人为模仿大自然的海浪，制造更大的海浪来发电的设想。这位科学家的大胆设想，使海浪发电进入一个新纪元。

» 为什么海底会有石油？

作为一种能源，石油在人们的生活和生产中可以说是扮演着极为重要的角色，尤其在工业生产方面，它更是具有其他资源所不可替代的作用。

那么石油究竟是如何形成的呢？科学家经过研究发现，在中生代和新生代的浅海地区，阳光照射十分强烈，充足的阳光为生命活动提供了有利的条件，又因为浅海地区富含生物生长所必需的液态水、氧气、二氧化碳以及氮、磷、钾等各种营养元素，于是这儿便成了海洋生物聚集、繁衍的理想场所。因此，不计其数的海洋生物就纷纷汇聚到这里来生活。它们死亡以后，尸体基本上都沉到海底。此外，从陆地上流入的河水也带来了大量的淡水生物的尸体，长年沉积于此。久而久之，沉积在海洋底部的生物遗体，在生物化学、热催化、热裂解、高温变质等作用下，渐渐地转变成了石油。因此，在中生代或新生代的地层中往往含有丰富的石油。

» 为什么地球上的大洋没有统一的海平面？

科学家将地球看作一个整体，从而计算出平均海平面高度，但该值仅仅是通过对整个地球进行一系列的观察后得出的一个数学平均值。事实上，不仅不存在全球唯一的“海平面”高度值，而且世界各大洋各自的海平面高度还会因为某些因素而不断发生改变。

就拿巴拿马运河来说，运河两端的大西洋和太平洋的洋面就不在同一水平高度上。两大洋虽然经由南美洲大陆底部相互连通，但是由于地球自转的原因，各处的海平面高度也不相同。从理论上讲确实可能开凿出一条“海平面”运河，运河里的水能自主地处于大洋间平均水平面高度上，但这一想法却因为开凿一条如此深度的运河花费太过巨大而被否决了。人们最终采用在运河上建造许多水闸的施工方案作为替代。此外，月球引力（引起地球潮汐现象的原因）对海水的作用也随着各地与月球相对距离的不同而变化。这也是引起海平面高度不同的原因之一。

海水的流动需要一定时间，而现实情况是海水流动速度的变化往往不及以上几个影响因素变化来得快，因此才会造成海平面高低不同的情况。甚至在某座大岛屿的两侧，也会出现海平面高低不同的情况，比如在加拿大的温哥华岛周围就是如此。

此外，科学家认为通过河流入海的总水量对海平面高度也有一定的影响。比如有好几条大的河流流入大西洋，但流入太平洋的大河就要少很多。

» 为什么百慕大三角区神秘而恐怖？

几百年来，百慕大三角区的海难事故层出不穷，在人们心里留下了神秘而恐惧的阴影。人们称其为“魔鬼三角”。

那么百慕大三角区的奥妙究竟在哪里呢？这是因为几百万年以来，大量的动植物沉积在百慕大三角区海底的淤泥中，它们腐烂、变质、发酵，形成了大面积的气油田。该地区高压而又极冷，海水中的天然气分子和水分子受压结合成冰状化合物，在海水中的各个部位都有它们的存在。假如周围海水压力发生变化，这些化合物便迅速下沉，同时会有大量天然气被释放出来。在快速上升中，下层天然气随着水压降低而急剧膨胀，海水密度迅速变小，轮船便会因此而沉入海底。除此之外，大量天然气溢出海面，形成特殊气团，该区大气中的氧气因此而大量减少。假如有飞机飞越该区上空，发动机会因为氧气不足而立即熄火，坠入大海。也有可能是飞机尾部排出的带火花的废气，引燃四周天然气，将飞机彻底焚毁。

» 为什么不会游泳的人在死海中也不会下沉？

死海位于巴勒斯坦和约旦之间，南北长 80 千米，东西宽 5 ~ 18 千米，面积 1049 平方千米。它的深度各处不一，北部最深处有 356 米，南部的浅处只有 1 ~ 4 米。它的湖面比海平面还要低 400 米，是世界上海拔最低的湖泊。

死海不仅是海拔最低的湖泊，也是最咸的湖泊，死海表面水层的含盐度高达 250‰，底部水层的盐度为 300‰，死海的平均咸度相当于海水的 7 倍 ~ 10 倍。由于它含盐量高，湖水的比重就很大，所以人在其中不会下沉，在里面游泳就像在地面上爬行一样。

生物在含盐量如此高的水中极难生存，死海中没有鱼虾等动物，也没有水草、芦苇等植物，四周也没有树木、花草，它的整个湖区是一个毫无生气的荒凉水域，“死海”也因此得名。

» 为什么沙漠中会有草木丛生的绿洲？

浩瀚无边、黄沙漫漫的沙漠中有时出现一片片绿洲，这些绿洲是沙漠中仅有的绿地，那里花草丛生，绿树成荫，泉水潺潺，就像是黄色沙海中的绿色岛屿一样。

绿洲一般分布在大河流经或地下水充足的洪水冲积扇的边缘地带，也有的位于高山冰雪融化后流经的山麓地区。绿洲水源充足，气候适宜，土壤肥沃，适于庄稼和植物生长。

绿洲的面积一般都不大，稍大些的绿洲多成为农业发达和人口集中的居民区。我国境内的天山和祁连山山麓有绿洲分布，世界最大的撒哈拉大沙漠中也有一些风光奇特的绿洲。

» 为什么测量山的高度以海平面为基准？

珠穆朗玛峰是世界上最高的山峰，高达 8848.86 米。这是不是说它从山脚到山顶的垂直高度有 8848.86 米呢？答案是否定的，这个高度是从海平面算起的。

那么为什么选择海平面作为高度测量标准呢？

任何事物的比较都需要一个标准。如果在大陆上任取一点，各地的山高都以这点为测量标准，那么，在测点还没有都连起来的时候不易测量。同时，这个点的高度和位置也可能由于风吹雨淋或地壳变动而有所变化。因此，人们想到采用海平面作为测量的起点。海平面虽然也会有变化，但年平均海平面的位置却大致不变，而且全国甚至全世界的海平面高度相差无几，海洋还包围着所有大陆和岛屿，所以采用海平面作为测量标准是最方便的方法。为了测量方便，各国都把海平面的位置固定下来称为零点，我国现在的零点是青岛的黄海平均海平面，并在岸上有所标记。根据以零点为标准的测量成果，就可以相当准确地绘制某国、某大陆和全世界的地形图。

» 地球上为什么有如此多的山?

在人类居住的地球上，陆地面积只占地球表面积的 29% 左右。但就在这不大的陆地面积中，海拔 2000 米以上的高山以及高原占 11%，而海拔 1000 米以上的山地，竟有 28% 以上，面积大约有 4200 万平方千米。如果再算上丘陵和低山，陆地上的平原几乎所剩无几，为什么会出现这样的状况呢?

这是因为地球像个有“生命”的东西，它不断地运动和变化。地壳自形成以来，自身的物质与能量就不断地发生变化。地壳运动导致岩石变形，海陆变迁，地表形态无奇不有。今天，我们所见的地壳表面面貌，只不过是地壳漫长发展历史中的一个小片段。我国著名地质学家李四光认为：造山运动的主要动力是地壳的水平运动形成挤压，大致分为两种挤压力：一种是地球自转而造成东西向的水平挤压；另一种是不同纬度地球自转的线速度不同造成地壳向赤道方向的挤压。这两种挤压和地壳受力不均所造成的扭曲，最终形成不同走向的山脉。

由于种种复杂的原因，地球上的高山不但很多，面积很广，而且形状也千姿百态，各不相同。

» 为什么说喜马拉雅山是从海里升起来的?

在喜马拉雅山陡峭的崖壁上或幽深的山谷里，已经发现许多古海洋动植物化石，包括三叶虫、笔石、腹足类、腕足类、鹦鹉螺、菊石、瓣鳃类、珊瑚、苔藓虫、海胆、海百合、介形虫、有孔虫、海藻和鱼龙等。这些化石说明喜马拉雅山地区曾经是一片汪洋大海，它是从古老的大海里涌现出来的。

那么，茫茫的一片古海怎样变成了世界上最雄伟的山脉呢? 是地壳上升的结果造成了这一切。在珠穆朗玛峰北坡海拔 5700 ~ 5900 米的地方发现了生长在百万年前的高山栎和毡毛栎化石。这些植物，现在在我国西南地区海拔 2200 ~ 3000 米的很多地方仍有生长。虽然百万年前的气候状况以及这些植物的生长环境、高度与现在不完全相同，但是据此仍可以粗略估计，喜马拉雅山地区百万年来大约上升 3000 米，平均每 1 万年约上升 30 米。

» 为什么地下水冬暖夏凉?

为什么地下水会冬暖夏凉呢? 地下水难道会自动调节温度吗?

地下水一般处于地面以下几十米甚至更深处，它的温度与地下深处的岩石和泥土的温度相近。地下水不会自动调节温度，由于被厚厚的地层所阻隔，地下水不能直接从地面上吸收热量，也难以散发热量，再加上地下水深处的泥土传热也很慢，因此，地下水的温度几乎是不变的。

地下水被抽取到地面上时，由于地面和大气层的温度一年四季变化很大，人们对地下水就产生了冷热不同的感觉。冬天气温比地下水的温度低，人们就感到地下水比较热一些；夏天气温比地下水的温度高，人们就感到地下水凉一些。

我们用温度计去测量地下浅层处的地下水（例如井水）的温度会发现，地下水的温度也是夏天比冬天高，只不过它的温度变化幅度不像地面温差变化那么大，一般只有 3 ~ 4 摄氏度。

» 为什么黄土高原有如此多的黄土？

如果你到过西北地区，你一定会为那绵亘千里、雄伟壮丽的黄土高原景色而震惊。我国西北部的黄土高原是世界上面积最大的黄土高原，有 54 万多平方千米。如此广袤的土地都为黄土所覆盖，那么这些黄土到底是从哪来的呢？

原来这些黄土的“老家”是中亚以及我国西北一带的荒漠地区。

那么如此之多的黄土又是如何从千里之外来到这里的呢？

长期以来，许多科学家对这一问题进行了孜孜不倦的探索，提出的黄土形成假说多达 20 多种。现在影响较大的是水成说、残积说、风成说及多成因说这四种学说。

大多数学者都支持风成说的观点，他们分析了黄土物质的基本特点后，认为黄土高原的形成，是地质历史中一种综合的地质作用过程，存在着三个不同阶段，即黄土的形成、搬运、分选及堆积成土。

究竟什么时候才能真正揭开黄土高原的形成之谜呢？这只能寄希望于科学家的研究了。不过，随着科学的发展，我们应该很快就能揭开这一谜底了。

» 为什么把化石称为“特殊的地层文字”？

如果把厚厚的地层比喻成一本硕大无比的“石头大书”，那么夹藏在不同地层里的化石就像特殊的文字，记录了生物活动的历史和地层的年龄。人们根据化石来划分地层的地质年代，从而打开了地球迷宫的大门。

五光十色的大理石上，经常镶嵌着许多美丽精致的花纹图案，有的像水中的波浪，有的像树木的年轮。这些花纹图案其实就是原始植物的化石，由七八亿年前水生藻类的遗体形成的。这种化石生物遗体，叫作遗体化石，包括动物的骨骼、牙齿、外壳及植物的茎干、花叶、种子等所形成的化石。

除了生物遗体化石，还有遗物化石和遗迹化石，如动物的粪便、蛋，古人使用过的工具，以及动物行走时留下的痕迹等所形成的化石。

» 溶洞是怎么形成的？

桂林七星岩和芦笛岩闻名中外，浙江桐庐的新景点瑶林仙境，以及各地的石灰岩溶洞各具特色。这些地方石笋林立，钟乳多姿，宛如神话世界。这绚丽多姿的奇景，都是大自然化学变化的杰作，而它们是怎样形成的呢？

地下水中多含有二氧化碳，经过地层时，会缓慢地溶解石灰石，生成了碳酸氢钙，随着地下水的不断流失，最后形成一个大的溶洞，与此同时，这种水像雕刻家那样，把岩洞溶蚀成随处可见的奇峰异石。另外，含有碳酸氢钙的液滴从溶洞上滴下时，会在适当的温度下，重新变成不溶于水的碳酸钙悬挂在岩洞上，形成钟乳石；滴到岩洞下面向上长起来形成石笋。钟乳石和石笋结成一体，就会形成“石柱”。

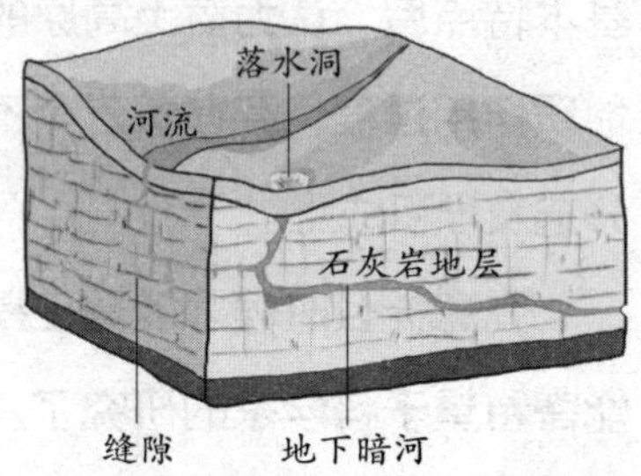

溶洞形成的第一阶段：地表水沿着石灰岩裂隙进入地层，形成在地层中流动的地下暗河。

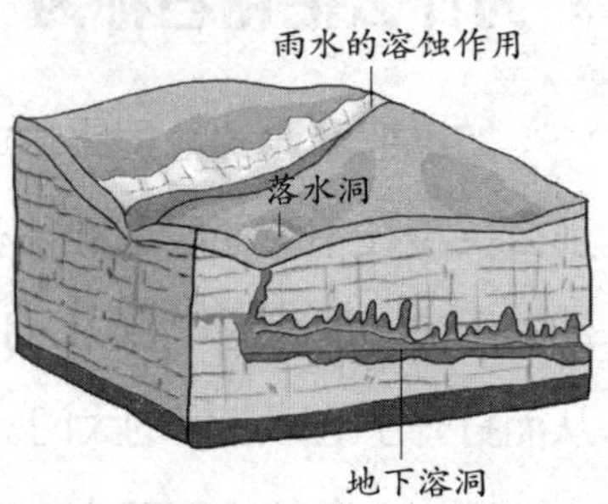

溶洞形成的第二阶段：在地下水溶蚀作用下溶洞开始形成，并不断扩大。

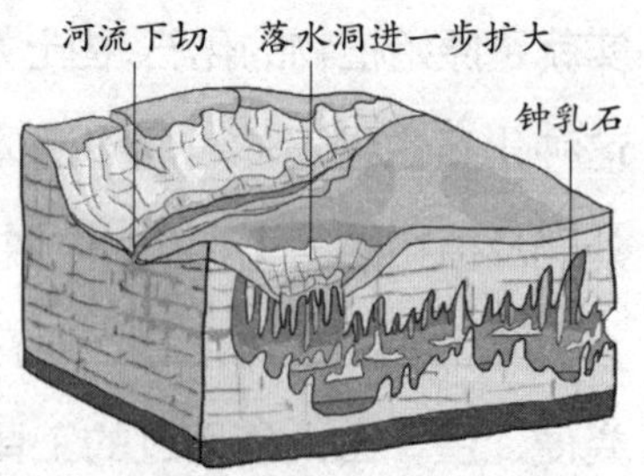

溶洞形成的第三阶段：地下暗河消失，洞中开始生成钟乳石等石灰岩堆积物。

问倒科学家 2

奇趣动植物

致远 著

天津出版传媒集团
天津科学技术出版社

图书在版编目（CIP）数据

问倒科学家. 2，奇趣动植物 / 致远著. -- 天津：天津科学技术出版社，2025.1. -- ISBN 978-7-5742-2514-5

Ⅰ. Z228.1；Q95-49；Q94-49

中国国家版本馆 CIP 数据核字第 2024LN3638 号

问倒科学家. 2，奇趣动植物

WEN DAO KEXUEJIA . 2，QIQU DONGZHIWU

策划编辑：杨 譞

责任编辑：马 悦 杨 譞 宋佳霖

责任印制：刘 彤

出 版：天津出版传媒集团 / 天津科学技术出版社

地 址：天津市西康路 35 号

邮 编：300051

电 话：（022）23332490

网 址：www.tjkjcbs.com.cn

发 行：新华书店经销

印 刷：河北松源印刷有限公司

开本 880 × 1 230 1/32 印张 16 字数 295 000

2025 年 1 月第 1 版第 1 次印刷

定价：88.00 元（全 4 册）

Contents

目录

动物王国

植物世界

动物王国

» 珊瑚岛是怎么形成的?

在热带海洋中，有一种特殊类型的岛屿，构成岛屿的物质主要是珊瑚虫的骨骼，海洋地质学家称这种岛屿为珊瑚岛。那么，珊瑚虫的骨骼是如何形成珊瑚岛的呢?

珊瑚虫是生长在热带和亚热带海洋中的一种动物，它的形状像只袋子，边缘有很多花瓣状的触手。它从海洋中猎取食物，吸收养分。珊瑚虫的体壁外层细胞具有分泌石灰质的能力。珊瑚虫死亡后，珊瑚虫的骨骼与少量石灰质藻类和贝壳胶结在一起，形成有孔的钙质岩体珊瑚礁。珊瑚礁削弱了海浪的力量，促进泥沙沉积。同时在珊瑚礁周围的珊瑚虫不断地生长，日积月累，慢慢地形成了我们所见到的珊瑚礁小岛。

珊瑚虫的结构

» 对虾真是一对一对的吗?

对虾的虾体透明，也有人称它为明虾。每年春夏之际，原先散居黄海海域的对虾，从四面八方游向渤海海域，产卵繁殖。虾仔在严冬来临之前，又纷纷集中沿原路洄游，进入黄海，回到南部水温较高的海域。由于它们的称呼中有个“对”字，许多人以为它们总是雌雄相伴，形影不离，犹如鸳鸯一样成双成对，恩恩爱爱。这其实是一个误解。渔民捕获的对虾，往往是雌多雄少，并且数量差距极大，根本谈不上一对一对的。那么，对虾这一名称是从何而来的呢?

对虾的学名叫东方对虾或中国对虾。据说，过去的渔民统计捕捞成果时，往往不论雌雄，每两只算一对，以“对”计数，而不是用“千克”来计算。在市场出售时，也常常把两只虾放在一起，仿佛雌雄成对，并且按“对”论价，既美观又醒目。时间久了，“对虾”这个名称便流传下来了。

成年的雌虾体型肥大，从额剑顶端到尾巴末端，长 18 ~ 23 厘米，有些“长个子”可达 26 厘米。它除体表有甲壳外，身上其他地方都是味道鲜美的肉。雌虾一般体重为 60 ~ 80 克，大一点的有 150 克。相对来说，雄虾体型比较小，但体长也在 15 ~ 20 厘米，体重 30 ~ 40 克。正因为对虾如此饱满肥美，所以在北京等地对虾又有大虾之称。

» 为什么蛤蜊、蚌里会长出珍珠?

珍珠的母亲,是海洋中的蛤蜊、珍珠贝和淡水中的蚌等贝类。

一般人都会想当然地认为：蛤蜊、蚌越大，里面的珍珠也越大。然而事实并不是这样的。蛤蜊、蚌只有在寄生虫寄生或有外物侵入体内时，才能孕育出珍珠。

掰开一个珍珠贝或蚌一看,在其贝壳的最里层,即“珍珠层”,有一道美丽而富有光泽的、珍珠般的光彩，这就是由外套膜分泌的珍珠质。

当寄生虫钻进蛤蜊、蚌坚硬的贝壳里时，为保护自己不被进一步侵扰，蛤蜊、蚌的外套膜就会迅速分泌出珍珠质，紧紧包住这个入侵的敌人。

有时，一些沙粒掉进蛤蜊、蚌里，短时间内蛤蜊、蚌又没法把它们排出去，饱受痛痒刺激的蛤蜊、蚌就会从外套膜分泌出珍珠质来逐层包围它们。经过很久的一段时间后，沙粒外面就被包上了很厚的珍珠质，这样就形成了一粒粒珍珠。

» 鱼为什么能在水中自由浮沉?

鱼在水里能自如游动，上浮下沉。你知道是为什么吗？原来除了它呈流线型的特殊体形适宜在水中运动之外，鱼的体内还有一个充满气体的鳔，鳔是鱼在水中升浮沉潜的调节器官。

鱼是依靠鳔内充气的多少,来控制和调整它在水中位置的。

鱼尾部的运动和从嘴里吞进水后又由两侧鳃盖的缝隙把水喷射出去时所产生的反作用力，也是它在水内能够迅速浮沉的重要因素。

» 为什么深海的鱼类能够承受巨大的水压？

所有的鱼体内的气压都与它们平常活动水域的水压相平衡。鱼体内的组织皆是如此，大部分鱼类腹腔内还有充气的鱼鳔以维持压力平衡。

因此只要鱼类不是快速地上浮或是下潜，它们就不会有性命之忧。如果鱼上浮得太快，体内的压力可能会使鱼身炸开；如果鱼下潜得太快，外部的水压就有可能把鱼压扁。

深海鱼类之所以能够承受深海环境中的巨大水压，主要得益于它们身体结构和生理机能的特殊适应性。

深海鱼类的骨骼往往比较薄且灵活，有些部位甚至由软骨构成。这种结构可以减少在高压环境中骨骼所受的挤压，使鱼体能够更好地适应水压的变化。它们的肌肉组织也非常柔韧，纤维组织异常细密，这有助于鱼体在高压下保持其形状而不被压扁。

深海鱼类的细胞液的渗透压可能较高，这有助于抵抗外部水压，保持细胞内外的压力平衡。许多深海鱼类体内含有较高的脂质和胶质成分，这些物质有助于缓冲外部压力，提供额外的物理保护。另外，一些深海鱼类可能没有鳔，或者它们的鳔结构与浅海鱼类不同，这减少了因外部压力变化而导致的鳔内气体压缩或膨胀的问题。

» 鱼儿跳跃为哪般？

鲤鱼和其他许多种鱼都喜欢跳跃，不同种类的鱼，跳跃的本领不同。古巴沿海有一种“跳鱼”，能跳离水面 4 ~ 5 米，是鱼类中的“跳高冠军”。

鱼儿为什么会跳跃呢？原因多种多样。可能是由于周围环境的变化，如躲避敌人的突然袭击，越过前进途中的障碍物，迅速捕捉食物，受到突然的惊吓等。

另外，生理上的变化也会导致鱼儿跳跃。许多鱼到了繁殖的季节,就会分泌一些刺激神经的物质,这些物质能使鱼儿兴奋,在兴奋状态中，鱼儿就特别爱跳跃。

鲤鱼在黄昏的时候喜欢跳跃，很多人认为这是鲤鱼在做“游戏”。

» 鲨鱼为什么老远就能闻到水里的血腥味？

鲨鱼对水中的血腥味极为敏感，水中一丝一毫的血液都能把鲨鱼吸引过来。

鲨鱼的鼻孔连通嗅球，将嗅觉信号传回大脑。科学家通过对鲨鱼大脑的研究，得出结论：鲨鱼极其依赖于自己的嗅觉。鲨鱼大脑的重量和体积在整个身体中只占很小的比例，但大脑的 70%都专注于嗅觉功能。

尽管引起嗅觉和味觉的物质分子非常相似，但嗅觉和味觉这两种感官还是彼此不同的。不同的感觉器官会刺激分泌不同的激素和激发不同的生理链式反应，引起不同的生理行为。嗅觉能触发从性行为到觅食行为等不同的情绪上的或是行为上的反应，而味觉只能简单地触发接受或拒绝食物的反应。

事实上，强有力的证据表明，鲨鱼攻击人类的行为大多是因错误的辨识或反射行为所致。许多此类攻击案例都发生在能见度较低的环境中，比如在晚上或是海水混浊的区域。

血腥味可能使鲨鱼误把人类当作海龟或海狮，从而激起它捕食猎物的冲动，但是氯丁橡胶或是防晒油的味道可能使鲨鱼拒绝以该猎物为食。

» 电鳗到底有多危险?

电鳗的外形和鳗鱼很相似，它有着长长的身体，靠释放电流来捕食和自卫，人们通常称之为电鳗。

它的身体内部有一种奇特的放电器官。这种器官分布在尾部脊椎两侧的肌肉中，呈长菱形。

发电器分布在身体两侧的肌肉内，是由许多电板组成的，头部为负极，尾部为正极，电流从尾部流向头部。当电鳗的头部与尾部触及敌体或受到刺激时，就会有强大的电流产生。

在一条小型的电鳗身体中，每厘米身体长度内可以有 230

个能产生电的神经末梢细胞，也就是能产生 32 伏的电压。与小型的电鳗相比，大型的电鳗每厘米身体长度内的细胞数少一些，但细胞的体积要大一些。这些细胞集中在电鳗的尾部。

电鳗的放电是它捕获猎物的主要手段，因而也是它的主要生存手段。电鳗所放的电流不仅能将小的动物电死，甚至能将比自己大得多的进到水中的牛、马等牲畜击毙，可见电鳗有多么危险。

除电鳗之外，还有电鲇鱼、电鳐鱼等可以产生电的鱼类。总共有几百种！它们的放电原理和电鳗是一样的。

» 变色龙是怎么变色的?

变色龙之所以有这样一个奇怪的名字，是因为它的身体颜色经常变化。那么，它为什么会变色？什么时候会变色呢？

生物学家研究发现，当光线、温度、湿度发生变化，或者变色龙受到惊吓时，变色龙皮肤内的色素细胞会发生迁移，从而引起颜色的变化。这是变色龙在自然环境中获得的一种特殊本领。

变色龙的表皮与真皮之间分散着色素细胞，受神经与激素的控制,皮肤颜色深浅不同。由于各种色素细胞相互之间的作用,从而形成变色现象。例如,黑色素细胞扩张,皮肤就会变得暗沉,黑色素与金黄色素细胞同时收缩，皮肤就会显现出灰色或蓝灰色。而白色素细胞在不同强度的光线照射下，会变成灰褐色或蓝灰色。金黄色素细胞会使皮肤变成金黄色或绿色。红色素细胞的舒张与收缩，能调节红色的深浅与分布。

» 为什么蛇能吞下比自己的头还大的食物？

虽然蛇要吞下大象是天方夜谭，但蛇能吞下比自己的头还要大的食物，却是千真万确的。那么，蛇怎么能吞下这么大的食物呢？

原来，在吞食前，蛇会在嘴里对食物进行一番加工。蛇嘴里有钩状牙齿，靠着这些牙齿，食物能顺利地进入蛇的喉头。由于没有胸骨串联肋骨，蛇的肋骨可以自由活动，所以食物可以从喉头长驱直入地进入肚子，我们可以很清楚地看到蛇的肚子被胀大了。同时，蛇还会分泌出大量的有助于吞咽的唾液，就像润滑油一样可以帮助它咽下食物。借助这些奇特的构造，蛇可以毫不费力地吞下比自己的

非洲食卵蛇能够吞下相当于其头部直径3～4倍大小的鸟蛋。

头大得多的食物，并且能消化掉。

有专家在考察蛇岛时，曾亲眼见过蝮蛇吞吃的鸟儿的体积比蝮蛇的蛇头要大十几倍。在中国海南岛，人们曾捕获过一条蟒蛇，发现它能吞食整头小羊、小牛。即使是普通的蛇，吞食的老鼠也比自己的脑袋要大！

» 恐龙灭绝的真正原因是什么？

最初，一些科学家依据达尔文的进化论，认为导致恐龙灭绝的主要原因是恐龙种族自身的老化，以及在与新兴的哺乳动物的竞争中失败。

一些生物学家则认为恐龙是由于慢性食物中毒才灭绝的。曾在中生代遍布全球的苏铁、辛齿等裸子植物，为了保护自身的生存和繁衍，体内产生了一些有毒的生物碱。一些食草恐龙吃下这些植物时，也就相当于吞下了“毒药”。由于食物链的关系，食肉恐龙也间接中毒。在毒素的侵袭下，恐龙神经变得麻木，直到最后整个种群都消失殆尽。

还有人认为，在中生代末，由于地壳运动，气温骤然下降，而恐龙是冷血动物，无法抵御气温的急剧变化，于是很快便在地球上消失了。

近年来，越来越多的科学家赞同宇宙天体物理变化导致了恐龙灭绝的这种观点。但是，这些观点都无法提供令人信服的证据，也无法圆满地解答恐龙灭绝之谜，只有经过进一步的探索和研究，才能找到恐龙灭绝的真正原因。

» 真的可以复活恐龙吗？

在现实世界中，并没有发现过恐龙的DNA。一些痕迹表明，有些恐龙的 DNA 在过去曾被发现过，但它们都被污染了。

在恐龙灭绝的 6600 万年后，任何被发现的 DNA 都有可能已惰性化，然而为了有可能制造出一个健康的生命体，人们必须有它基因组中的所有基因。高等级生物的基因组趋向于排列成数十亿基对，而从任何非常古老的 DNA 残留基对中提取多于几十或几百对的机会基本是零。即使我们设法找到了大量 DNA，也有很大的可能是其中大部分都是垃圾（在高等动物中大约 90%的基因组是非编码 DNA）。所以没有任何机会能将恐龙带回到现代生活中来。

在电影《侏罗纪公园》里，恐龙的 DNA 经由一只被裹在琥珀里的蚊子保存下来。这是一个聪明的小创意，但是支持这个蓝图的所有的生命形态的 DNA 分子都是无限长和复杂的。连找到少量损坏的死亡并变成化石超过 6600 万年的动物的 DNA 片段的机会都是渺茫的。

» 恐龙粪化石为什么稀有？

恐龙粪便中的一些以化石形式被保留下来，叫粪化石。当然，因为粪便最初具有柔软的本质，因此粪化石是相当稀有的，

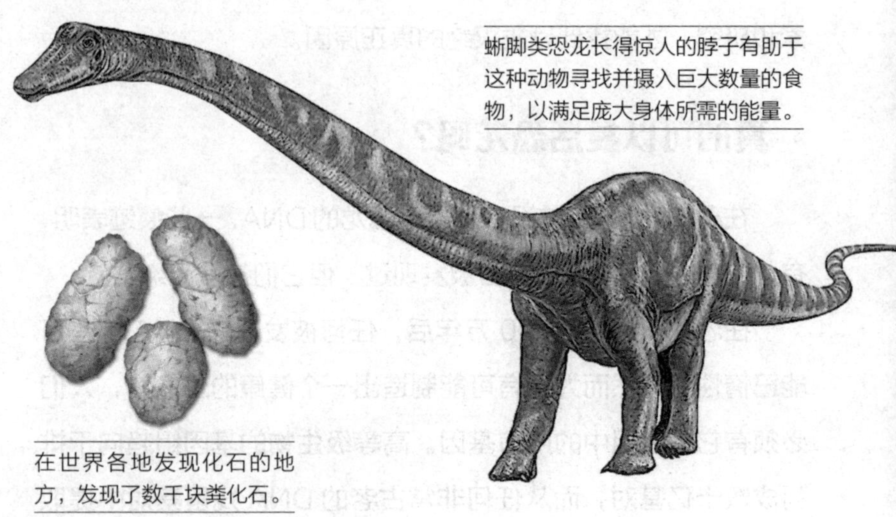

蜥脚类恐龙长得惊人的脖子有助于这种动物寻找并摄入巨大数量的食物，以满足庞大身体所需的能量。

在世界各地发现化石的地方，发现了数千块粪化石。

甚至比恐龙骨骼化石还要稀有。

当我们想利用化石来勾勒出它们的习性时，恐龙粪化石确实是一种相当有用的原材料。例如，经过细致的检查你能得知恐龙是食草的还是食肉的，或是杂食的。粪化石的保存依赖于它原有的有机质含量、含水量、被存放的地点和被埋藏方式。例如，肉食恐龙的粪化石比那些食草恐龙的粪化石更有可能被保存下来，因为其中高含量的矿物质由恐龙所捕食的动物的骨质原料提供。

同时另一个对粪化石的保存有影响的是它们丢弃粪便的位置：一个好的地点应该是一个连接着河流的涝原，它能使粪便经过轻微的脱水后在河流涨潮期被迅速埋葬。

目前我们所知道的粪化石中大部分来自最大的恐龙——蜥脚类恐龙。它们用四条腿走路并有非常长的脖子和尾巴。

» 恐龙的智商有多高？

为了了解一个恐龙的大脑的智力水平，芝加哥的詹姆斯·霍普森博士着手测量恐龙脑腔的大小，同时也将外部的缝隙和其他各种各样的因素考虑进去。随后，他将恐龙脑的尺寸和其他动物进行对比，结果显现出多数恐龙的智力有望达到爬行动物的智力水平。所以它们既不是极其聪明也不是极明显的蠢笨。

剑龙有一个胡桃大小的大脑，并可能因此被认为是非常愚蠢的。然而，有一些更小的、但非常活跃的食肉恐龙的大脑却看起来比我们料想得更大，这意味着一个聪明且活跃的食肉动物可能能更好地适应环境。

» 为什么有的蜘蛛会吃自己的同类？

有一类叫作拟态蛛的蜘蛛会吃掉自己的同类。拟态蛛属于拟态蛛科，它们捕杀不慎闯入自己的蛛网中的蜘蛛，并以此为食。许多专家认为，拟态蛛实际上自己不织网，而是专门以捕食其他蜘蛛为生。

大约有 12 种拟态蛛分布在美国各地区，其中不少只有 0.6 厘米长，有的体型甚至更小。它们身上有着精致的暗纹和斑点，前螯上像耙子一样长有长短不一的刺。在捕食猎物时，拟态蛛大都缓缓地悄悄靠近猎物。有的拟态蛛只以特定种类的蜘蛛为食。

叉突腹蛛是拟态蛛中的一种，它们会侵入体型较大的球蛛或家蛛的网内，在不惊动原来的主人的情况下，小心翼翼地在蛛网上清理出一个活动空间，随后，入侵者拉动一根蛛丝，让原来的主人以为有猎物落入网中而急急忙忙地赶往蛛丝触动的地点。当然，蛛网上没有猎物，只有凶恶的入侵者在等着它。一等它靠近，入侵者就猛地用自己长满刺的前螯紧紧地钳住猎物的身体和四肢，根本不容它有任何逃脱的余地。

然后，拟态蛛迅速地咬向猎物前腿的腿节，向猎物体内注入含有剧毒的毒液，很快就令其彻底死亡。拟态蛛这才安心享用猎物，吸干猎物体内的汁液。拟态蛛们很少失手，极少有捕猎不成反被自己的猎物俘获的情况。

» 黑寡妇蜘蛛为什么要吃掉自己的丈夫？

体型微小的黑寡妇蜘蛛可谓臭名昭著。它臭名昭著：毒害昆虫；毒害人类；最残忍的是把自己的丈夫当作大餐吃掉。

世界各地都可以找到黑寡妇蜘蛛的踪迹，黑寡妇蜘蛛不太在人类的居住环境里安家落户，但以防万一，你还是要在自己的房间里仔细排查一遍。黑寡妇蜘蛛是亮黑色的，腹部有一个沙漏形的花纹，通常是红色的，或者是黄色或橙色的。

直到 1900 年，黑寡妇蜘蛛还没有一个固定的名字，它在不同国家的叫法各不相同。在有些国家它被叫作沙漏蜘蛛，有些地方叫它鞋扣蜘蛛，还有人叫它“毒女士”。一个世纪过去了，

“黑寡妇蜘蛛”这个名字被大多数人接受了，于是就这样固定下来。

在黑寡妇蜘蛛中，雌性和雄性之间有着显著的区别，这也解释了黑寡妇蜘蛛为什么如此声名狼藉。

雄性黑寡妇蜘蛛是深棕色，腹面有白色条纹。通常雄性黑寡妇蜘蛛体形特征不明显，颜色也不鲜艳。成年雄性黑寡妇蜘蛛几乎不分泌毒液，它们分泌出的“毒液”甚至都不能让小虫子晕厥。

相反，雌性黑寡妇蜘蛛，腹部带有张扬的花纹，而且所有的毒腺都在不停地分泌毒液——这些毒液比响尾蛇的毒液更厉害。通常雌性黑寡妇蜘蛛比雄性大两到三倍。

黑寡妇蜘蛛有剧毒无比的毒螯，但它不会招摇过市。黑寡妇蜘蛛的毒液是用来捕食昆虫的，但这种液体对人体也是有毒性，所以我们要尽量避开黑寡妇蜘蛛。有很多资料也记载了人类被黑寡妇蜘蛛叮咬后的惨状。

1993 年，一位科学家的手指被黑寡妇蜘蛛咬了一口，他记录下了自己的痛苦经历。疼痛感迅速蔓延至整条胳膊，然后胸部开始隐隐作痛，接着感到困倦，并且头痛。他的心跳减慢。很快，他的助手便不得不接替他继续记录。疼痛又蔓延至腹部，腿开始发抖，于是他被送去医院，但在去医院的途中，他便失去了交谈能力，继而呼吸困难。幸运的是，最终他活了下来，但中毒的种种症状在他的身体上持续了 8 天。

在交配季节，雄性黑寡妇蜘蛛也时刻处于死亡的边缘。在找到雌性黑寡妇蜘蛛之后，雄性黑寡妇蜘蛛会用腹部晃动蛛网向雌性黑寡妇蜘蛛发出信息，这就像是在敲门。如果此时雌性黑寡妇蜘蛛同样晃动蛛网，就表示它欢迎雄性的到来，这时雄性蜘蛛就相对安全了。如果雌性蜘蛛刚好没心情与雄性蜘蛛交配，那雄性蜘蛛可就惨了。雌性黑寡妇蜘蛛会扑向雄性，用蛛丝像包木乃伊一样把雄性蜘蛛裹起来，吊在一旁留作点心。

如果雌性黑寡妇蜘蛛准备交配，那么就万事大吉了——雌性蜘蛛只有在极度饥饿的情况下才会在交配之后吃掉雄性蜘蛛。通常，它会放走雄性蜘蛛，然后悄无声息地完成了传宗接代的重任。

» 为什么蜘蛛要织网？

蜘蛛大多都会织网，但也有不织网的蜘蛛，比如狼蛛。这些不织网的蜘蛛通常会在地上打洞,然后用蛛丝做洞穴的衬壁。它们也会在洞穴顶部布置陷阱，捕食过往的昆虫。

所有的蜘蛛，无论织不织网，都有一些共同的特点：它们都有 8 条腿；昆虫是它们最喜欢的食物。目前，人类发现的蜘蛛至少有 4 万种。

会织网的蜘蛛能织出简单的网,也可能织出构造复杂的网。即使蛛网已经编织完成，蜘蛛也不会整天待在网上，蜘蛛可能会挂在屋顶上、窗框的某个角落里，或者藏在大石头底下。蜘蛛网是用来捕食昆虫的，而编织一张好用的蛛网要花去一只蜘蛛几小时的时间。

比如说，圆蛛在织网时会使用许多种不同的蛛丝。它先用干燥的蛛丝搭好蛛网的框架，这就是它工作的“脚手架”。然后再在上面布满黏线，用来粘住误闯来的飞虫。

所有的蛛丝都是从蜘蛛腹部分泌出来的。蜘蛛腹腔不同的腺体会分泌不同的蛛丝。蜘蛛也可以将几种蛛丝混合在一起合成一种具有特殊功用的蛛丝。

起初，圆蛛迎风吐丝，蛛丝在风中飘荡，如果刚好搭在邻近的物体如树枝上，圆蛛就可以沿着这根蛛丝向前行进，并把黏液涂在树枝上面。

织好了大体的轮廓之后，蜘蛛会继续吐丝将网的两端连接起来。然后它又跑到网的中央，吐出另一条蛛丝来将网的另一侧固定住。

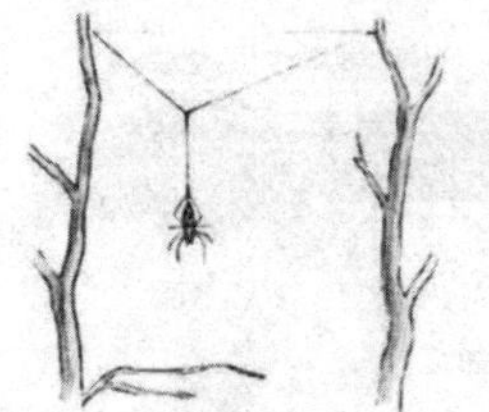

①圆蛛搭起一个临时的Y形丝质“脚手架”。

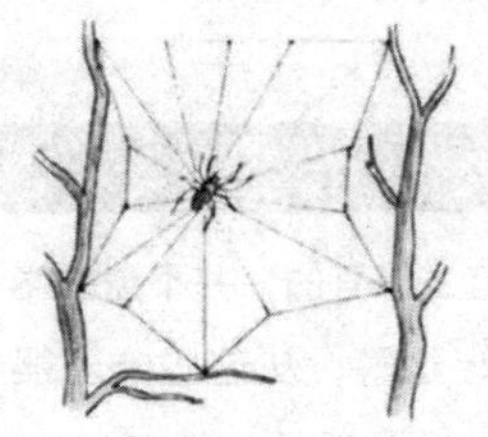

②“搭建”蛛网的外部框架。

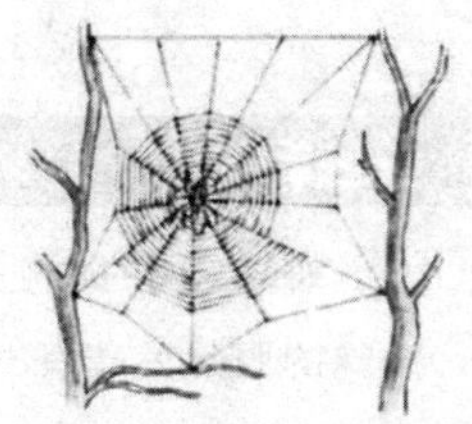

③用黏丝织成的螺旋形网。

圆蛛结网的过程

圆蛛的网是所有蜘蛛网中最复杂的。圆蛛在网中央等待，或者隐藏起来，但紧握着一根报警用的丝。当有昆虫被网粘住时，蛛丝可以提醒它。

在网中央，蜘蛛继续吐出更多干燥的蛛丝来，这些蛛丝从网的中央辐射出去，就像自行车轮上的辐条。然后，它又开始围绕这些辐条转圈，在圆周方向布下许多网线。最后，蜘蛛在干燥的螺旋形的网线顶上贴上一根黏线。然后去掉干燥的丝（吃掉），此时，一张网罗食物的陷阱蛛网就布好了。

有些蛛网的图案特别复杂，研究人员发现，其中的某些图案就是陷阱的一部分。对我们来说，这些图案看起来没什么特别，但这可能是因为我们不能在紫外线下看到。紫外线来自太阳，这种射线会伤害皮肤。它的频率很高，已经超出了人眼的视力范围，所以对我们人类来说是不可见光。

但许多昆虫可以看见紫外线，特别是那些以花蜜和花粉为食的昆虫。蜘蛛正是利用了这一点，编织一些特殊的蜘蛛网来吸引这些昆虫。

首先，蜘蛛用一些不太反射紫外光的蛛丝编成一个网，然

蜘蛛吐丝

蜘蛛结网的本领是与生俱有的，并不需要学习。蜘蛛的腹部后端有6个吐丝器，从这些吐丝器中分泌出来的丝是有黏性的。吐丝器的外部有1000多个小孔，每个小孔分泌出的细滴遇空气凝固成丝，1000多根细丝合并成一根丝。尽管如此，这根丝仍然是很细的，10根才有人的一根头发那么粗。蜘蛛的这个本领引起了化学家和数学家的广泛关注。

后再用另外一种强烈反射紫外线的蛛丝编成一种特殊的图案。

这样做有什么作用呢？研究表明，这些图案在紫外线的照射下与许多花朵的形状极其类似。

所以，当饥饿的昆虫把蛛网误认为是食物时，便傻呵呵地冲了过来。当然，结果是它们落入了精心布置的陷阱中，成为同样饥饿的蜘蛛的晚餐。

» 蜘蛛的视力好吗？

蜘蛛有两三对或四对眼睛，你可能认为它们有着很好的视力，但事实是它们的视力非常差。因此它们利用触觉来寻找周围的路并捕食猎物。它们有一组结构用于感知自身身体的位置，例如它们的腿，而其他的身体部位会告诉它们所处环境的情况。

蜘蛛身体上的绒毛也是它们感觉机制的一部分。如果某些东西碰到了绒毛，连接着绒毛的神经就会让蜘蛛知道那里有一些东西。另外，它们还有更多的专用绒毛，能感觉更细微的震动，如昆虫扑动翅膀的声音。

蜘蛛不用它们的眼睛，它们有更多“看”的方式。它们通常运用位于它们大腿上的称作震动感受器的感觉器官。织网的蜘蛛利用这些器官通过网的振动来告诉它们抓住了某些东西。

蜘蛛不能靠它的眼睛来看到你的脚，因为你的脚不会像蜜蜂那样发出嗡嗡声，并且你也不会被它的网抓住，在它的绒毛感觉到你的脚之前它都不会知道你在它身边。

» 为什么有些昆虫具有惊人的力量?

许多昆虫都有不可思议的本领。小小的跳蚤奋力一跃，竟然能超过自己身高的 200 倍。蚂蚁可以举起相当于自身体重 52 倍的东西。就连躯体纤弱的蝴蝶，有的也能像候鸟一样，迁徙时连续飞行几百千米甚至更远。

昆虫之所以有如此惊人的本领，秘密就在于它们有特别发达的肌肉组织。根据研究，昆虫的肌肉数量多、结构特殊。人类约有 600 块肌肉，而一只蝴蝶的肌肉，竟有 2000 块之多。

肌肉除了能帮助昆虫跳高跳远外，还能帮助它们远距离飞翔。蜻蜓、蝴蝶、蜜蜂、飞蛾等，可以飞得很远，就是依靠它们胸背之间连接翅膀的那部分肌肉的力量。

» 蚂蚁为什么不会迷路?

小小的蚂蚁有一套非常优秀的认路本领,不容易迷失方向。科学家研究发现，蚂蚁具有非常灵敏的视觉，不但能利用陆地上的景物来认路，而且也能把空中的景物当作认路的参照物。太阳的位置和蓝天上反射下来的日光，都是可以被利用来辨认回巢方向的。

除了依靠眼睛外，蚂蚁还能通过辨别气味来认路。实验证明，有些蚂蚁在它们爬过的地面上留下一种气味，再回来时只要循着这种气味，就不会迷失方向。在这种蚂蚁经过的道路上，假若用手指横画一条线，将气味的连续性破坏掉，那么就会使它们发生短时间的迷乱。也有的蚂蚁虽然不会在经过的路面上留下什么特殊的气味，但是它们非常熟悉往返道路上的天然气味，所以也不会走错路。由于蚂蚁具有上述认路的本领，即使满天阴云，蓝天被浓云覆盖住的时候，或者大动物把蚂蚁留在地面上的气味踩踏破坏掉的时候，只要一些可以利用的线索还保留着，它们仍旧会找到蚁巢，只不过所走的弯路多了许多。

蚂蚁具有非常神奇的记忆力。

» 蝉和纺织娘居然是近亲？

蝉和纺织娘不仅叫声不同，叫的时间也不同，但它们其实是近亲。在初秋的繁殖季节里，一到黄昏时分雄性纺织娘就开始“歌唱”。它们的叫声很有特色，“嘎吱嘎吱”好像纺织机纺纱时的声音。纺织娘多栖息于灌木丛中或是树上，种类多达几百种。在落基山脉东部常见的一种纺织娘体型近似于蝗虫，头上有长长的触须，不过人们通常只能“只闻其声，不见其虫”。

蝉通常是在白天“吱——吱——吱——”地鸣叫，有时候叫声听起来像一辆变速自行车的齿轮或是玩具里上紧的发条发出来的响声。蝉的叫声都拖得很长，如果好几只雄蝉一起叫的话，那可真称得上震耳欲聋，让人不得安宁。

蝉也有好几百种种类，有的蝉呈褐色，体型矮矮胖胖的，头部又宽又钝，眼睛凸出，前翼很大且镶有花边。

蝉的成虫靠从树的枝杈和嫩芽中吸取汁液为生，幼虫则生活在地底下，靠啃食树根度日。所以不论是在成虫还是幼虫阶段，蝉都会对树木造成显著的影响。而纺织娘对树木的危害主要是在其产卵阶段，因为雌性纺织娘是用它类似剑一样的产卵器割开树皮，在树木的裂口中产卵的。

» 蜜蜂的飞行原理为什么更类似于直升机？

蜜蜂的翅膀非常小，看上去都无法支撑它的身体，那么它是怎么飞起来的呢？这是因为蜜蜂遵循的运动规律不同于我们那受限制的飞行概念。当然，如果一架飞机是像蜜蜂一样的大小和形状，那它是不可能飞起来的。但蜜蜂和飞机却以非常不同的方式飞起来了。

机翼上下的空气流动是维持一架飞机飞在空中的原因：机翼的形状决定了机翼上方的空气运动要比下方的空气运动快，这造成了机翼上方空气降压和下方空气升压。这使得飞机可以升空。

蜜蜂的飞行方式更像是直升机。它们的翅膀处于持续的运动中，而这提供了升空的动力。因为蜜蜂非常小，从它们的角度看，空气的运动更像是黏滞的流体，而它们利用在翅膀外围产生的向下的旋涡来帮助自己上升和前进。

» 花蜜是怎么转化成蜂蜜的?

植物为了吸引昆虫为其传花授粉,会从花中分泌出花蜜来。蜜蜂将花蜜收集起来,通过两个化学反应和一个物理反应将花蜜转化成蜂蜜。转化后的蜂蜜除了可以被蜜蜂和人类消化吸收之外,还易于保存并能使之免于细菌和酵母等微生物的破坏。

花蜜的主要成分是水和蔗糖(一个蔗糖分子包含 12 个碳原子)。首先,蜜蜂在花蜜中添加一种叫作转化酵素的酶,在转化酵素的作用下,一个蔗糖分子被转化成两个包含 6 个碳原子的糖分子——葡萄糖和果糖。随后再加入葡萄糖氧化酶,将极少量的葡萄糖转化成葡萄糖酸,使得蜂蜜像醋一样呈酸性。之所以要降低蜂蜜的 pH 值使其呈酸性,是为了防止细菌等微生物对蜂蜜的破坏。转化酵素和葡萄糖氧化酶都是由蜜蜂头部的腺体分泌的。

蜜蜂还利用一种类似工业脱水的工序将蜂蜜中的水分降到 18%以下。它们在蜂房内把要加工的蜂蜜涂得到处都是,然后扇动翅膀加快蜂蜜表面的空气流动,促使水分蒸发。脱水后的蜂蜜体积更小,能储存得更多,并创造出高的渗透压。浓缩后的蜂蜜渗透压过大而导致身处其中的微生物细胞大量脱水、干枯皱缩直至死亡,能进一步保护蜂蜜不受微生物侵蚀破坏。

如果储存的蜂蜜被稀释,葡萄糖氧化酶会恢复活性,产生出过氧化氢杀死微生物。

» 为什么蜜蜂蜇人后会死去？

大家都知道蜜蜂会蜇人，所以怕蜜蜂的人也不少。其实，蜜蜂蜇人是万不得已的，而且蜜蜂蜇人是冒着生命危险的。

蜜蜂蜇人后自己会死去的原因是什么呢？原来，蜜蜂蜇人用的是腹部末端的刺针，刺针是由 3 根针组成的，即 1 根背刺针和 2 根腹刺针，后面与大、小毒腺和内脏器官相连，有好几个小倒钩生在腹刺针尖端 当蜜蜂的刺针刺破人体的皮肤以后，再将刺针拔出时，由于小倒钩牢固地把皮肤钩住了，所以刺针连同蜜蜂一部分内脏也一起被拉出来。这样，蜜蜂当然不能活命了。所以，蜜蜂不到危急时刻是不会蜇人的。但当蜜蜂蜇到那种身上有硬质表皮覆盖的昆虫时，它可以从破口中将刺针拔出，而使自己免于死去。

看来，平时蜜蜂对人构成的威胁不大，所以我们在碰到蜜蜂时尽量不要招惹它，以免自己挨蜇，还使蜜蜂丧命。

» 为什么苍蝇和蚂蚁能在天花板上走？

苍蝇腿的末端生有跗节，可用来抓住所攀附的物体表面。相比于苍蝇的身体尺寸，它的体重并不重，所以苍蝇只需要很小的力量就能抓住天花板不掉下来。

如果你有一个高倍率放大镜，就能看到苍蝇腿上长有一组爪子，爪子底端还生有海绵状的脚垫，这些脚垫看上去像是褶皱的炸土豆片，能使脚底更牢地抓住物体表面。苍蝇脚垫好似柔软的衬垫，而不是章鱼脚上的吸盘，令苍蝇无论是停在某处还是四处爬行时都足够安稳。当它四处爬行时，无论何时就算有两条腿悬空，也一样能行走自如。

与苍蝇依靠脚垫爬行不同，蚂蚁更多的是依靠自己的爪攀附在物体表面上，脚垫相对苍蝇的小得多。

有的蚂蚁其实善于攀爬。生活在地面上的蚂蚁更习惯粗糙的土地，而不像一些生活在树木上的蚂蚁那样，在光滑的表面甚至是倒转身体也能行走自如。

当然，对于爬进屋子里的蚂蚁来说，上面这些都不成问题。它们的身体非常轻小，在天花板上爬行时所花费的力气甚至可能比苍蝇还小。

» 春天的蚊蝇是从哪里来的？

在严冬到来之际，许多成年苍蝇相继地死去，但也有一部分经受住寒冷而活了下来，其中就包括喜欢集群活动的粉蝇。粉蝇的体型要比家蝇稍大，虽然和家蝇分属不同的科，但是也和家蝇一样喜欢在人类的生活环境中出没活动。

你在春季里看到的苍蝇就有可能是成熟的粉蝇。粉蝇的幼虫寄生在某些蚯蚓体内，成年粉蝇为黑白前（一种散发着恶心气味的乳草属藤本植物）授粉。黑白前、粉蝇以及所寄生的蚯

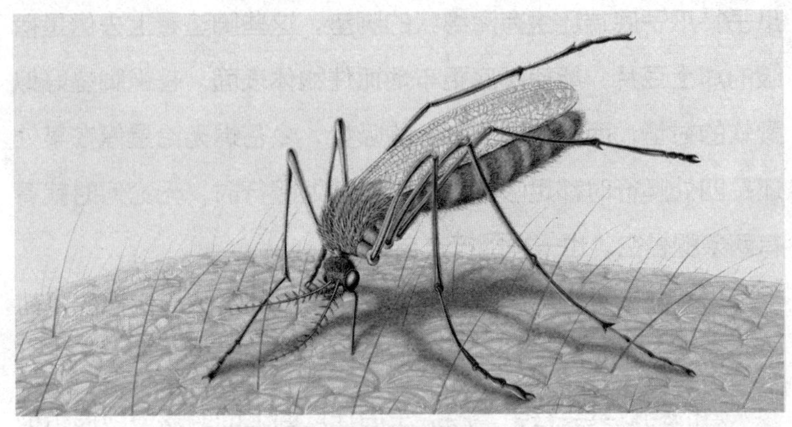

雌蚊体长大约有2厘米，以动物和人的血液为食。

蚓都原产于欧洲南部。由于很多人把蚯蚓当作鱼饵来饲养，于是寄生在蚯蚓体腔内的粉蝇的幼虫也跟着寄主漂洋过海从欧洲去到了北美地区。

当天气开始转冷的时候，一部分成年粉蝇就飞进屋内，到处寻找缝隙或孔洞来躲避严寒。当天气较为暖和时，粉蝇就又出来四处活动，因为对它们来说，这时候春天已经来了。

蚊子的种类繁多，同时，许多蚊子会以不同的方式冬眠——更准确地说，是越冬。

有些蚊子是“成虫越冬”，即成年蚊子躲在墙角和地下室等阴暗潮湿的地方度过寒冷的冬季。一到早春，它们就从墙角裂缝等各个隐蔽处出来，沐浴在温暖的阳光下，饱餐一顿人畜的鲜血，然后开始产卵。有些蚊子是以卵的形式过冬的。夏天时，雌蚊子把卵产在水中。这些卵在水中随着温度的降低而被冷冻，直至来年温润的春雨普降，卵才会解冻并孵化。少数蚊子以幼虫的形式越冬。蚊子的幼虫——也就是孑孓——是栖息在水里的。有的孑孓似乎能抵御严寒，在水中安全越冬。

» 为什么虫子都是后背贴地四脚朝天死去？

不是所有的昆虫都这样，有的虽然四脚朝天，但其实根本还没死。在野外，昆虫的尸体很快就会被其他食腐动物清理干净，所以昆虫采集者们看不到太多的昆虫尸体。

它们最终以什么样的姿势死去，这取决于每种昆虫各自的体型，一般总是面积较大的身体平面着地的。如果一只虫子身体的高度大于宽度，那么它死后就可能是侧躺着的。

如果是那些身体的高度小于宽度、看起来是扁平状的虫子，由于平时它的腿脚会抓住地面，这样自己的身体就不会翻转过来。但是如果虫子死后腿脚蜷缩，那么它就很可能后背着地、四脚朝天了。

还有很多昆虫会蜷起腿脚、保持静止，用装死来躲避灾祸。一旦自己的腿脚不再抓住地面，身体就很可能侧翻，至于躺的姿势如何，就要看每只虫子的体型了。

如果虫子是在装死，它最终还是会起身继续活动；如果危险再度降临，它会再一次地装死。

另一种辨别一只虫子究竟是真死还是假死的办法是看它腿的姿势：如果是装死，虫子的腿脚是紧紧地贴在身体上的；如果是真的死了，它的腿就是四处乱伸的。

» 蜻蜓点水是在产卵吗？

在池塘边，人们常能看到蜻蜓点水的现象。飞行中的蜻蜓突然冲向水面，尾部轻触水后又迅速飞起。那么，蜻蜓到底为什么要点水？

原来蜻蜓卵是在水里孵化的，蜻蜓的幼年时期生活在水中。幼虫的形状并不像蜻蜓，它有3对足，没有翅膀，下唇很长，可以屈伸，顶端有钳，是捕食的工具。在休息的时候，蜻蜓幼虫的下唇可以折曲，将口全部遮盖起来。蜻蜓幼虫的食物主要是蜉蝣和蚊类的幼虫。蜻蜓的幼虫，被生物学家称为“水虿”。水虿成熟之后，爬出水面，蜕皮后成为我们看到的蜻蜓。所以，有时我们看到蜻蜓在河滨或池塘水面上，不时地用尾巴一下一下点着水。实际上，这种“点水”行为就是蜻蜓产卵的动作。

» 有些动物为什么腿很多却跑不快？

人为什么没有马跑得快呢？是因为人只有两条腿，而马有四条腿吗？那么慢悠悠的乌龟还有四条腿，多腿的蜈蚣跑得也不快。两条腿的鸵鸟比大多数四条腿的动物跑得要快。所以，动物有多少条腿与它的奔跑速度没有必然的联系。但是，有些动物腿的数量多是干什么用的呢？

腿多的动物多属于节肢动物门多足纲，这些动物大多数身体细长，长度为 2 ~ 280 毫米。体形多种多样：有圆筒形的、带形的，还有球形的。体节从 11 节到几十节，可分为头、胸、腹 3 个部分。这些动物有一对触角，末节较为短小，顶端有 4 个感觉圆锥体，一些种类的圆锥体更多。口器由一对大颚和一个片状的颚唇所组成。颚唇部是大颚后另一对口器的附肢左右愈合而成，并遮盖了口腔下面。多足纲动物的胸部有 4 节，第 1 节（即颈节）没有腿，第 2 ~ 4 节各有两条腿；成熟动物腹部的体节很多，除尾端 1 节或 2 节没有腿外，其余各节都有 4 条腿。雄性的多足纲动物有 1 对或者 2 对腿转化成生殖肢，气管和血管系统比较完善。

多足纲的动物行动比较缓慢，喜欢阴暗潮湿的地方，常常栖息于树皮、落叶、石头或者苔藓下面的洞穴中。我们在野外掀开一块石头，常常能发现这些动物。它们以腐烂的植物、霉菌和其他的真菌为食。一些居住在洞穴里面的多足纲动物也常以动物的尸体为食。其中还有一些因为喜欢吃植物新生的嫩芽、嫩根而成为农业害虫。

在遇到危险的时候，一些多足纲动物有它们自己的绝招，比如从臭腺孔中放出难闻的分泌物以驱除敌害；没有这一绝招的多足纲动物，当遇到敌害的时候，常常把身体蜷曲成球形，用坚固的背板来抵抗攻击。当生存条件不适宜的时候，多足纲动物还常会成群迁徙到更理想的地方去。

我国常见的多足纲动物多分布于长江以南地区，长江以北种类相对较少。多足纲动物腿多并不代表可以跑得更快。

» 墨西哥跳豆为什么会跳？

墨西哥跳豆原本是一种巴豆科植物的种子，它之所以被称作跳豆，是因为其内部寄居了跳豆飞蛾的幼虫。幼虫在豆子内不断蠕动，带着豆子一起四处弹跳。

春暖花开之际，飞蛾的幼虫便从沉睡中苏醒，在豆子里活动，伸展身体，于是跳豆也跟着蹦蹦跳跳起来。

巴豆科植物绝大部分都属于人们眼中的杂草。跳豆飞蛾与苹果蠹蛾和胡桃小卷蛾等一些危害严重的害虫是近亲。它的幼虫通常被称为墨西哥跳豆食心虫，原本来于墨西哥，目前在美国的亚利桑那州和佛罗里达州也有存在。

» 鸵鸟为什么有时把头埋进沙堆里？

鸵鸟主要生活在非洲的沙漠平原地带，它们奔跑速度极快。很多人都知道，鸵鸟遇到危险来不及逃跑的时候，就会把头颈平贴地面，或者埋进沙堆里。人们嘲笑鸵鸟的这种滑稽可笑的行为，并用“鸵鸟政策”来形容不敢面对问题的人。实际上，人们误解了鸵鸟。在非洲热带沙漠草原地区，气候炎热，鸵鸟发现敌人后，虽然可以拔腿快跑，但是，在干燥的环境下长时间的奔跑对它很不利。

因此，如果鸵鸟受惊或发现敌情，会把脖子平贴在地面上，身体蜷曲成一团，它们这样做其实是利用自己暗褐色的羽毛伪装成岩石或灌木丛，再加上雾气的掩护，就不容易被敌人发现了，这是鸵鸟在危急时刻的一种自我保护方法。

有人研究认为，鸵鸟的这种方法，还有两个作用：一是可以听到远处的声音，有利于及早避开敌害；二是可以放松一下颈部的肌肉，消除疲劳。

看来，大自然万事万物所具有的特性都是有其存在的理由的。

» 鸵鸟为什么能跑那么快？

鸵鸟是陆地上体形最大的鸟类，尽管它拖着 130 余千克的身躯，却可以跑到最高 70 千米 / 小时的速度。这一速度大大超过了常人的奔跑速度。鸵鸟是怎样做到这一点的呢？人类为什么不能跑得像鸵鸟一样快呢？

从鸵鸟的体形来看，它的翅膀极度退化，小得看起来和它身体的其他部位极不协调，但是在高速奔跑中，这对名不副实的翅膀却起到平衡的作用。鸵鸟的两条腿修长而有力，大脚踢出去足以使孱弱的人类腿断胳膊折。它脚上有两个脚趾，脚趾下面的肉垫厚实而有弹性，是一个很不错的“跑鞋”。尾部几乎完全退化掉了，这也使鸵鸟显得更加精干。

另外，从生存环境来说，鸵鸟长期生活在辽阔的沙漠，无情的大自然中随时有天敌出没，鸵鸟为了生存，不仅要对周围动静充满警惕，还需要有出色奔跑的能力以摆脱天敌的追捕，日复一日、年复一年，经过一代一代的进化，鸵鸟的奔跑能力最终达到了动物界数一数二的水平。

而人类本身的奔跑条件远远不能同大多数野生动物相比，更何况是其中的佼佼者鸵鸟呢？另外，人类并不需要像鸵鸟一样的奔跑速度来躲避天敌，因为目前世界上没有任何生物能够威胁到人类的生存。因此，我们不可能像鸵鸟那样健步如飞，我们也没有必要为此而羡慕鸵鸟，人类制造出来的交通工具可以轻轻松松地超越鸵鸟的速度。

» 候鸟为什么能找到自己的迁徙路线？

据人们所知，鸟类在迁徙过程中利用很多东西来为自己导航，其中包括地标、太阳的角度、星星、气味，甚至地磁场。不过，科学家无法确切知道候鸟究竟是用什么作为地图和罗盘的。

比如，有一群鸟不仅仅是飞向地理学上泛指的中美洲地区，而是飞向该地区某一个特定的地点。它们如何知道自己什么时候能到达目的地？或许它们对当地的情况十分熟悉，可是它们又怎么能如此精确地定向导航，飞过一个并不熟悉的地区上空，甚至是在漆黑的夜晚穿越海洋上空。

有可能是以前迁徙过的鸟给整个鸟群带的路。但这似乎只是一个初步的解释而已。鸟类学家也深知这一点，因为在许多时候，幼鸟的双亲会在年底之前先行出发，留下幼鸟自己独立生活，直到幼鸟发育完全、能够自己完成迁徙时，它们才自行上路。

尽管可能从未去过目的地，但是鸟类似乎知道自己迁徙的目的地，这大概是因为鸟类的基因中已经包含了相关的信息的缘故。大部分的研究是针对鸟类的导航罗盘而展开的。比如，人们发现，即使是在阴天，鸟类也能根据偏振光判断太阳的方向，然后确定所处位置和飞行方向。

但是如果从高空突然下落进入到树林中，罗盘也无法帮助鸟类确定飞行的方向。即使对信鸽的研究已经持续了数百年，人类还是不知道为什么信鸽被装在封闭的箱子里带到几百千米之外的地方后，它们仍然能够准确地找出回家的方向。

» 为什么雄鸟通常比雌鸟美丽?

为什么雄鸟通常比雌鸟美丽呢？动物学家认为，漂亮的羽毛和悦耳的歌声，是雄鸟吸引雌鸟的常用手段。由于许多鸟类都有“一夫多妻”的现象，当雄鸟具备了艳丽动人的外表，就有可能赢得更多的“爱人”。

在绝大多数鸟类中，一般由雌鸟承担孵卵和育雏的任务。由于雌鸟孵卵时要长时间待在鸟巢中，灰暗的羽毛与周围环境很相似，就不容易暴露，不仅有利于保护自己，而且也有利于安心地哺育幼鸟。

雄孔雀

这样看来，大部分雄鸟比雌鸟更美丽，与鸟类的求偶和繁殖习性有很大关系，这是长期适应环境的结果。

» 孔雀开屏仅仅是为了炫耀吗？

孔雀开屏现象和繁殖有密切的关系。孔雀开屏最盛行的时候是在 3—4 月份，这个时候正是它们的繁殖季节，开屏是孔雀求偶的一种行为，雄孔雀用美丽的尾羽来吸引雌孔雀。随着繁殖季节的结束，孔雀开屏现象就越来越少了。因此，把孔雀开屏说成是为了“比美”，这看似有一定的道理，其实是人们的主观臆测。

孔雀开屏除了用于吸引异性外，尾羽上的一个个大眼斑，如同许许多多大眼睛，突然出现在敌人面前，可以起到吓唬敌方的作用。这种现象在鸟类中很常见，属于一种防御反应。

» 大雁飞行时为什么要排队？

大雁是冬候鸟。每到秋冬季节，大雁就从西伯利亚一带，成群结队来到我国南方过冬。

在长途迁徙过程中，雁群的队形组织得非常严密，它们常常排成“人”字形或“一”字形，飞行时还不断发出“嘎、嘎”的叫声。

大雁每小时能飞 69 ~ 90 千米，但由于飞行的路程太长，因此一般需要 1 ~ 2 个月才能到达目的地。在长途飞行中，大雁会利用上升的气流来滑翔，从而节省体力。前面的大雁鼓动翅膀，形成微弱的上升气流，后面的大雁就利用上升气流的冲力滑翔。一只跟着一只，这样就形成了整齐的“人”字形或者“一”字形队伍。

此外，排成“人”字或“一”字形队伍，也是大雁集群本能的体现，这样有利于防御敌人。

» 不会飞的鸟儿有哪些？

鸟怎么会不能飞呢？如果不能飞上蓝天，那还要翅膀做什么呢？

不过大千世界，无奇不有，自然界的确存在不会飞的鸟：在非洲沙漠里奔跑的鸵鸟；在南极洲冰原上散步的企鹅；生活在新西兰的无翼鸟——几维。

然而与会飞的鸟相比，那些不会飞的鸟只占少数。毕竟飞翔是动物逃生的有力工具。如果一只饥肠辘辘的狮子偷偷地向小羚羊逼近，小家伙只能拼命地奔跑。但如果是一只老猫扑向麻雀，麻雀就可以飞向空中，离开猫的捕猎范围。

鸟会飞还有许多其他好处：可以去很远的地方寻找食物，而不是像那些不会飞的动物一样只能在巢穴附近活动；会飞也可以把家安在高处，这样就脱离了大多数捕食者的活动范围。

飞翔是鸟类进化过程中第二次伟大的变革。鸟类有 8500 个不同的种类，相比之下哺乳动物只有 4000 种。发展最成功的要数昆虫了，它们的种类达百万之巨，它们中的大多数也具有飞行的本领。

既然飞行的本领对于生存至关重要，那么为什么有些鸟却不会飞呢？科学家认为，这些鸟类起初也具备飞行的能力，但后来却因为各种各样的原因失去了这个能力。

人类发现的最早的鸟类化石距今大约 1.5 亿年，科学家将其称作“始祖鸟”。它的外形可能看起来相当凶猛，因为它不仅有锋利的牙齿，而且翅膀上还长了爪子。通过研究它的骨骼结构，科学家猜测，这种鸟大概只会滑翔。

始祖鸟和今天的大多数鸟类一样，都是由恐龙进化来的。科学家猜测，有些小恐龙身上也许长有羽毛，目的是给身体保暖。这些恐龙中，有些具有特殊的前肢，可以使它们扑腾着飞过一小段距离。后来，在一次偶然的变异中，前肢变成了翅膀——

这对于生存来说是一个显著的优势。

鸟类很快地遍布了地球的各个角落。有些曾经在岛屿上（比如马达加斯加岛和新西兰）安家落户的鸟类现今已经灭绝了。但也正是在这些岛屿上，出现了不会飞的鸟。通常这些岛屿上有优越的生存环境，鸟儿们发现不飞行也可以过得不错。这里没有天敌，没有贪婪的捕食者，而且食物充足，那些翅膀小又弱的鸟类同样可以活得很好。久而久之，它们的种群就发展壮大了，比如，鸵鸟不会飞，它们的翅膀与身体相比小得可怜，而且没有真正的飞行肌。

虽然鸵鸟可以繁衍至今，但有些不会飞的鸟类却没有摆脱被灭绝的厄运，比如渡渡鸟——它们曾经生活在印度洋的岛屿上。后来，因为野猪经常偷吃它们的蛋，再加上人类的猎食，渡渡鸟终于从这个地球上彻底地消失了。

» 为什么企鹅身上的羽毛看起来更像皮毛而不是羽毛？

企鹅身上的羽毛看起来像是皮毛，但实际上发育完全的企鹅全身是长满羽毛的，跟普通鸟类没什么两样。不同之处在于羽毛的生长方式。

对大多数鸟类来说，羽毛是长在长条形的羽胚上的，但是企鹅的羽毛却均匀地长在身体上，因此看起来像皮毛。小企鹅起初会长出羽绒（一种非常细非常软的羽毛）；之后羽绒会慢慢地褪去，长出羽毛。

帝企鹅

企鹅至少有17种，但所有种类的企鹅的羽毛都是相似的，它们背部的羽毛通常是黑色或深蓝色的，而肚皮和前胸长满白色的羽毛。

企鹅的脸与大多数鸟类长得不太相同，比如，跳岩企鹅的头顶长着长直而松软的羽毛，它的眼睫毛是淡黄色的，眼睛是亮红色的。

大多数企鹅都是黑后背，白肚皮，像穿着燕尾服的绅士。科学家发现，这种外表可以起到保护作用，不易被水中的捕食者（比如海豹）发现。

企鹅待在水里的时候通常是肚皮朝下，背朝上。在水里从下往上看，海豹很难把企鹅的白肚皮与刺眼的阳光区分开来。从上往下看，同样难以发现企鹅的黑后背。

企鹅已经在世界上生活了5500万年，而且种种迹象表明它们的确是由会飞的鸟类进化来的。它们体内至今还保留着龙骨——一种用来固定强壮的飞行肌的胸骨。而且它们的确会飞行——在水里飞行。

企鹅在水里扇动翅膀，就像普通的鸟儿在天空中那样。因为空气的密度小，所以通常鸟类的翅膀比较宽，而且羽毛也较轻。

但是水里的情况就不同了。水的密度大，想要推动水，企鹅必须拥有一副短而硬的翅膀，就像船桨。

因为企鹅大部分时间都待在寒冷的水下，它们必须设法为自己的身体保温。企鹅羽毛的根部有柔软的绒毛，它可以在皮肤周围保留一层空气，减少身体的热量散失。

羽毛的末端质地较硬，而且防水。通常，水会沿着羽毛从身上滑下来，就像穿了雨衣。羽毛下面是脂肪层，通常比较厚，喜爱游泳的人都知道，这是最好的隔热装备。

企鹅也像其他鸟类那样，每年换羽一次。不同的是，它会一次性褪去所有的旧羽毛然后长出新羽毛。

每次换羽通常持续 3 周时间。在这 3 周内，它们只能老老实实地待在冰盖或陆地上，等待新的羽毛长出来。其间不能下水去找吃的，因为没有羽毛它们就无法适应水下的寒冷。因为没有食物，每次换羽后，企鹅的体重会减半。

» 求偶的雄企鹅靠什么来打动雌企鹅的心?

企鹅是南极的象征，登上南极大陆，首先看到的就是成群结队的企鹅。

企鹅基本实行“一夫一妻”制，曾有生物学家用 10 多年时间对近千只企鹅进行观察研究，发现 80%以上的企鹅始终维持原配，甚至有一对共同生活达 11 年之久。

企鹅常用对歌的方式求偶，并且唱歌时，伴随着一些动作，一会儿相互扇动着翅膀，一会儿把扁平的长嘴向上昂起。生活在南极的阿德利企鹅，求偶方式更加独特。雄企鹅求爱前要挑选一些在冰天雪地的南极很难找到的卵石作为见面礼，有的雄企鹅甚至到邻居那里去偷取，求偶季节一到来，就把卵石虔诚地奉献给雌企鹅，然后退几步站立在一旁观望。雌企鹅一旦认可了，就会用偷来的卵石在背风处筑起洞房，开始产卵育儿。

» 雄帝企鹅怎样做到在孵化期内好几个月不吃东西？

因为帝企鹅在此之前储存了大量的脂肪，然后缓慢地燃烧这些脂肪储备。帝企鹅是所有企鹅中体型最大的，一般帝企鹅体重在 22 ~ 27 千克，有的甚至更重。巨大的体型意味着它们要比一般小型企鹅更能抵御严寒的考验，并能在极地更深处安家。它们在冰冻的南极海域繁殖后代，那里的温度可能只有 −51℃甚至 −57℃。

帝企鹅实际上并不筑巢，而是把蛋稳稳地放在自己的脚面上。雄性帝企鹅身上有一个特殊的囊，能垂下来盖住蛋，起到保护的作用，这样一来就算还在孵化期，帝企鹅也能蹒跚而行。在整整两个月的孵化期中，帝企鹅基本上一直都站着。

在绝食期间，雄性帝企鹅的体重大约会下降 45%。首先，它们主要靠捕食鱼类和鱿鱼，储存起好几层厚厚的类似鲸脂的脂肪层，然后在进入可能长达两个月的求偶期时它们开始绝食。帝企鹅只在五月份产一个蛋，接下来就进入孵化期，此时雌性帝企鹅奔向大海寻找食物，以恢复自己在产卵过程中被大量消耗的体能，直到小企鹅出生之后它们才会回来，给雄企鹅一个喘息的机会。幸运的是，十二月份时，小企鹅已经发育成长了三分之二，这时它们就可以脱离父母，在南极盛夏到来之际自己觅食、独立生活，为下一次繁殖季节做准备。

» 鸡为什么爱吃小石子？

鸡为什么喜欢啄食小石子呢？其实，它们只不过是利用砂石来帮助胃部消化食物罢了。

食物在胃里被消化之前，人或猫狗等动物总是要用牙齿先把它嚼碎。可是，鸡与其他鸟类一样没有长牙齿，这样一来，在消化食物的过程中它就需要有硬质的东西来帮助磨碎食物，这种硬质的东西就是小石子。当我们在杀鸡的时候，剖开鸡肚之后，可以发现里面的肌胃或者说砂囊。这是鸡储存石子的地方。鸡肫是极坚韧的，其内壁还有一层黄色且坚韧的皱皮。

当食物进入鸡肫之后，它们就和小石子混合在一起。在鸡肫里面，砂石和食物反复摩擦，食物就逐渐被磨碎了。

» 猫在接近猎物时，为什么会张大嘴巴？

猫和其他动物一样，有一个额外的嗅觉器官，叫作犁鼻器或者雅各布森器，猫用它来嗅探其他猫与猎物的排泄物。

像爬行动物等一些动物的犁鼻器相当发达，而人类的犁鼻器则已经几乎完全退化了。猫的犁鼻器是位于硬腭上方的一个囊状物，它通过开在门牙后面的一条导管连通口腔和鼻腔。

人们通常认为，犁鼻器是用来感受信息激素、存在于尿液中和腺体分泌物中有特殊气味的化学物质的。当然，犁鼻器也可能感受到其他器官分泌的分泌液，以及其他猫和动物残留在环境中的气味痕迹。

在交配的季节里，雄猫可能会嗅探雌猫尿液中留下的激素信息，张开嘴回应可与之交配的雌猫。人们将雄猫这种卷起上嘴唇、暴露出牙齿四下里闻气味的行为叫作“卷唇行为”或“性嗅反应”。

当猫的犁鼻器感受到猫薄荷中荆芥内酯散发出来的气味时，许多猫都会表现出这种卷唇行为，不论雌雄皆是如此。有些猫在闻到自己所追踪的动物身上散发的气味时，也会表现出卷唇行为。

» 猫为什么喜欢吃鱼和老鼠?

猫为什么特别喜欢吃鱼和老鼠呢？原来，猫是夜行动物，夜视能力取决于猫摄入的牛磺酸的多少。如果长期得不到这种牛磺酸的补充，猫的夜视能力将会降低。而鱼和老鼠体内含有大量的牛磺酸，所以猫爱吃老鼠和鱼。

猫吃老鼠还有一个原因: 老鼠也在夜间活动，且个头较小，适宜于猫捕捉，这样它们自然成了猫的美食，这也是大自然生物链中一个正常现象，就像狼喜欢吃兔子那样。

大家有没有注意到，猫睡觉时喜欢把耳朵挤在前肢下，这样一方面可以保护它的耳朵，另一方面是为了及时听见老鼠在地上走动的声响，以便及时采取行动。

» 人为什么不能孵小鸡？

爱迪生小时候是一个勤学好问的孩子。一天，他听说小鸡是老母鸡用自身体温从鸡蛋里面孵化出来的，感到很好奇，就想：“我是不是也能像老母鸡一样，孵化出小鸡来呢？”于是，爱迪生就找来几个鸡蛋，放在草窝里，自己学着老母鸡的样子，一本正经地坐在鸡蛋上面孵小鸡。爱迪生孵小鸡的样子被妈妈发现了，妈妈哭笑不得地说：“你呀，你怎么能孵出小鸡来呢！”爱迪生很是困惑，他问道：“我为什么不能孵出小鸡呢？难道鸡蛋里的小鸡已经发现了我不是鸡妈妈，不肯出来了吗？”

读者朋友们，你知道爱迪生不能孵出小鸡的原因吗？原来，把鸡蛋孵化成鸡有很多条件，而这些条件都是人所不能做到的。鸡蛋孵化成鸡的整个过程，大约为 21 天，其中第 1 ~ 4 天是小鸡内部器官的发育阶段；5 ~ 14 天是小鸡外部器官的形成阶段；15 ~ 19 天是胚胎生长阶段；20 ~ 21 天是小鸡的出壳阶段。21 天寸步不离鸡蛋，恐怕很少有人能有这样的耐性。

在孵化过程中，温度是首先要注意的关键因素。发育中的鸡胚对温度十分敏感，只有在适当的温度下，小鸡才会顺利走到破壳而出的那一天。在第 1 ~ 18 天中，孵化的温度最好能控制在 37.5 ~ 38.6℃；19 ~ 21 天则要稍低于这一温度，最适合温度在 36.1 ~ 37.5℃。

在孵化过程中要严格遵循这一温度要求，如果温度过高胚胎发育会加速，孵化过程就会缩短，胚胎的死亡率就会增加；温度过低会延长鸡蛋的孵化时间，还会因为胚胎发育迟缓而带来死亡。这些温度范围，有的已经超过了人的体温，所以人当然不能满足这些条件了。

在孵化过程中还要注意湿度对鸡胚胎的影响，如果湿度过高就会妨碍鸡蛋内水分的蒸发，使胚胎内因小鸡发育而产生的大量废水不能及时排出，从而危害到胚胎的健康；如果湿度过低，就会加速鸡蛋内水分的蒸发，造成失水过多，同样会影响到胚胎的健康。一般来说，在胚胎发育的第 1 ~ 18 天，湿度应该控制在 40% ~ 60%，19 ~ 21 天的相对湿度为 65% ~ 75%。显然，人很难把湿度控制在这一范围之内。

另外，在孵化过程中，还要经常进行翻蛋，以改变胚胎的方位，防止胚胎、蛋黄和蛋白质间出现粘连现象。在第 1 ~ 18 天，平均每两小时就要翻蛋一次，角度以 90 度为宜。这个条件对于人来说，也是一个不小的挑战。

» 杜鹃为什么把蛋产在别的鸟巢里？

杜鹃性情孤僻，喜单独活动。它不筑巢、不孵卵、不育雏，有趣的是它们照样能够繁殖后代。原来，雌杜鹃在产卵前总是先选择好黄莺、云雀、麻雀等的巢，一旦老鸟离巢，它就在别人的窝里面下蛋，然后把窝主人的蛋衔走，让窝主人替它孵蛋。

杜鹃在长期的生存演化中练就了一套以假乱真的本领。杜鹃的蛋在颜色、大小、斑点、花纹上与它所占的巢的蛋几乎一样。因此，小杜鹃的“爸爸妈妈”总是上当受骗，把它们当作自己的子女来抚养。小杜鹃总是比义亲的子女们先出壳，它在出生后的三十多小时内，就会把巢内别的蛋推出巢外。可怜的“父母”还不知道自己的子女惨遭不幸，仍精心照料着巢内的“独生子”。小杜鹃羽毛丰满后，它就会跟着在附近活动的“生母”远走高飞了。

» 鹦鹉学舌只是单纯的模仿吗？

鹦鹉第一次开口说话往往会让主人兴奋不已。有些鹦鹉甚至可以背诗。当我们看到鹦鹉说话时，都会忍不住思考，鹦鹉知道自己在说什么吗？它仅仅是在模仿声音，还是比我们大多数人想象得更有智慧？

亚西·派佩伯格博士发现，鹦鹉学舌不仅仅是模仿那么简单。鹦鹉（还有些同种的鸟类，比如长尾小鹦鹉）与许多其他动物不同，它们的声带很适合模仿人类的语言。派佩伯格博士还发现，成群的小鹦鹉会学着成年鹦鹉的样子进行交流。这也解释了鹦鹉学舌的动机，是为了得到主人的奖赏。

但是说话与交流完全是两回事。因此，派佩伯格博士在美国西北大学进行了一系列实验，试图弄清楚鹦鹉到底能够学会多少？1977 年，她从宠物店买来一只非洲灰鹦鹉，取名埃利克斯（非洲灰鹦鹉是鹦鹉中的学舌能手）。起初，埃利克斯看起来与普通的鹦鹉没什么区别。可是后来，事实证明埃利克斯是一只非常聪明的鸟。

派佩伯格博士让埃利克斯待在笼子里，用托盘托着一把钥匙给它看。“钥匙！”埃利克斯说道，然后派佩伯格博士便把钥匙递给它。派佩伯格博士对待埃利克斯与普通的主人对待自己的宠物鹦鹉不太一样，只有当埃利克斯正确地叫出某个东西的名字时才会得到博士的奖赏。

相思鹦鹉

派佩伯格博士说，过去没人相信鹦鹉能分辨物品。但现在，埃利克斯可以辨认出100多种物品，包括纸张、玉米和软木塞等。

埃利克斯学会了辨认事物之后，下一步就是教它合成词：不仅是“钥匙”，还是“蓝色的钥匙”。埃利克斯很快就学会了各种颜色的名称。如果在它面前放一把红色钥匙和一把绿色钥匙，再问它：“它们之间的区别是什么？”它会立即回答：“颜色！”

当问到不同点时，埃利克斯还可以答出“形状”或者“材料”。不过它读不好“材料”这个词，派佩伯格博士说，它说“material”时，发音像是“matter”。

接受了多年的训练后，埃利克斯有点儿厌烦了。它先认出钥匙，把它叼在嘴里，然后又扔在地上。如果它实在玩腻了这些旧玩具，埃利克斯会要求换换花样。如果你给了它太多钥匙，它会说：“我要软木塞！”——这可是它自学的。

如果你在它面前放些新玩意儿，这个好奇心十足的小家伙甚至还会喊着：“快告诉我那是什么！”如果这时你让它说出这件物品的颜色，它通常会尝试猜测。派佩伯格博士觉得，这是因为埃利克斯想要得到这件物品。事实上，为了让埃利克斯愉快地练习辨认，派佩伯格博士的助手们逛遍了玩具店，到处搜罗各种各样的小玩意儿。

不过对埃利克斯来说，训练的过程也是艰苦的。有时它就像一个受了委屈的 2 岁小孩儿，大喊着：“我不！”有时，它为了证明自己才是主角，会大声宣布：“我要走啦！”然后就从研究人员眼前大步离开。

有些人认为派佩伯格博士的实验并不能证明鹦鹉可以掌握一门语言。他们的理由是，埃利克斯之所以说话是为了获得奖赏，它毕竟没有主动地与人类交谈。

对于这种观点，派佩伯格博士回答说，虽然埃利克斯不能像人类一样运用这门语言，但它至少在利用词和句子来表达自己的想法。这就是说，在这个小家伙的大脑里，一定潜藏着某种复杂的思想。

还有件趣事：埃利克斯能叫得出香蕉、草莓和葡萄。一次，它看见了一个苹果。它大喊起来："我要香莓！"把香蕉和草莓合在一起，它为这种陌生的水果造了一个新词。

» 猫头鹰的头为什么能转很大的角度？

有人说猫头鹰的头能转一圈，其实它们的头并不能完整地转一圈，因为那可能会伤害到它们的神经系统。但是猫头鹰能把它们的头转到一个远大于其他动物能达到的角度。

鸟类的视野范围能从一个很小的角度转变到一个完整的360°。这对于它们来说，无论是作为捕食者还是被捕食者都是一个很好的技能。被捕食类动物趋向于在头两边各长一只眼睛来提供给它们360°的视野，帮助它们扫描到更多事物，从而发现即将到来的危险。猎食类动物的眼睛趋向于长在更靠近头正面的地方，来给它们一个很宽的双眼视野，使它们拥有一个很强的判断力，判断大小和距离并看清其中的细节。这也使眼睛能在光线弱时看得更清楚。

猫头鹰正前方有 60° 的视野，但正后面有一个大约 130° 的盲区。其他大多数鸟的视野都属于这两个极端。因此，猫头鹰会将它们的头以更大的角度旋转来抵消这个大盲区。

» 为什么鸽子喜欢生活在城市里？

其实在乡村，鸽子或者说是原鸽是很常见的，它们大多喜欢栖息在谷仓和阁楼之中，因为这些地方更近似于岩架等原鸽的自然栖息地，而且在谷仓等处有大量它们最爱的食物——小谷粒。

不过比起小城镇和野外，原鸽更喜欢待在城市里。其中可能有两个原因，一是因为食物：城里的原鸽食物来源很广泛，从面包到爆米花，大城市的街道上可以说是撒满了食物，比在小城镇的巷子里所能找到的要多得多。

再就是因为筑巢的地点。原鸽只生活在空旷的地方，而不在树木繁茂的树林当中活动，同时筑巢地要靠近适宜的生活场所。人造的房屋建筑不失为一个理想的选择。大城市里有各种各样合适的筑巢地点，比如高层建筑物的边缘和桥洞下面，等等。但在农村，类似这样能够筑巢安家的地点少之又少。

原鸽与信鸽同源，原鸽登上美洲大陆的确切日期已经无从得知，但是人们认为大约应该是在 17 世纪晚期，差不多也就是“五月花号”到达美洲大陆的时候。

» 最长寿的野生鸟类是什么？

通常人们把漂泊信天翁列为最长寿的野生鸟类，但是这种信天翁的寿命究竟有多长却无从得知。鸟佩戴的脚环反馈给鸟类学者的信息显示，皇家信天翁和漂泊信天翁这两种最长寿的鸟类至少都能活 40 年。

鸟类专家相信信天翁的实际寿命比这还要长，野生的信天翁应该能活到 80 岁左右（当然许多家养的鸟类由于被关在笼子里远离天敌的威胁，某些个体的寿命可能不止 80 年）。问题在于信天翁的寿命比脚环的寿命还要长久，历经 40 年后才被回收的脚环已经完全变形、无法继续使用了。大部分的铝制脚环原本是装在鸣禽腿上的。野生鸣禽的平均期望寿命只有 8 个月。

由于信天翁的生活习惯，它才能享受如此之长的生命。信天翁的巢建在南极洲及其四周偏远海域的岛屿上，远远地避开了自己大部分的天敌。

信天翁的繁殖周期也很奇特。幼鸟要一直被喂养到它们体型变得巨大为止，此时幼鸟的体重实际上已经超过成年信天翁。这时成年信天翁乘着海风起飞、翱翔天空，在差不多整整 1 年的时间里沿着海岸线不断飞行。幼鸟则仍然待在巢穴中，靠着体内的脂肪储备能量，直到成鸟返回巢穴为止。

然后原来的幼鸟加入成鸟的群体当中，准备开始求爱。信天翁的求爱过程也以一种特异的方式来完成，大部分鸟类用鸣叫声求爱，但是信天翁的求爱方式却是用彼此的鸟喙以极高的频率相互拍击，发出咔嗒咔嗒的声响，看上去就好像两个海盗在用刀子决斗似的。

» 雄性园丁鸟为了求偶是怎样打造“洞房”的？

居住在澳大利亚东部雨林中的园丁鸟，雄鸟发育成熟后，往往还不到交配季节，就开始营建亭子以吸引异性。它们先在林间空地上清理出一块1平方米左右的空地，用树枝筑成一条几十厘米长的“林荫”通道，然后开始修筑亭子，并选择黄绿色的枝叶、蓝色的浆果，甚至还会从附近居民家里找来玻璃珠、纽扣、彩线等做装饰品。园丁鸟喜欢把门建在朝南的方向，以便更多的阳光照进亭子里面。园丁鸟会在门前的空地上铺上一些细枝和青草，里面摆上叶、花、果、石英、贝壳等。

如果有雌鸟来到亭子前，雄鸟便兴致勃勃地向对方介绍“洞房”，同时跳起优美的求婚舞，还会用嘴捡起各种精致的珍品让雌鸟欣赏。这种求爱表演一直进行到赢得雌鸟的芳心为止。

» 为什么鸟在早上做的第一件事就是唱歌？

对于鸟叫，人们关注最多的是它的音乐内容。事实上，那是它们基本的能力。鸟叫主要是为了捍卫地盘和防御，通常用来吸引配偶和警告对手，也可以警告其他鸟危险的来临，而幼鸟会用叫声来告诉父母它们饿了。

毫无疑问，鸟鸣声在清晨听到的最多。从热带雨林到温带草原，整个世界都是这样，但我们并不知道为什么。可能是清晨通常是一天中一个较为寂静的时间段，所以声音传播得更远。测量数据显示声音在清晨比一天中的其他时间内传播远20倍。同时，这也是一天中鸟没有其他什么事可干的时间：觅食的光线不够，而且昆虫经历了夜晚的寒冷之后仍在躲藏着，因此鸟只能歌唱。那么就享受它吧！这是世界奇观之一。

» 为什么鸟在飞翔时不会互相碰撞？

如果鸟没有足够的反应时间它们也会相互碰撞。想象一下孩子们玩无挡板篮球时的情形。每一个队员应该盯住他们的对手，以便让对手无法接到球。而他们靠自己的眼睛盯住对方，并在对手变向或变速的时候快速做出反应。比起其他动物，我们对这种做法其实并不擅长。事实上，我们的反应相当慢。

然而，鸟的反应要快得多。一只鸟能在一瞬间对旁边的鸟突然改变方向做出反应。如果有一群鸟，每一只鸟都密切注意自己身边的鸟，它们全部都有那么快的反应，那么整群鸟看上去都能及时改变方向。但如果你把一群鸟的飞行拍下来并放慢镜头观察，你会发现实际上它们的反应并不是那么及时。在一只鸟移动而另一只跟着行动之间有一个延迟，但这反应力仍然足够快到可以避免碰撞。

» 哪种鸟可以倒着飞行？

动物的行进方向通常是固定的，无论是人、狗还是鱼，都是往前行进。像螃蟹横走不过是特例，人类虽然也会倒退走，但毕竟不是常态。

鸟类为了适应千变万化的生存环境及本身羽翼的不同，衍生出多种飞行模式。鸟类的飞行姿势大约有直线飞行、波浪飞行、盘旋和定点振翅等几种，飞行方向一般也是往前飞，唯有蜂鸟是可以倒着飞的。

蜂鸟

蜂鸟的体型和蜜蜂相似，以采花蜜为生。在采花蜜的时候，它可以做出一种叫作“空中静止”的动作。蜂鸟的翅膀 1 秒可以挥动 70 ~ 80 下，速度非常快。所以，蜂鸟不需停留在花上就能吸食花蜜，接着便可以朝后飞行。不过蜂鸟只能倒飞极短的距离，不可能连飞几米远。

» 为什么啄木鸟啄树时不得脑震荡？

利用特制的电影摄影机，美国科学家菲力普 · 梅依惊奇地发现，啄木鸟找虫吃的时候，每啄一次的速度非常快，达到每秒 555 米，是空气中音速的 1.4 倍。头部摇动的速度约每秒 580 米，甚至高于子弹出膛的速度。照这样计算，啄木时，啄木鸟头部受到的冲击力是其重力的1000倍。如此快的速度，难怪树干很容易被凿穿。在这样强烈而长久的震动下，啄木鸟为什么不会得脑震荡呢?

通过对啄木鸟的头部进行解剖，科学家发现它的头部有一套防震装置，能够保护自己。啄木鸟尽管有非常坚硬的头颅，但骨质却很疏松且充满气体，像海绵一样。颅壳内有一狭窄的空隙在外脑膜与脑髓间，这一空隙使震波的传导变弱了。它的脑组织从头部的横切面上可以看出是很细密的，再加上啄木鸟头部两侧还有起防震作用的肌肉系统。而且，啄木鸟啄树的时候，头部和喙都保持直线运动。这样，我们就可以理解为什么啄木鸟啄树时不得脑震荡了。科学家从中获得启示，制成了防震头盔。

» 飞蛾为什么喜欢以身扑火?

自古以来，飞蛾扑火的故事就使人浮想联翩。《梁书》中有佳句“如飞蛾之赴火，岂焚身之可吝”。飞蛾真的愿意送死吗?它为什么喜欢扑火呢?

以前，人们认为这是昆虫的趋光性，正是由于昆虫的趋光性，它们才会以身扑火。昆虫对紫外线的反应特别灵敏，却看不见红色光线。利用这种特性，人们常将一盏紫外光灯挂在野外来诱杀飞蛾。他们在灯下放置一水盆，飞蛾飞过来，却最终死在水盆里。

经过长期观察和实验，科学家发现飞蛾在夜间飞行时，是依靠月亮的光线来确定方向的。月光总是从一个方向投射到飞蛾的眼里。在逃避敌手的追逐，或者绕过障碍物转弯以后，飞蛾只要再转一个弯，月光就仍从原先的方向射来，于是飞蛾就很容易找到方向。

飞蛾之所以绕灯光转，是因为它把灯光当成了月光，因此，它误用灯光来辨别方向。月亮距离地球很遥远，飞蛾只要同月亮成固定角度就可以确定自己的方向。可是，灯光离飞蛾很近，飞蛾本能地保持固定的角度，所以它只能绕着灯光转圈，直到最后死去。

从飞蛾扑火的故事中，科学家得到了启发。有一种远程导弹，导弹头部安装有类似飞蛾的眼睛，它以一定的角度对准一颗明亮的恒星，发射后，导弹的眼睛始终与恒星保持着一定的角度。导弹一旦偏离了航向，这个人造眼睛就会把这种偏差传到导弹的电脑装置，然后重新修正航向，以此保证导弹不偏离预定的飞行轨道。

» 蝉为什么要“引吭高歌”？

炎炎夏日，树上的蝉总是“知了、知了……”地叫个不停，令人心烦意乱。细心的人会发现，蝉刚开始叫的时候是低沉的“咚咚”声，然后逐渐变成烦人的噪声，震耳欲聋。天气越热它们叫得越欢，而且时间还越长。可是只要一到傍晚，凉风一吹，蝉们就默不作声了。

有意思的是，古代文学家为了抒发自己的情怀，常常以蝉为诗，他们认为蝉只吃树上的露水，不沾俗尘，是一种十分高洁的动物，所以常用蝉喻指自己的品行高洁，从而来咏叹自己的怀才不遇。

尽管如此，人们对蝉的认识还是从它产生噪声开始的。在动物世界中，蝉可算得上是一个出色的“鼓手”。在它的腹部两侧各有一片薄膜，叫作声鼓，一块盖片覆在其外。里面不仅有鼓膜，还有一个完整的扩音系统，由 1 个音响板、2 片褶膜和 1 个通风管组成。蝉在高歌时，不是用锤敲鼓，相反它是使肌肉徐徐颤动，拉动鼓膜，振动空气，又在褶膜里使发出的颤音扩大，然后从音响板上将颤音反弹回来，音量就变得更大。接着，只要一张开穴上的盖片，鼓声就传扬出来了。

成年后的雄蝉很快就会发出求偶的鸣声，这些声音对雌蝉来说，就像是一种美妙的爱情乐曲，从而使“婚礼”的进程加快了。受精后的雌蝉会把嫩枝劈开，把卵产在枝叶内。完成延续种族的任务后，雄蝉和雌蝉于几个星期后就死去了。虽然成年的蝉死去了，但生命依然在循环不息。嫩枝内的受精卵不久便孵化出来，新一代的生命又开始了。

美国的科学家发现，蝉至少有 20 个不同的族群，各自根据自己的生命周期进行繁殖。因此，每年都有不同族的蝉出现。

也许很多人会问，蝉为什么要大半生都过着暗无天日的地下生活呢？蝉在地下度过漫长的幼虫时期，通过树根得到水分和营养，这样就可以度过寒暑。生物学家认为，蝉的这种繁殖方式有一定的自然保护意识。因为这样可以使蝉少受鸟类等捕食动物的攻击，从而保存了有生力量。

英国科学家于不久前证实了蝉和蟋蟀等能担任天气预报的工作。原来，蝉和蟋蟀频繁发出的特殊声音与气温有很大关系。科学家据此绘制了一张图表，从而可以预报第二天早晨是冷还是热。

夏日，人们早已熟悉了蝉的聒噪，然而细细了解蝉之后，才发现居然还有这么多的学问。看似很寻常的一件事，背后竟蕴藏着如此深奥的道理，看来大千世界还有无数的奥秘等待人类去发现。

» 有哪些动物需要冬眠？

如果冬眠仅仅是睡觉那么简单，那么我们人类也可以。到了冬天，拿个帐篷搭在院子里，合上双眼，进入梦乡。再睁开眼睛的时候就是春暖花开的时候了。这时再从帐篷里走出来，伸个懒腰，到处走走，然后去餐厅里吃早点。

显然这不可能。首先，你不可能睡这么长时间；其次，你必须每隔几天补充一次水；最后，冬天睡在院子里，你会被冻死的。

每年春天，生活在北方的熊都会从冬眠中醒来，它们摇摇晃晃地从洞里走出来，在温暖的阳光下散步，打着哈欠，伸着懒腰。也许这时它们的倦意还没有完全消去，可是肚子已经咕咕叫了，毕竟从入冬到开春，很多熊都没吃过东西。

熊为什么要冬眠呢？冬天的时候，小动物们都不出来活动了，能够找到的食物就少了。冬天的白昼短，夜晚长，天气又冷。即使能找到食物，动物从食物中获取的能量也不足以弥补外出消耗的能量。所以有些动物，比如候鸟，会长途跋涉去南方过冬。有些动物能够艰难地熬过冬天，但是很多动物会在冬天死去。还有些动物，比如蜂鸟、北极地鼠和黑熊，会利用寒冷的冬天，好好地睡上一大觉。动物可以用冬眠的方式将身体的能量消耗降至最低。

冬眠并不是真正意义上的睡觉，而是一种用来降低体温、减缓心跳的特殊方法。只有这样，动物才能在寒冷又没有食物的冬天保存能量。

医学博士拉尔夫 · 尼尔森是美国伊利诺伊大学的教授，他发现科学家所谓的“真正的”冬眠和熊的冬眠方式不太一样，与地鼠这样的“真正的”冬眠动物相比，熊的睡眠状态明显浅得多。

当动物进入“真正的”冬眠期，它们的心跳速度由每分钟 150 ~ 300 次迅速降至每分钟 7 次甚至更少。有人测量过一种生活在美国加州的地鼠的心率，在冬眠状态下，这些小家伙的心脏每分钟只跳动 1 次，体温也从正常情况下的 38℃（与我们人类相近）降至环境温度（地洞里的温度）——接近 0℃。

一旦进入冬眠状态，这些小动物便仿佛离开了人世。如果你能找到地鼠冬眠的地洞，把它们抓出来，无论你把它拿在手里玩，还是扔向空中，它都不会动。

但是这些小动物并不是长睡不醒。每隔几周或每隔几天，它们就会从冬眠的地洞中爬出来，就像刚做完大手术的病人从全身麻醉的状态中苏醒过来一样。它们用醒来的时间进食和排泄。它们可能会醒一天一夜，然后继续回到冬眠状态。这些小动物经过一个冬天的冬眠，体重会降低 40%，它们当中也有些可怜的小家伙永远都不会再醒来。

熊的心率和体温不会发生这么大的变化，即使是在冬眠的状态下，它们仍然可以察觉周围环境的变化。对于这种状态，更确切的叫法应该是“休眠”。

然而，美国艾奥瓦大学环境生理学教授埃德加·福克却认为，熊是自然界中最杰出的冬眠动物之一。与那些“真正的”冬眠动物相比，熊不需要每隔几周或几天就醒来进食一次。有些熊可以连续 7 个月不吃不喝，也不用大便。

比如说黑熊，它与我们人类一样，是恒温动物，它们每年与这个世界“分别”4 个月或者更久。有时它们爬进洞穴，或者把自己硬塞进树洞。有些熊干脆睡在地上，连续几个月接受雪花的洗礼。

没吃没喝，又天寒地冻，熊是怎么在这样的环境下生存下来的呢？这是因为熊体内的新陈代谢方式发生了变化，也就是细胞消耗能量来维持机体正常运转的方式发生了变化。

夏天，黑熊几乎每时每刻都在吃，到了秋天，熊身上积聚的脂肪层足有 10 多厘米厚。熊每天摄入的能量约为 83 千焦，对于我们人类来说，这相当于每天吃 10 顿早饭、10 顿午饭和 10 顿晚饭。

» 动物长尾巴是做什么用的？

这没有一个系统的答案。不同的动物，尾巴对它们来说有不同的用途。袋鼠在跳跃和休息时用它们的大尾巴来维持平衡，尾巴就如同“三脚架”一样担当了它们的第三条腿。猴子用它们的尾巴吊在树上，就好像把尾巴当成了另一条手臂。

啮齿类动物也有帮助它们保持平衡的长尾巴，而松鼠还可以把它的尾巴当成掩蔽物。海马的尾巴是它们仅有的“肢”，海马通过让尾巴围绕着躯干旋转，来使自己在水里保持平衡。

鸟的尾巴有双重作用，即在飞翔时起到平衡和控制方向这两个作用。而有些种类的雄鸟把它们的尾巴当作展示品来吸引雌性——孔雀的尾巴就是一个极好的例子。

水中的动物用它们的尾巴来帮助自己在水中向前推进，蝌蚪也是如此，而当它们长大后失去尾巴成为青蛙或蛤蟆时，就会采用更多陆生动物的生活方式。

牛的尾巴帮助它们驱赶苍蝇，而马的尾巴也起到同样的作用。所以看起来这些动物的尾巴是为了保证动物的舒服。

尾巴也能用于传递信息：当兔子被惊吓而开始猛跑时，它通过上下来回地晃动其白色的尾巴来警告其他兔子有潜在的危险。

像猫和狗这样的家养动物，尾巴的状况会告诉主人它的感觉。狗摇尾巴表示高兴，而当猫变得特别亲热（或找食物）时会竖着它们的尾巴并发出咕噜咕噜的声音来引起注意。

» 为什么野生动物一直吃生肉却不易生病？

野生的动物一直在吃生肉，而且这么做已经数万年了。而人则通常要将肉煮熟后才食用，这是因为我们更喜欢熟肉的味道，也是为了保护我们自己的肠胃不受伤害。

动物通常吃新鲜的生肉。肉是否被污染，时间是一个关键因素。人类对肉中的微生物的耐受力非常脆弱，所以吃生肉会让我们生病。肉放得越久，这些危险的微生物就越多。把肉煮熟可以杀死几乎所有的有害细菌和病毒。

动物对那些污染物有更好的耐受力。像狗和猫这种家养的宠物的耐受力经常处在我们和野生动物之间，从而对食物有一些不同的处理方式。猫主要靠细心来保护自己，这依赖于它们灵敏的嗅觉，嗅觉可以警告它们食物是不是“变质的”。如果有必要，猫也会吃草来使自己呕吐。狗是清道夫，可以吃任何东西，因为它们的消化系统难以置信的强悍，足以应付几乎所有的东西，但是在它们吃了有害的东西后也会呕吐。

人类没有动物那么好的消化功能，所以我们要煮熟肉后再吃，因为熟肉的味道更好，而且危险性更小。

» 不同种类的动物能相互了解沟通吗？

有的确实可以。在一项关于同种类鸥间复杂信号相互传递过程的研究中，科学家发现在各种不同的鸟类混杂的群体当中，鸟儿能对彼此发出的警告信号做出回应。这可能是鸟儿后天学习的结果，也可能是与生俱来的本能。

鹿也确实可能像《小鹿斑比》中的斑比那样可以接收鸟类发出的报警信号，但在树林里绝不可能发生像《小鹿斑比》中描述的各种动物间相互交谈之类的事情。不同种类动物间的交流仅限于报警或是表示愤怒之类简单层面上的信号传递。但是毫无疑问，当一头狼被逼到绝境而嗥叫咆哮，向敌人传达自卫恐吓的时候，别的动物也能感受到类似的情绪。

在一个海岛猫鼬群中，一部分猫鼬专门负责觅食，而另外一部分则四处张望，提防捕食动物的出现。当它们发现敌情时，就大声尖叫，以警示群体中的其他成员。

当然也有动物向别的物种传达迷惑信号的情况。比如某种雌性萤火虫在饥饿的状态下可能会模仿另一种雌性萤火虫的闪烁信号——回应其他萤火虫的求爱信号，引诱该种的雄性萤火虫来到自己的身边，然后施以突袭并饱餐一顿。

» 为什么兔子有时会吃自己的粪便?

兔子是一种小型食草动物，栖息于草原和农作物种植地区，喜欢吃青草，但有时兔子也吃自己夜间排出的粪便。这是为什么呢?

原来，兔子的胃很小，不会反刍。它白天吃了大量嫩草后，到了晚上便会以软粪形式排出体外，夜里饥饿的兔子无草可吃，而软粪中的各种营养物质已呈半消化状态，容易被身体吸收，所以会有兔子爱吃自己粪便的现象。经化验分析，兔子吃软粪后，合成的复合维生素有利于被小肠吸收，同时，软粪中的矿物元素也有利于促进兔子对营养物质的吸收。

兔子吃自己排出的软粪是一种充分利用营养物质的正常现象。而家兔由于人工饲养食物丰富，因而一般不会有吃自己粪便的现象。

» 动物也会像人一样玩耍吗?

这个问题取决于所谓的玩耍是指什么。当小猫“玩儿”毛线团时，它们是在玩耍还是在练习抓老鼠的本领?当小狐狸打闹时，它们是在闹着玩还是在训练战斗能力？当成年人玩桥牌时，他们是在享受一个愉快的夜晚还是在加强朋友间的感情？所以你会发现在学习和玩耍之间并没有一个明确的界限。

也许玩耍的一个比较准确的定义应该是“一个复杂的问题表面上看没有意义的，但可能对学习有作用的行为”。由此，你看见了小动物在为了“正事”练习时的很多有趣的行为，事实也正是这样。但是很难见到成人玩耍到这种程度的，也许我们还有很多东西要学。

那么非哺乳动物又是怎样的呢？它们有些也会玩耍，但不是很多。乌鸦家族中的，例如红嘴山鸦、大乌鸦和寒鸦，它们被认为是“顽皮的”，因为它们有特技。例如红嘴山鸦会快速地飞向天空，然后合上翅膀并迅速地把它们的背翻转过来继续飞。

» 动物也会做梦吗？

只有先明确什么样的活动算是做梦，才能回答上述问题。而且显而易见的是，你无法询问一只动物它究竟是不是做梦了。但是专家们却能举出极具说服力的证据，证明像猫和狗等哺乳动物也有类似人类做梦的经历。

这些动物在睡眠时也有和人类相似的脑部活动。它们在睡着后也要经历快速眼动睡眠和非快速眼动睡眠两个过程。目前的研究证实，成年人的梦境就出现在快速眼动睡眠阶段。在这个阶段人脑非常活跃，但是人体的生化控制系统却能防止躯体随着梦境而活动。

在对猫进行的实验中，如果对猫的大脑施行外科手术，移除其中抑制身体活动那部分细胞，当猫进入到快速眼动睡眠时，它们会在屋子里走来走去，通常表现得它们好像正在“做梦”似的。

在这个时候，猫可能什么动作都会做出来，比如像捕老鼠的动作。

但是，猫的梦会是一连串生动的、不连续的和完整的图像吗？我们不知道当一只动物失眠时是否也会这样做。基于同样的原因，人们也在争论究竟婴儿是不是会做梦。

» 哺乳动物为什么要换牙？

因为到了一定年纪乳牙会像树叶那样掉落，所以在英语中，乳牙更科学的名称是“deciduous teeth”，直译过来就是“脱落性的牙齿”。

哺乳动物——当然也有少数例外——都有两副牙齿。哺乳动物繁盛兴旺的一个关键就在于牙齿为适应不同食物种类而产生的特化现象。拥有两副牙齿——通常由不同类型的牙齿组合而成——为哺乳动物生长发育和改变食谱提供了更大的适应性。哺乳动物的牙齿主要分为三类：门牙、犬齿和臼齿。门牙用于切割、咬断和啃噬食物，像河狸坚硬耐磨的门牙终其一生都在不断地生长；犬齿用于咬住、刺穿和撕裂食物，比如狗和老虎的犬齿就十分发达；臼齿用来咀嚼研磨食物，比如牛的臼齿。

当哺乳动物的幼仔不断生长发育时，它们最初的食物就是母亲的乳汁，这时幼仔们根本用不到牙齿。随着所吃食物的变化，幼仔最初的牙齿开始萌发，当它们吃一些固体食物的时候，最初的牙齿能派上用处。然后，当幼仔的下颚发育到普通成年动物水平的时候，它的乳牙开始掉落，恒牙开始萌发，以此来适应成年动物的食谱变化。

有的哺乳动物一生的牙齿不止两副，而有的则一副牙齿都没有。比如须鲸的牙齿就根本不会从下颚萌发出来。

以白蚁和蚂蚁为食的食蚁兽根本不需要牙齿。有的食草动物有一副一生都在不断生长的臼齿。还有以粗糙的植物为食的大象在自己漫长的一生中一共有 6 副牙齿。

» 为什么猫也要打狂犬疫苗？

首先，许多地方已经要求宠物猫注射狂犬病疫苗；其次，没有永远不会得狂犬病的猫，只有不应该得狂犬病的猫。

不论猫是自己跳出去的，或从开着的窗户掉下去的，还是用别的什么方法出门的，任何一只家猫一旦离开了安全舒适的家，都有可能患上狂犬病，最后不得不被装在笼子里送到兽医那里接受治疗。在纽约市甚至发生过这样的事：一只患有狂犬病的蝙蝠从窗口飞进屋里，咬了家猫一口，导致这只可怜的猫感染了狂犬病。

狂犬病疫苗可以说是一张护身符，能保护接种的动物免受狂犬病的威胁。狂犬病疫苗还在人类和可能患有狂犬病的野生动物之间筑起一道防护屏障，保护人类不受该疾病侵袭。虽说人类未必会与患病的野生动物直接接触，但是自己走失的宠物很有可能会和患有狂犬病的蝙蝠或是臭鼬等动物接触，然后把病毒带回家。

给小猫注射的狂犬病疫苗最初只有一年的有效免疫期，后继开发的疫苗的有效期延长到了 1 ~ 3 年。

» 为什么有些鸟儿喜欢在沙土里打滚?

鸟类衔起泥土放到自己的羽毛上，然后摇晃身体，再用嘴把泥土清理掉这一系列的姿态和动作看起来像是在水里洗澡时

正在做“沙浴”的斑鸠

的动作，但是其真正目的并非完全是洗澡。

鸟类是为了摆脱在羽毛中间缓缓爬行的各种寄生虫才洗泥土浴的。鸟类身上常见的寄生虫有虱子和螨等。这些虫子会在鸟身上大量繁殖，特别是在远离水域的鸟身上，比如鹌鹑和其他生活在相对干旱地方的鸟类。

对鸟类来说，洗泥土浴更像是人类为了去除手上的泥而抓着一把沙子不停摩擦双手，磨屑能帮助鸟儿摆脱寄生虫的困扰。一些鸟类专家猜测，也可能是为了去除多余的水分和油，来达到保持自己羽毛蓬松的目的。但是其他专家认为没有足够令人信服的证据来支持上述观点需要进一步的研究来证实。

» 猫从高处落地为什么不易被摔死？

一位纽约城的兽医在他的笔记中曾经记载过一只名叫塞布丽娜的猫，这只猫从 32 层楼的高度跌落到地面，却没有被摔死，只是摔断了牙齿并受了些轻伤，然后喵喵叫着走开了。

塞布丽娜的故事听起来让人惊奇，却并不罕见。如果人从这么高的地方跌落下来，后果一定很严重，不但颅骨和背骨会断裂，身体内脏也会出血。人从几层楼的高度跳下，生还的概率就不大了。

从人和其他的动物都会毙命的高度坠下，猫却有可能生还。也许它们被送去兽医院时浑身是血，牙齿摔掉了好几颗，甚至肋骨骨折，但它们仍然可以活下来。看起来，猫是在经历了生死考验之后戏剧般地活了过来。这种事情发生得多了，人们便慢慢开始怀疑，猫是不是真的有九条命。

当然，猫只有一条命，但是它们的确很耐摔，为什么呢？其一，它们比我们人类体重轻很多，因此它们掉在地上受到的冲击也小很多。但这并不是它们的唯一优势。猫与同等大小的动物相比，比如狗和兔子，也更不容易被摔死。

其二，如果猫是四脚朝天从高处落下的，那么它会在最短的时间内扭转身体，以确保落地时四肢着地。它们内耳里的一个器官具有强大的平衡功能，能够迅速地判断出身体的位置，并帮助身体及时调整姿态，就像是随身携带了陀螺仪。着陆时，冲击力会由四条腿吸收。而且猫的四条腿在着陆时会弯曲，这样冲击力就不会直直地沿着骨骼传播，而是分散到肌肉和关节之间，这就更加降低了骨折的概率。

关于猫摔不死的现象还有更加离奇的事实：从高处跌落的猫比从低处跌落的猫更容易生还。在纽约，有些兽医发现，从 2 ~ 6 层跌落的猫的死亡率是 10%，而从 7 ~ 32 层跌落的猫的死亡率却是 5%。

这又是为什么呢？物体在下落的过程中会加速，所有下落物体（不考虑质量）降落速度每秒钟增加 35 千米 / 小时，也就是说，在几秒钟之内，猫的坠落速度就会从 0 增加至 160 千米 / 小时。

在真空中，两个从高处坠落的物体将同时落地——无论这两个物体质量差别多大。但是在有空气的环境中，由于物体在下落的过程中受到空气阻力的影响，它的降落速度会达到一个终止速度，这个终止速度的大小取决于降落物体的质量和面积，也就是说要看这个物体的质量是不是分散在一块很大的面积上。

在实际情况下，一个身高与体重为中等的人从 6 层楼的高处坠落到地面时的速度大约是 190 千米 / 时，而一只正常大小与体重的猫从相同的高度落下，着陆时的速度仅为 96 千米 / 时。

除此之外，猫还有一个令人意想不到的优势：下降的过程中，一旦达到终止速度，猫就会稍微放松。如果是短程的降落，可能在到达地面之前还不会达到终止速度。如果是从很高的地方坠落，猫就有足够的时间伸展四肢，直到达到终止速度。此时，猫的身体伸展开来，就像是降落伞。

我们都知道降落伞的功用。上升气体作用在猫身体上的面积更大了，阻力也就更大了，于是速度也就降低了，这正是塞布丽娜从 32 层楼上坠落却大难不死的原因。

» 狗的嗅觉到底有多灵敏？

狗的鼻子中所拥有的嗅觉细胞数量是人类鼻子的 4 倍。一个人的鼻子大约有 500 万个嗅觉细胞，而有些狗的鼻子的嗅觉细胞超过了 2 亿。狗的鼻子就像独特的气味探测器：它们大且湿润，可以帮助收集和溶解气味颗粒。当狗闻到一种气味时，它就开始分泌唾液，这也是发现气味过程的一部分，因为湿润的舌头有助于获得更多的气味颗粒。

» 为什么热天里狗常常要伸着舌头？

狗属于哺乳动物。哺乳动物的体温在正常状态下是恒定的，当热量过多时，就要散发热量，而这主要是通过降温来实现的。人和许多动物身体表面都布满了汗腺，气温升高时，汗液便能从汗腺中分泌出来，热量也随着汗液的分泌散发到体外，体温就得以降低。但是，动物学家们发现，狗却是一个例外，它的身体表面没有汗腺，匪夷所思的是，它那长长的冒着热气的舌头伸出来时，身体热量的散发就可以较快地进行。

然而事实上，即使不是夏天，狗的舌头有时也要伸出来，如它在奔跑或打架之后，身体在剧烈运动后发热了，体温升高，这时它也会伸出舌头来散发热量。正如人在寒冷的冬天里，进行了体力劳动或剧烈的运动后，也同样会出汗一样。

可见，狗之所以在夏天总伸舌头出来，不过是因为它的汗腺长在舌头上，毕竟外面环境温度要比嘴里的温度低。

» 为什么狗在睡觉前要先把身体蜷成一团？

科学家发现要对狗在睡前要先把身体蜷成一团做出科学合理的解释并加以证明是相当困难的，而且可能也毫无意义，不过倒是可以对此猜测一番。

包括狼、北美郊狼和狗等在内的所有犬科动物趴下睡觉前都要把身子蜷成一团，未必每一只犬科动物都是如此，但是整个种群却普遍是这样做的。人们原先以为这是为了压倒身下的草，但是当睡在泥地上，特别是在雪地上的时候，这样做也能很有效地在地表弄出一个小坑来，让犬类能在坑里躲避冬夜寒冷的疾风。

也可能这样蜷缩着是一种防御性的行为，仅仅只是为了留意周围是否有任何的风吹草动或者侦察天敌的袭击。狗经常蜷成一团，趴下，然后再站起来走动到其他地方。这只是狗的非理性行为，或者说本能的动作而已。因为很显然，狗的头脑还不够聪明到能观察能思考的地步，它只会直接用自己的脚感觉到底合不合适。

» 狼为什么爱在夜里嚎叫？

在雪原上行走的狼
狼是一种强壮的动物，它们大多夜间出来寻找猎物。

狼有点像狗，体长 1.6 米，尾长 33 ~ 50 厘米，体瘦，足长，尾垂于后肢之间，眼斜，吻尖，口阔，耳竖立；有多种毛色，通常上部黄灰色，略混黑色，下部带白色；栖息于山地、平原和森林间；分布于亚洲、欧洲和北美洲；性格凶暴；平时独居或雌雄同栖，冬季常集合成群，袭击野生和家养的禽、畜，是畜牧业主要害兽之一。狼生性机警，昼伏夜出。每到傍晚，饥饿的狼往往成群结队出来寻找食物，夜晚的狼嚎使人感到毛骨悚然。其实，狼的嚎叫是一种传递信息的手段。

嚎叫是动物之间联系的一种方式。情况不同，动物发出的叫声不同。如母狼常发出叫声来呼唤小狼，公狼则是呼唤母狼。繁殖期，狼也会用嚎叫声来寻找配偶，幼狼在饥饿时也会发出尖细的叫声。

» 为什么骆驼能很长时间不喝水？

骆驼最独特的本领是十天半月不喝水。这是为什么呢？原来，骆驼有防止水分流失的特殊本领。

有的学者认为，骆驼抗旱的关键在于它的驼峰内贮存着大量胶质脂肪，驼峰可以随着气温而变化。天气炎热时，驼峰里的脂肪被消耗得差不多了，驼峰就变得又低又软；天气转凉，驼峰又渐渐鼓起来。骆驼不吃不喝时就靠驼峰里的脂肪氧化分解来补充营养、能量和水分。据统计，贮存在驼峰中的1克脂肪经过氧化后，可产生1.37克水。因此，假定一头骆驼的驼峰中有大约40千克的脂肪，也就相当于骆驼贮存了50多千克的水。

最近，科学家又有新的发现：骆驼呼出的空气的湿润度较低。据研究，骆驼独一无二的鼻子是这个系统的关键所在。一般动物在呼气时，由于排出的空气温度和体温相同，肺部的水分被大量带出。而骆驼呼出的空气温度比体温低。由于冷空气比热空气的含水汽量少得多，因此，骆驼通过呼吸丧失的水分比一般动物少 45%。所以，骆驼能很长时间不喝水。

» 牛吃的草是绿色的，可为什么奶是白色的？

动物所吃的食物的颜色并不决定着最后从它体内排放出来的东西的颜色！要知道一头牛有 4 个胃（瘤胃、网胃、重瓣胃、皱胃），这样才能确保草料中的成分被彻底地分解。当一些东西被分解成分子，它将不再有任何的颜色。

所以，真正的问题是，为什么牛奶是白色的？牛奶是由脂肪（一种叫酪蛋白的高蛋白）、复杂的钙化物和维生素所组成的乳状液。然而这些东西没有一个是白色的。牛奶的白色外观来自乳液中的物质对光线的反射。

就牛奶而言，由于光的所有波长都被反射了，没有任何颜色的光线被吸收，因此牛奶看起来就像是白色的。

» 马蹄上为什么要钉铁掌？

提到马，在大家的脑海中就会出现一种身体细长、四肢健壮、善于奔跑的动物形象。不过有这样一个现象，不知你是否注意到：当马奔跑的时候，会发出“哒哒哒”的马蹄声。那么，马奔跑时何以发出那么大的声音呢？这与马脚上的蹄铁有关。为什么马的脚上要钉蹄铁？它有什么作用呢？

原来马蹄是一种角质化的坚硬皮肤，是身体重量的支点，又经常在坚硬的地面上摩擦，时间长了，蹄上会出现凹凸不平的磨损，这会对马的速度和负重产生很大的影响。为了避免这种磨损，人们就会在马蹄上钉一块蹄铁来保护马蹄，防止蹄的磨损。钉蹄铁必须有一定的方法。在钉蹄铁之前，必须用蹄刀修整蹄形，把蹄壁的底缘削平，然后选择能使蹄与铁吻合的合适蹄铁，再把蹄钉插入钉孔。蹄壁的底缘与蹄底之间的环状白线处是下钉的部位。钉下的蹄钉要向外穿出蹄壁，但不能对马的触觉部分造成损伤。

» 长颈鹿的脖子为什么这么长？

究竟是什么原因使长颈鹿的脖子长得特别长呢？对此，科学家提出了许多的看法。

著名的法国科学家拉马克认为，长颈鹿的脖子并不是一开始就那么长的，而是由于自然环境的变化，地上的牧草不能满足它们的生存需求，因此，它们开始寻找高树上的叶子来充饥，它们努力伸长脖子以获取树上的嫩叶子，所以脖子就越来越长了。

达尔文认为古代的长颈鹿并不都是长脖子，也有一些是短脖子。它们以地上的草和树上的叶子为食物，后来地球气候干燥，大面积的草和树因为不适应环境而枯死了。脖子长的鹿由于能吃到更多的食物幸存了下来，而脖子短的鹿因得不到足够的食物而饿死了，并最终灭绝。

不过从根本上来说，以上说法也都没有非常确凿的证据，只能算作推测罢了。

» 长颈鹿血压高，为什么却不患高血压病？

成年长颈鹿在心脏高度附近的收缩压（心脏为了将血液送往全身各处强而有力地收缩，此时的血压就是收缩压）大约是200 毫米汞柱，基本上是一个成年人正常收缩压的两倍。

由于重力的影响，长颈鹿在运动时其腿部高度附近的血压大约是心脏高度上的两倍，此时长颈鹿头部的血压差不多与人类相当。

大多数的哺乳动物可能患上中风和动脉硬化，但是对于长颈鹿来说，这种可能性比较小。长颈鹿的循环系统已经进化出一种特殊的适应性，无论血压高低，它都能够很好地适应。

比如说，由于长颈鹿下肢的血压相当高，因此为了预防下肢水肿或是血液渗出血管，其腿部的动脉壁也相应地非常厚，要远比脖子上的动脉血管壁厚。为了防止血液渗出体外，长颈鹿四肢的皮肤和皮下组织也变得十分紧密。

在长颈鹿颈部的大静脉中，有许多的瓣膜，其目的就是为了限制血液的流动。当长颈鹿低下头进食与喝水时，瓣膜能有效防止静脉中的血液逆流，倒灌回脑部。

» 为什么黄鼠狼能吃刺猬?

黄鼠狼是食肉的小型动物，习惯于晚上出来找食吃。黄鼠狼最喜欢捕食的是鼠类。刺猬身体肥胖，个体又大，当发现刺猬，黄鼠狼从来都不会轻易放过。

可是刺猬身上有钢针一样的刺，黄鼠狼怎样捕捉它呢?

原来，黄鼠狼有一个臭腺，能随时分泌大量臭液。这个臭腺就藏在黄鼠狼的肛门里。黄鼠狼的臭液威力很大，是一种武器。被敌人追逐时，敌人的嘴接近它的屁股，它会立即喷射出臭液。像狼这样大的动物，黄鼠狼一个“屁”，即可阻止狼的前进或追赶。所以黄鼠狼的“屁”又称“救命屁”。刺猬遇到黄鼠狼，就缩成球形。黄鼠狼找到刺猬蜷曲的缝隙，就会将“屁”射入缝隙处。不一会儿，刺猬就会被臭液麻醉，被麻醉后的刺猬，躯体就会伸展开来。这时，黄鼠狼就会将刺猬咬死，并大吃一顿。

» 非洲狮为何会有“食子”现象?

号称“非洲草原霸主”的狮子，其幼狮的死亡率高达80%，这是一个十分惊人的数字。

有时候，大狮子不让幼狮吃食，甚至将幼狮驱逐出群，让它们遭受饥饿和其他猛兽袭击的厄运。即使在同一个狮群中，许多成年狮子也经常不和幼狮在一起，尤其在食物严重不足的情况下，母狮有时会狠心地把幼狮杀死，当作食物吃掉。有些成年雄狮在饥饿时，也会吞食小狮子。据估计，大约有 20%的小狮子是被大狮子吃掉的。

在生物学家的眼里，这是狮群维持生态平衡的一种正常现象。因为小狮子生长快，5 ~ 6 岁就性成熟，能够繁殖下一代小狮子了。如果狮群“人口”大增，而草原上的食草动物有限，这将给狮子的整个种群带来食物不足的严重后果，最终影响到狮群整体的生存。这样看来，大狮子吃掉小狮子，是狮群在进行“计划生育”，控制“人口”了。

植物世界

» 为什么植物也要呼吸?

白天，植物进行光合作用，吸收二氧化碳，吐出氧气。到了晚上，阳光没有了，光合作用停止，这时，植物就只进行呼吸作用，吸进氧气，吐出二氧化碳。

那么植物又是怎样进行呼吸的呢?

植物与人不同，它全身都是“鼻孔”，每一个细胞都能进行呼吸，气体通过植物体上的气孔完成呼吸。呼吸作用要消耗一些有机物。这种消耗实际上就是用吸进去的氧气分解有机物。有机物被分解以后，把能量释放出来，作为植物生长、发育等生理活动不可缺少的动力。

植物的这种呼吸作用叫作“光呼吸”，和光合作用有密切的关系，“光呼吸”要消耗掉光合作用所产生的一部分有机物。

» 马铃薯和番茄真的有毒吗?

一些茄科植物会产生一类叫作配糖生物碱的有毒化学物质。虽然马铃薯和番茄的植株也是有毒的，但是人们平常吃的都是茄科植物可食用的部分，而且食用的量也尚未达到使人中毒的程度。

对于含有大量配糖生物碱的马铃薯品种来说，成人如果吃掉 1.36 千克的马铃薯（大约 6 个半烤马铃薯）就会感到身体不适，儿童要吃 0.68 千克马铃薯就有可能生病。但如果是还没有成熟的马铃薯，只需上述分量的十二分之一就能使人中毒。

人们已经在马铃薯中发现了约 20 种的配糖生物碱，不过真正让人头疼的只有两种：α 茄碱和 α 卡茄碱。这两种毒素不仅会引起消化道疼痛，而且还都是能干扰神经传导的神经毒素。对于某些品种的马铃薯来说，哪怕只有一丁点儿的嫩芽从芽眼里面冒出来，它都是有毒的。

番茄中含有一种叫 α 番茄碱的配糖生物碱，红辣椒、绿辣椒和茄子中都含有番茄碱。不过根据动物实验的结果来估算，大约 2040 克茄子和辣椒或者 150 个小番茄中毒素累计的总和才可能达到足以使人致命的剂量，而完全成熟的番茄其实根本没有毒性。相反，不到 57 克的番茄叶却可能置人于死地。

» 为什么晚上和植物共睡一屋会很危险？

答案很简单，因为绿色植物也要吸收氧气进行呼吸作用。呼吸作用就像是光合作用的镜像。总的来说，光合作用需要在有光线的情况下进行，因此植物在晚上需要吸收氧气。

不过，只有当植物体积巨大，而且整个卧室密不透风，没有足够的氧气供给的情况下，才可能会引发危险。相比之下，同屋而睡的另一个人所消耗的氧气量要远远多于一株植物所消耗的量。

光合作用与呼吸作用中气体交换的规律是由 18 世纪末荷

兰植物学家詹·英根豪斯首先发现的。自从约瑟夫·普利斯特利发现氧气的存在和揭示出植物能利用二氧化碳制造氧气之后，把鲜花摆放在病房里以“净化”空气就成为一种时尚。

英根豪斯对上述流行的做法产生了怀疑。他通过实验证实，会制造氧气的只有植物的绿色部分，而且还必须处于强烈的阳光之下才行；花朵和其他非绿色部位，以及如果把绿叶放置在黑暗的环境中，植物都和动物一样只会消耗氧气。

在需要氧气的呼吸作用中，植物从空气中吸取自由氧，利用从有机物中释放能量的化学反应；糖类和氧气发生化学反应，生成二氧化碳、水，释放化学能。在光合作用中，二氧化碳和水在有光能的条件下被生成糖类和氧气。

白天，虽然呼吸作用和光合作用都在进行着，但是光合作用的进行速度要远快于呼吸作用，而且呼吸作用产生的二氧化碳又迅速被用于光合作用之中，因此光合作用多出来的氧气则进入到空气中。夜晚，光合作用停止，而呼吸作用继续进行，因此绿色植物才会吸收氧气，产生二氧化碳。

» 植物也会进行自卫吗?

有些植物的自我保护能力令人惊讶，它们不但会欺骗敌人，而且会联合起来进行防御。

科学家对植物的这种自我保护方式产生了兴趣。通过长期的观察和研究，他们发现，植物的自我保护行为不仅限于对付昆虫的袭击，对于妨碍自己生存的其他植物，它们同样也会表现出自我保护的行为。科学家曾做过这样一个实验：他们从种植着野草的花盆里取出一些水，浇到另一个花盆种植的苹果树的根部，经过观察，发现苹果树吸收这些水后，生长速度明显地减慢了。科学家从这个实验中得出一个结论：野草能够分泌一种对苹果树有害的化学物质，从而抑制苹果树的生长。

植物是没有意识的，但是，植物的这种自我保护行为却又像是有意识的，这是为什么呢？为什么植物普遍都有自我保护机能？对此，科学家认为，它们独特的自我保护方式是自然选择的结果。其具体过程和原因仍在研究之中。

» 植物为什么要进行蒸腾作用？

植物一生吸水重量常常超过植物自身重量的数百倍。例如，一株玉米或者向日葵一生要吸水 200 千克以上。但是，植物所吸取的水分最终存储在植物体内的并不多，大约 98% 的水分都散失掉了，那么这些水分是如何散失的呢？

原来，植物的表皮布满了气孔，例如每平方厘米的紫花苜蓿叶面，上表皮有 16900 个孔，下表皮有 13800 个孔。不同植物气孔的分布是不一样的，陆地上的植物，气孔多分布在叶片的下面，而浮在水面上的植物，如睡莲和荷花等，气孔则多分布在叶片的上面。这些小孔如同一个个的泉眼，无时无刻不在蒸腾散失水分。据测算，一般情况下，植物白天每小时 1 平方米的叶面积，能够蒸腾散失掉 15 ~ 20 克水分。夜晚的时候失水的速度放缓，为 1 ~ 20 克。可以想象遍野的植物每天要散失掉多少水分！但是这不是植物对水的浪费。植物的蒸腾作用是植物正常生理代谢和物质交换的必要手段，这对植物来说至关重要。

首先，蒸腾作用为植物吸收和运输水分提供了动力。叶片的水分散失掉后，叶片细胞液的浓度自然就会升高，于是就产生了向叶脉细胞吸水的动力，这样叶片就向茎吸水，茎又向根吸水，迫于强大的压力，根不得不向土壤吸水。其次，水在从根部向叶片运输的过程中，把溶解于水中的各种养料也一并带到了植物全身。最后，蒸腾作用还能够帮助植物降温散热。植物像动物一样也怕烈日的烤晒，为了不至于被烤焦，植物就通过蒸发水分把热量从体内散发出去，以保持大致的恒温。

» 地球上的氧气是源于植物的光合作用吗？

地球上这么多的氧气，究竟是怎么来的呢？

研究发现，大气中的氧气大部分来源于地球上植物的光合作用。

光合作用，通常被认为是在太阳光的照射下，植物利用叶绿体中的叶绿素吸收阳光，将水分子分解成氢和氧，从而释放出氧气，同时还原二氧化碳合成有机物。

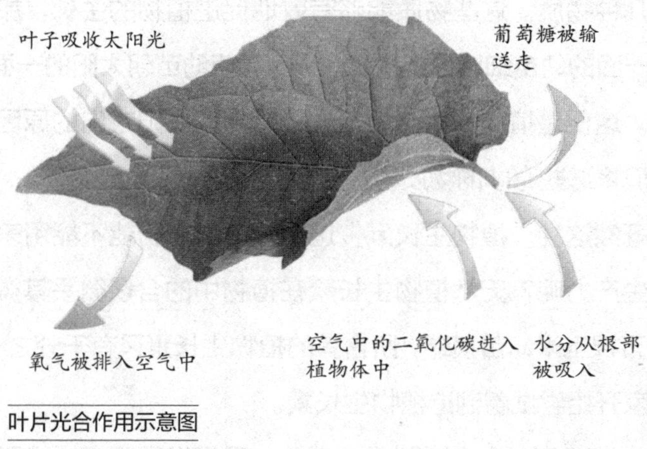

叶片光合作用示意图

光合作用得以顺利进行的必要条件是叶绿体中叶绿素的催化作用。在通常的情况下，要想把水分子分解成氢和氧需要很多能量，例如，需要把水加热到差不多 2000℃，或者给水通以很强的电流，才能够将水分子分解。可是，叶绿素在一般的温度下就很容易实现这个目标。在叶绿素的催化下，将水分解所需要的只不过是普通的可见光这样相当微弱的能量。植物利用这一点所吸收的光能的效率可以达到 30% 以上，有关研究人员认为，在理想的情况下，它的吸收效率接近于 100%。

» 植物的幼苗为什么要弯向太阳方向?

植物的幼苗总是随着太阳的方向生长。这是怎么回事呢?

经过多年的努力，1993 年，化学家们从幼苗的尖端得到了好几种物质。这些物质能够有效地促进植物的生长，加速背太阳一面的幼苗细胞分裂生长，从而促使幼苗朝太阳的一面“弯腰”。这便是植物的幼苗为什么总是弯向太阳方向的原因。化学家们将这些奇妙的物质称作“植物生长素”。

既然这种“植物生长素”这么好，那么它能不能用来提高农业生产力呢？天然植物生长素在植物中的含量微乎其微。在700 万棵玉米幼苗顶端，所含有的植物生长素只有千分之一克。科学家开始尝试着制造植物生长素。

功夫不负有心人，到目前为止，已经发现了多达上百种的植物生长激素，它们在促进农作物的生长方面作用很大，它们能加速庄稼的生长，使其早点开花，早点结果，还能防止成熟的果实脱落，等等。

» 你知道有哪些植物喜欢吃虫子吗？

众所周知，食草动物都以植物为食。但如果说有的植物吃动物，你一定会觉得太不可思议了。不过，世界上真的有“吃”动物的植物，它们就是食虫植物。

在沼泽地带或潮湿的草原上生活着一种叫“毛毡苔”的植物猎手，沼泽地带的小虫子和蚊子多得数不清，它们都是毛毡苔捕获的对象。毛毡苔呈淡红色，叶子有一枚硬币大小，上面长着许多既能伸开又能合拢的绒毛。一片叶子上大约有 200 根绒毛，它们像一根根纤细的手指，似乎随时准备抓住猎物。在绒毛的尖上有一颗闪亮的小露珠，这是绒毛分泌出来的黏液，散发出蜜一样的香味。昆虫闻到香味后禁不住诱惑，就会迅速飞过来，碰到绒毛时，绒毛上吸引昆虫的黏液就会粘住昆虫。这时候绒毛就像手一样握紧，抓住昆虫，不让它跑掉。接着，绒毛又分泌出可以分解昆虫的蛋白酶。然后，毛毡苔的叶细胞就把消化后的营养吸收到植物体内。一切结束后，它的绒毛又伸开来，等待着新的“猎物”。

为什么这些奇怪的植物喜欢吃昆虫呢？一些科学家认为，这也许跟它们生存的环境有关。食虫植物一般分布在贫瘠的地方，例如生长在酸性沼泽地、泥炭地上、水里、平原、丘陵或高山上。这些地方一般缺少养分和阳光，为了生存，它们不得不学会吃昆虫，这种捕虫的本领使它们能获得更多的营养，从而更好地生存下去。当然这只是一种猜测，许多问题还有待于科学家的进一步研究。

» 为什么有的植物在零下几十度的环境下也不会被冻坏？

自然界中，有一些植物是不怕严寒侵袭的，这就是耐寒植物。被人们称作“岁寒三友”的松、竹、梅即使在零下四五十度的温度下也不会被冻坏。它们究竟有什么能够抵御严寒的法宝呢？

直到最近，一些科学家才揭开了这层神秘的面纱。植物体内的水分有普通水和结合水两种。所谓“结合水”，仅仅看其化学组成，和普通水没有太大的区别，只是普通水的分子排列顺序相对凌乱，可以到处流动，而结合水的分子却在植物组织周围排列得十分整齐，和植物组织亲密地“结合”在一起。令人难以置信的是，化学家发现，其实结合水的性质和普通水的区别很大，比如普通水在零摄氏度就开始结冰，但结合水却比普通水的结冰温度低得多。寒冷的冬天，植物体内减少的只是普通水，而结合水的量却保持不变，这样结合水所占的比例反而提高了。由于结合水的结冰温度要低得多，因此耐寒植物就可以在严冬中傲视冰霜了。

» 为什么植物的根向下生长，茎向上生长？

植物的根向下生长，茎向上生长是地球引力的作用。植物受到单方向的外界刺激之后，会发生单方向的反应，植物学中称为“向性”。叶子受到阳光的照射，就会朝着有阳光的方向生长，叫作“向光性”。根和茎对于地心引力的单向作用，发生向地或背地的生长，叫作“向地性”。

地心引力为什么会使根和茎发生反向的弯曲生长呢？一个被广泛认可的解释是：根和茎的向地性弯曲是一侧生长较快，而另一侧生长较慢的结果；两侧生长快慢与植物分泌的生长素浓度有很密切的关系；而生长素浓度的不同又与地心引力单向作用关系密切。

生长素是一种植物激素，浓度低时促进生长，浓度高时抑制生长。根和茎的生长对生长素浓度的反应不同：生长素浓度低时促进根生长，浓度高时抑制根生长，但却促进茎生长，浓度更高时则抑制茎生长。

» 树木是怎样循环和分配水分、养分的？

树木体内的水分和溶解矿物质通过木质部这种细胞被提升上来，在叶子中合成的养料则通过韧皮部这种细胞被输送到植物的各个部分。

从本质上来说，输送树汁的任务主要还是靠木质部来完成。木质部是一个由许多毛细管组成的输送网络，它连通着根部和植物的每一个末梢，将从根尖吸收的水分和矿物质连续不断地输送到植物体内各处。毛细管由单个的植物细胞首尾相接而成，每个细胞的开口数从一个到数个不等。

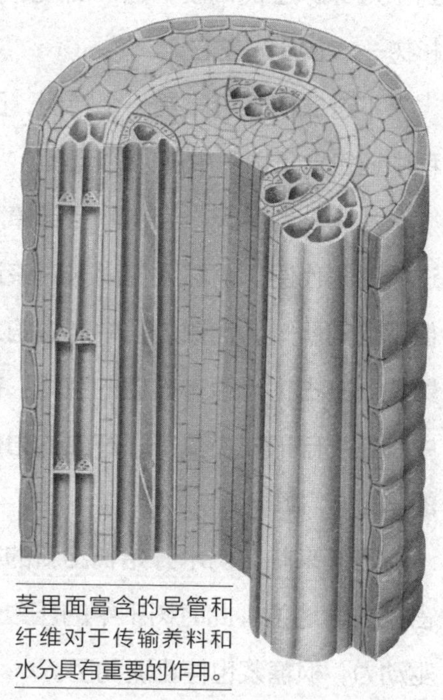

茎里面富含的导管和纤维对于传输养料和水分具有重要的作用。

毛细管的直径非常小，

以至管内被输送的水只能以分子的形式流动。

叶片上长有气孔以供气体交换之用，有利于光合作用。当气孔张开的同时，水分也会因为呼吸作用而散失。由于叶片中水分的散失，植物体内的水分会受到向上的拉力。

要维持这种巨大的升力并同时使管内的水流不至于断流，需要有两种力的作用。一种是水分子和细胞壁之间的黏附力，只有当管径极其细微时才能产生这种力；另一种是水分子之间强大的内聚力。

根据实验结果，黏附力和内聚力可以轻而易举地把水提升到 100 米以上的高度，这一高度的树木的代表是加利福尼亚红杉树——106 米左右。

不过枫糖浆可算是一个特例，因为枫树汁液在被输送的过程中还包含了树干中压力的因素。

从深秋到春天，当树叶全部掉落后，树干细胞在整个白天进行新陈代谢。虽然人们尚未对该过程形成充分全面的认识，但就目前所知，代谢过程中产生的二氧化碳会在细胞的间隙中聚集，挤占树汁原本占据的空间。夜晚，二氧化碳溶解于树汁中，在局部形成小真空，产生的力促使根部从土壤中吸取更多的水分。

春天来临，树木开始长出新的叶子，常规的循环过程重新占据主导地位。此时树干中的压力作用不再是输送水分的主要驱动力，枫糖浆也停止流动了。

» 小麦、水稻等的茎为什么是中空的？

有些植物如小麦、水稻、竹子、芦苇等，茎的中间是空的，这是因为，这些植物的茎中央的髓部已经萎缩消失了。

植物学家研究发现，这些植物的茎原先也是实心的。但是，茎中间变空对植物很有利，所以植物在长期的进化过程中，茎逐渐地变空了。

为什么茎变空对植物有利呢?

根据力学原理，同样分量的材料，如果是中央空而较粗的结构，往往比中央实而较细的支柱支持力要强一些。植物的茎为了加强机械组织和维管束，从而变得较粗，所以柔软的髓部减少甚至消失了，形成管状的结构。这样，它的支持力大，还节省了材料。

禾本科植物，如小麦、水稻、芦苇、竹子等是进化最快的植物之一，大部分禾本科植物的茎都是中空的。

» 玉米和大豆间种为什么能增产？

玉米和大豆种在一起是很合得来的。原因是玉米和大豆“脾气相投”。

玉米个子高，喜欢阳光，根比较浅，主要吸收利用上层土壤里的养料，生长期中需要氮肥比较多。而大豆比较耐阴，根扎得比玉米深，能够吸收利用下层土壤里的养料，需要氮肥不多，但却需要大量的磷、钾肥。因此玉米和大豆种植在一起，不但不会相互争夺养料，反而很合得来，能够充分利用土地和阳光。

大豆根上有根瘤菌寄生，能吸收空气中的氮气，产生氮肥，可以供给玉米。因此，这两种作物种在一起都能长得茂盛，比单独种的产量还要高！

» 为什么植物有的喜阳有的喜阴？

自然界中的植物通常有喜阴和喜阳的差别，在外部形态和内部生理构造上喜阳和喜阴植物最为显著的区别要算叶片了。

喜阳植物的叶片较厚而粗糙，叶面包含着很厚的角质层或蜡质，能够反射光线；这种植物的气孔通常小而密集；叶绿体虽然体积小，但数量较多。喜阳植物叶片的这些结构特征能使叶子在强烈的光照之下，很好地吸收太阳能，就是在没有阳光的情况下，也能产生一定的光合作用。

与之相反，喜阴植物叶片的构造一般是叶大而薄，角质层不发达；叶肉细胞和气孔比较少，有较发达的细胞间隙；阴生植物中叶绿体的数量比阳生植物要少一半，但叶片形状较大。这就使得阴生植物在荫蔽湿润的环境下，对微弱的阳光也能进行有效地吸收和利用。

尽管植物有喜阳和喜阴的差别，但离开了阳光，喜阴植物也无法存活下去。生长环境的不同使得阳光的照射不同，从而使植物有了喜阳和喜阴的差别，这是植物对大自然的适应。

» 为什么水生植物一直泡在水里也不会腐烂?

因为长期受环境的作用，水生植物都具有一种适应水中生活的独特本领，就是能吸收水里的氧气，并且在较为缺乏氧气的情况下，也能正常呼吸。

那么水生植物是如何吸收溶解在水里的少量氧气呢?

总的来说，水生植物的根部皮层里，细胞之间有较大的间隙，这些间隙上下连通，形成了一个可以输送空气的传导系统。更重要的是，水生植物的根表皮是一层半透明性的薄膜，可以将溶解在水里的少量氧气扩散到根里去。

有些水生植物，为了适应水中生活的环境，身体上还有其他一些特殊的构造。例如莲藕，它被埋在深深的泥泞的池塘底，空气无法流通，必然会造成呼吸困难，但是，藕里有许多大小不一的孔，这种孔和叶柄的孔是相连的，同时在叶内还有许多间隙，与叶的气孔相通。因此，被深埋在污泥中的藕，能通过叶面自由地呼吸新鲜空气并且正常地生活。

» 植物也喜欢“听音乐”吗?

大家都知道，植物的生长离不开阳光、水、空气、土壤等。植物只有生活在适宜的环境里，并被施以充足的养料，才能长得快、长得好。如今，科学家又有了新的发现：植物居然也喜欢“听音乐”。这是怎么一回事呢?

有人通过实验发现，每天早晨给黑藻播放 25 分钟音乐，用不了 10 天，黑藻就会繁殖得极为茂盛。假如每天早晨为含羞草播放 25 分钟古典歌曲，它的生长速度会明显加快。灌木受音乐刺激后，也会变得枝繁叶茂。据观察，烟草、凤仙花、金盏菊等都比较喜欢“听音乐”。

原来是声波的刺激促进了植物的生长。大家都知道，植物的叶片表面分布着许许多多的气孔，这些气孔是植物与外界环境进行气体交换和蒸发水分的“窗口”。当音乐响起时，植物叶片表面的气孔受到声波的振动刺激，其开放度会变大。气孔增大后，植物更有效地吸收光合作用的原料——二氧化碳，光合作用因此更加活跃，越来越多的有机物质形成；同时，这也增强了植物的呼吸作用，植物的生长因此获得了更多的能量，植物更加生机勃勃。

» 下雨后地上会凭空长出很多蘑菇吗？

蘑菇喜欢生长在温暖潮湿的树林下和草丛里，在土壤干燥、瘠薄的地方蘑菇是不会生长的。

为什么下雨后地上会长出很多蘑菇？

蘑菇是一种低等的真菌类植物，它没有种子，依靠孢子来繁殖，孢子散布到哪里，就在哪里萌发成为新的蘑菇。

蘑菇自己不会制造养料，只能利用它的菌丝伸到土壤或腐烂木头中，吸取养分来维持生命。所以蘑菇生长的地方常常阴

蘑菇的生长过程示意图

湿温暖且富有有机质。

蘑菇是由子实体长大而成的。孢子产生菌丝，吸收养分和水分之后产生子实体，子实体起初很小，等到吸足水分后，在很短的时间内就会伸展开来。因此，在下雨以后，蘑菇长得又多又快。

» 冬虫夏草到底算植物还是动物？

虫子能够变成草吗？这看起来是不可能的事情，但是冬虫夏草又是怎么回事呢？古人说它冬天的时候是虫子，夏天的时候变成草，然后到了冬天又变回虫子，果真是这样吗？

冬虫夏草，简称虫草，它产于我国西南海拔超过 3000 米的山区，最早见于药书《草本从新》和《本草纲目拾遗》。

冬虫夏草并不是一种植物，也不是一种动物，而是属于昆虫纲、鳞翅目、蝙蝠蛾科的蝙蝠蛾幼虫感染虫草菌属的真菌后形成的一种物质。蝙蝠蛾的幼虫生活在地表以下的土壤中，以适合它们口味的植物根系为食，幼虫在生长发育过程中，受到土壤中虫草真菌的侵袭而感染生病。在感染生病初期，幼虫表现得比较痛苦，它惊恐不安、到处乱爬，最后钻到距离地表 3 ~ 5 厘米深的植物根部，头朝地表而死。真菌的菌丝以幼虫体内的组织为食，在幼虫体内不断生长，渐渐地幼虫的体内就成了一个充满菌丝的躯壳，幼虫虽死，但躯壳被保存完整，冬季发现时仍然像一条虫子。如果这个时候被挖出来，就称之为“冬虫”。

寒冬过后，到了第 2 年春暖花开的时候，幼虫体内的真菌迅速发育，到了春夏之交的 5 — 6 月份，从幼虫的头部就长出一根长 2 ~ 5 厘米的真菌子座，子座的顶端不断膨大，子囊孢子充满了囊壳。子囊孢子完全成熟后，就会从子囊壳中散发出来，再去感染地下的其他幼虫。露出地面的真菌子座，形如刚出土的嫩草，故被称为“夏草”。

因此，冬虫夏草并不是古人所解释的那样，虫子能变成草，草还能变成虫子，而是被病菌感染的幼虫尸体留在地下，地表上却长出像草一样的真菌，冬虫夏草是由幼虫的尸体和地表上的真菌共同组成的。

» 含羞草“害羞”的原因是什么？

轻轻地碰一下含羞草的叶子，它就会把叶子合拢起来，垂下去。含羞草真的会动！这真是一件奇妙的事。触得轻，它动得慢，折叠的范围也小，触得重，它动得快，不到 10 秒钟，所有的叶子就会全折叠起来。

为什么含羞草会动呢？原来这全靠它叶子的“膨压作用”。在含羞草叶柄的基部，有一个充满水分的薄壁细胞组织——叶枕，一触动含羞草，叶子震动，叶枕下部细胞里的水分就会立即向上部与两侧流去。于是，叶枕下部像漏了气的自行车胎一样瘪下去，上部像打足气的皮球似的鼓起来，叶柄也就下垂，合拢了。在含羞草的叶子受到刺激合拢的同时，会产生一种生物电，将受到刺激的信息传递给其他叶子，其他叶子就跟着依次合拢起来。当刺激消失后，叶枕下又逐渐充满水分，叶子就重新张开恢复原状。

不光含羞草，蜘蛛也是靠膨压作用行动的，蜘蛛的腿里不是肌肉，而是一种液体，通过灵活地调节液体的压强，蜘蛛的 8 只腿进退自如。

含羞草和蜘蛛腿的膨压原理，给了科学家和工程师们很大的启示，他们利用“膨压作用”制造出了灵巧的机械手，自动卸车斗也会在膨压推动下翻起料斗。

» 为什么叶子在秋天会变色？

秋天叶子急剧变色的原因是相当复杂的。从根本上来说，叶子为树提供了生存和成长的养料。春天，当叶子伸展开不久，新的嫩叶就开始通过光合作用来制造养分，这是一个利用太阳光的能量将植物从泥土和空气中所吸收的原料结合起来的复杂过程。植物光合作用所需要的基本要素是阳光、水和二氧化碳，二氧化碳也就是我们呼吸时呼出的气体。

二氧化碳通过叶子表面的小孔进入叶中；水由根从泥土中吸入植物体内，并通过细小的脉络输送到叶子中。当这些半成品到达叶子中并接触到阳光后，就发生了光合作用，为植物自己制造出了养分。在叶子中有一种叫叶绿素（绿色色素）的微小粒子。这种绿色色素不仅仅赋予了叶子绿色的颜色，它也确保了光合作用能顺利进行。

秋天光照逐渐减少，树木就会停止制造养分。因为光合作用结束了，也不再需要叶绿素了，于是叶子就把它破坏了。随着绿色消退，那些被绿色遮掩住的黄色和橘红色色素就开始显现。亮红色的显现需要明亮的光照和凉爽的晚间气温。在每年的霜冻初期，叶子的颜色更接近于褐色。

» 花的香气是怎么来的？

在自然界中，并不是所有的花都是香的，有些花就没有香味，为什么会有这种情况呢？

花之所以有香气，是因为花朵中含有产生香味的油细胞。油细胞能够分泌具有香气的芳香油，通过油管不断地分泌出来，并且在常温下能够随水分挥发，散发出诱人的香气，所以芳香油又被称为挥发油。因为各种花的挥发油不同，所以散发出来的香气也就各有特点。芳香油在阳光下散发得很快，因此，阳光好的时候，花的香味更浓，散发得也更远。有些花朵虽然没有油细胞，但是它的细胞在新陈代谢的过程中，也会不断地分泌一些芳香油。还有一些花朵的细胞不能分泌芳香油，而是分泌一种苷，苷本身虽然没有香气，但是，当它在酵母作用下分解时，同样能散发出香气来。因此，花儿是香还是不香，主要在于花里有没有油细胞，有没有苷。由于不同的植物品种的挥发油中又含有不同的物质，因此有些花闻起来香，而有些花则闻起来不香。

» 巨型海芋的花为什么那么臭？

有时我们人类所厌恶的气味对于有些动物来说，它们并不讨厌。事实上发出臭味的巨型海芋可能是最高和最重的花了，它那难闻的气味能让那种吃腐肉的昆虫和黄蜂兴奋，它的气味对我们是否有害还在检测之中（在这方面它还有竞争者，甚至包括比它更大的花），但是巨型海芋产生大量的恶心气味却能使人晕倒。

巨型海芋的花由花瓶状的佛焰苞（一种包含或衬托花簇或花序的叶状苞）组成，至少有 1.2 米高，从巨大的块茎上快速生长，重量可达 80 千克，最终长成肉穗花序，穗由上千朵细小花朵组成，花高 2.4 米以上。气味主要来自穗的上部，为了能传播得更远，穗在夜晚散发出类似氨气、腐肉、臭鸡蛋气味的同时，也散发出热量和蒸气，气味散发每次持续 8 小时左右。

这种气味吸引了那些传授花粉和爱吃腐肉的昆虫。但是人们很少看见它被传授花粉，可能是因为它每隔 3 ~ 10 年才开花，而且花期只有 2 天的缘故吧。一旦花朵枯萎，犀鸟便会传播它的种子，花朵被高达 6 米的巨型叶子所取代。该叶子可制成食物，直到有一天该块茎再次长成另一朵发臭的花。

» 花儿为什么会有各种不同的颜色？

花儿为什么这样多姿多彩？我们仔细地观察一下，就可以发现：大多数花儿的颜色，是在红、紫、蓝之间变化着，另外一些是在黄、橙、红之间变化着。

花色之所以能够在黄、橙、红之间变化，是由于类胡萝卜素在起作用。类胡萝卜素的种类很多，有 60 多种。像枯黄的叶子、成熟的烟叶里所含的黄色的叶黄素，就是类胡萝卜素中的一种。

花色能够在红、紫、蓝之间变化，是因为花朵细胞里的花青素在起作用。花青素是一种有机色素，它极易变色，只要温度、酸碱度稍有变化，它就会呈现出不同的颜色。

在植物体里，有酸性的物质，也有碱性的物质。即使在同一植物体内，酸碱度也会因光照、温度和湿度等不同而产生不同的变化。因此花朵便会出现不同的颜色。

» 牵牛花为什么早晨开花，中午就萎谢？

清晨的花园，牵牛花张开紫色、白色、红色的小喇叭迎着太阳，给小朋友们带来许多欢乐。到中午时，它就萎谢了。第二天，又一批花朵开了。

牵牛花为什么早晨开花，中午就萎谢呢？

生物的生活习性是经过长时期的自然进化而形成的，但也受周围环境比如阳光、温度、湿度的影响。早晨的空气湿润，阳光柔和，对牵牛花最为适宜，这时牵牛花花瓣的上表皮细胞比下表皮细胞生长得快，于是花瓣向外弯曲，花就开了。到了中午，阳光强烈，空气干燥，娇嫩的牵牛花花朵因缺少水分而萎谢了。

除了牵牛花，我们还可以看到其他一些花开的时间也比较有趣，比如葫芦和夜来香的花一定要在晚上开等。假如我们调查一下各种植物的开花时间，还可能做出一个由花卉指示时间的钟。

» 为什么再美的花也要凋谢？

一夜秋风秋雨，千姿百态的花朵从枝头飘落。爱花的人们只能期待来年的芬芳，而多愁善感的文人墨客甚至留下了许多凄凉的诗句，让人读来倍感伤神。尽管我们知道花开花落是自然界的客观规律，却仍然希望鲜花永远不要凋谢。

在自然环境下花的凋谢是不可避免的。因为花是植物的生殖器官，一旦完成孕育果实的任务后，花儿的使命也就完成了，随之从枝头飘落。被子植物的花由花萼、花冠、花蕊组成，花蕊又有雌雄两种。位于鲜花中间的雌蕊和雄蕊是花的雌雄性器官，雄蕊由花丝和花药组成，花药里面又产生出花粉粒，成熟后的花粉粒在内部结构上有两种形式，一种是由一个营养细胞和一个生殖细胞所组成，如棉花和百合的花粉；另一种花粉粒里面含有一个营养细胞和两个精子，小麦和白菜的花粉就是这样。花的雌蕊由柱头、花烛和子房三部分组成，形状像一个花瓶，子房的内部有一个或者多个胚珠，这个胚珠就是植物“胎儿”生长的地方。

植物开花后，成熟的花粉在风和昆虫的帮助下来到同一种类花朵雌蕊的柱头上，柱头上分泌出的黏液刺激花粉开始萌发，形成花粉管。花粉管逐渐穿过花柱和子房壁直达胚珠，进入胚囊。然后，把两个精子放进胚囊之内，其中一个精子和卵细胞相结合形成受精卵，并最终发育成为胚胎；另一个精子和两个极核结合形成受精极核，最终发展成为供植物胚胎发育用的胚乳。这样雌蕊中受精后的胚珠就发展成了种子。

当植物的卵细胞成功受精后，花朵的使命就完成了，为了不再和胚胎争夺营养和水分，花柱、雄蕊、柱头和花冠等都陆续凋谢下来，大多数植物的花萼也会脱落，这样原本一朵美丽的鲜花就只剩下一个子房了。植物根把大量的营养物质运送到子房中来，子房吸收充足的营养就开始发育、膨大，最后变成果实。果实里面一般都有植物的种子。

» 夏天中午为什么不宜给花浇水？

浇花要注意时间，如果在中午给花浇冷水，往往会给花造成伤害。所以，有经验的花农，总是在傍晚或清晨给花浇水。

夏季天气炎热，尤其是中午，气温往往很高，土壤温度也逐渐升高。由于水的比热大，加上水在吸收和散发热量时温度变化较小，所以水温总是比气温低。在炎热的中午浇冷水，高温的土壤会骤然降温，而这时气温仍相当高，由于温度变化过大，娇嫩的花会因过度的刺激而受伤，甚至死亡。

在早晨和傍晚，气温较低时，浇水后土壤温度与气温差异小，不至于引发花死亡的危险。如果在阴天，什么时候浇水也就不重要了。

» 为什么果实成熟之后才会变甜？

果实是植物的子房，与人类女性身上的卵巢具有同样功用。女性身体里只有两个卵巢，可是植物身上却可以密密麻麻地长出成百上千个子房。见过深秋的苹果树吧？每根枝条上都挂满了红彤彤的苹果。

苹果花朵里的子房包含了胚珠。胚珠就是植物的卵细胞。胚珠授粉之后，会长成种子。与此同时，包裹着胚珠的子房就发育成果肉。每个苹果中央都有棕色的种子，每粒种子里都包含着可以用来孕育下一代的信息。

地球上的生命，无论是动物还是植物，都拥有一个共同的使命：繁衍生息。所有的生物都希望它们的种族能够长盛不衰，希望它们自己特有的基因可以一代代传递下去，并不断壮大规模。但一株蓝莓，长在无人光顾的偏僻角落，怎么才能把自己的种子传播到另一个草场去？答案是利用动物。四只脚的动物能跑，有翅膀的动物会飞，它们可以将种子带到邻近的草场甚至更远的地方。

四处传播未发育成熟的种子是毫无意义的。因此，植物聪明地利用了动物的感官——视觉、嗅觉、味觉，让它们在种子成熟了之后再来拿。

以草莓为例，在种子成熟之前，草莓是绿色的，躲在绿色的叶子下，很难被动物发现。即使有黑熊发现了草莓果实，好奇地尝上一颗，又硬又涩的味道也会让它头也不回地走开。这样其余的种子就被保存下来了。

一旦种子成熟了，草莓就会变成鲜红色，在绿色叶子的对比下格外显眼。除此之外，它还会变软、变甜，成为一种使动物们垂涎欲滴的水果。草莓是如何完成这个转变的呢？草莓会在种子成熟之后分泌出一种催化酶，这种酶可以分解果实纤维，让它变得软嫩多汁。有些水果可以生成催熟酶，促使淀粉和葡萄糖转变成蔗糖和果糖。有些果实则从自身植株体内吸取糖分。

遇到这么可口的食物，动物们一定狼吞虎咽起来了。它们在迁徙途中吞下带有种子的果实，然后把它们带到远方。种子随着动物的粪便排出，在他乡安家落户。如果恰巧环境适宜，它们就在这里生根发芽，繁衍生息。

果实在成熟后变甜是生物界中动物与植物间共同进化的典型例子。植物想出了巧妙的方法利用动物为自己繁殖后代。

» 为什么夜来香到晚上才放出浓郁的香气？

植物以白天开花居多，并且花开时就放出香气。而夜来香只有到了夜间才散发出浓郁的香气来。这是为什么呢？

很多植物，都是依靠昆虫传粉繁殖后代的。依靠白天活动的昆虫来传授花粉的植物，在白天开花。夜来香是靠夜间活动的飞蛾传授花粉的，在黑夜里它利用散发出来的强烈香气，引诱飞蛾。夜来香在长期的进化过程中逐渐形成了这一适应环境的特性。

与一般白天开花的花瓣构造不同，夜来香花瓣上的气孔有个特点：一旦空气的湿度大，它就张得大，散发的芳香油就多。由于夜间空气比白天湿润，所以气孔就张得大，放出的香气也就更浓。夜来香不仅在夜间，就是在阴雨天，香气也比晴天浓，那是因为阴雨天空气湿度大的原因。

仙人掌的茎肥厚多汁，可以用来抵御干旱。其茎上像针一样的刺则能够有效地防止食草动物的啃食。

» 仙人掌为何能在沙漠中生存？

仙人掌喜欢生长在干旱的沙漠里。在干旱的环境中，仙人掌逐渐演化出了自己独特的抗旱特征：茎肥厚多汁，发达的薄壁组织细胞善于贮藏水分；茎的表皮由厚而硬的蜡质或密集的绒毛覆盖，从而避免和减少阳光照射，降低水分蒸发。

仙人掌根系庞大，吸收水分的能力很强，善于收集微量的水分。一遇降雨，它就会在表层长出许多新根，大量吸水。仙人掌的大根有很厚的木栓组织保护，使它们能在灼热的沙石上顽强生活而不会干死。有些大仙人掌的寿命可达数百年。

仙人掌是仙人掌科植物的统称，共有 2000 多个种类，有掌形、球形、柱形等多种形态。美洲的墨西哥是仙人掌的故乡，也是仙人掌生长最多的地方。墨西哥人把仙人掌作为自己国家的象征，在国旗、国徽上都有仙人掌图案。

» 为什么天麻没有根和叶子也能生长?

天麻多生于荫蔽腐殖质多的林下或灌木丛中，特别是在森林被破坏后的空地上经常能够见到。它们没有根，没有叶，全身没有叶绿素，不会进行光合作用，也无法吸收水分和无机盐类，这样的植物是靠什么长大的呢？原来，天麻生长有它自己的秘诀：吃菌！

在林子里到处生长着一种名叫蜜环菌的真菌，这种真菌因其菌盖是蜂蜜色、有环状的菌柄而得名。蜜环菌的菌丝带无孔不入，专靠吸吮其他植物的养料为生，腐烂木材，危害森林。当遇到天麻时，菌丝也同样把块茎包围起来。但是，天麻的细胞里有一种特殊的酶，能把钻到块茎里面来的菌丝当作很好的食料消化、吸收掉，这样一来真菌反而成了天麻的食物，有了蜜环菌的喂养，天麻即使不需要根和叶也一样可以成长得很好。这样，在漫长的进化过程中，根和叶慢慢退化了。

» 大蒜素的杀菌力有多强?

在英国历史上曾发生过一场罕见的大瘟疫，病死者不计其数。唯独有一家人逃过劫难，原来，这家人喜食大蒜，平时食用不断。

大蒜能杀菌、预防疾病是因为它含有“大蒜素”。这种物质具有很强的杀灭各种真菌、细菌、病毒的能力。科学家做过这样一个实验：将大蒜捣烂，用吸管吸取蒜液，滴入已培养了许多白喉杆菌的培养器皿里，一段时间后在显微镜下观察，只要是有蒜液的地方，白喉杆菌都不能存活。蒜素的杀菌威力极强，大约是青霉素的100倍。在第二次世界大战期间，苏联医生利用大蒜制剂挽救了无数卫国战争的勇士们的宝贵生命。

大蒜还含有锗和硒等微量元素，对预防心脑血管疾病和癌症也有很大功效。由于大蒜中的硒能保护心脏、减少胆固醇、治疗高血压，所以经常食用大蒜的人患冠心病的概率很小。锗能增强人体中巨噬细胞的消化能力，巨噬细胞不仅能消灭有害病菌，还能吞噬癌细胞，起到抗癌、防癌的作用。

» 为什么称银杏树为“活化石”？

银杏在3亿年以前已在地球上出现了。到1.7亿年前，银杏极为茂盛，银杏林覆盖了地球上大部分陆地。在大约1.4亿年前，由于新生植物种类的出现和繁衍，银杏开始衰退。在3000万年前，地球上发生了多次大面积冰川运动，冰川掩埋了许许多多的植物，银杏在欧洲和北美洲遭到灭顶之灾，成为埋在地下的化石。在亚洲大陆，银杏也几乎绝种。由于我国的山脉多为东西走向，阻隔了冰川，华中和华东一带只受到冰川的局部侵袭。因此，银杏在我国侥幸地生存下来了，成为我国特有的珍品树种，被称为“活化石”。

由于它本身的原因，银杏树分布广但数量少。银杏树在我国有个俗名叫“公孙树”，意思就是说，爷爷种下树苗，孙辈才能吃到果子，说明银杏树是一种生长非常缓慢的树。

» 王莲叶真的可以承受一个小孩在上面玩耍吗？

在南美洲的亚马孙河流域，生长着世界上最大的王莲。王莲的叶子直径有 2 米多，最大的可达 4 米。叶的边缘向上卷起，像一个巨大的盆子。叶子正面呈淡绿色，十分光滑，背面呈土红色，密布着中空而坚实的粗壮叶脉和刺毛，提供了坚固的支撑，能防止动物破坏。叶子里面有许多充满气体的洼窝，从而使叶子获得了很大的浮力。一个二三十千克重的孩子坐在叶面上玩耍也不会有危险，即使在上面均匀地铺上 75 千克的沙子，也不会沉没。

王莲的花很大，花朵直径可达 30 ~ 40 厘米，中心鲜红，边缘雪白，非常好看，傍晚开放，第二天早晨闭合。第二天傍晚再开时，花色逐渐变为淡红到紫红色。花的雄蕊和柱头离得较远，依靠香味吸引昆虫替它传授花粉。

» 为什么古代阿拉伯人把菠菜称作“菜中之王”？

菠菜的故乡可以追溯到波斯。两千多年前，波斯人种植菠菜，用来食用。唐代贞观二十一年，尼泊尔国王那棱提婆把菠菜作为礼物派专人送到中国长安，从此，中国有了菠菜。菠菜营养价值很高，古代的阿拉伯人把菠菜称作“菜中之王”。

每千克菠菜含蛋白质达 24 克，脂肪达 3 克，钙达 1030 毫克，维生素 C 达 380 毫克，还含有丰富的铁质。

营养专家认为，100 克的菠菜就能满足人体 24 小时对维生素 C 的需要。菠菜对胃和胰腺的分泌功能也有积极作用。

» 谁是第一个吃西红柿的人？

自从哥伦布发现美洲新大陆后，欧洲的探险家们纷纷到美洲去探险。有一支英国的探险队来到了南美洲，这支探险队里的一位英国公爵见到了一种奇怪的植物——它的茎叶很像土豆的茎叶，它结的果子却又红又大，圆润可爱。公爵很喜欢，当地土著人告诉他这种野生植物叫“狼桃”，是有毒的，不能吃。

公爵在回国的时候，挖了几株“狼桃”，种在花盆里带了回去。为了讨好伊丽莎白女王，公爵将这几株植物献给了女王。伊丽莎白女王下令将“狼桃”栽在了皇家花园里。

从此以后，“狼桃”就在英国的花园里生长起来。由于它的果子鲜红漂亮，很好看，情侣们常常将它作为爱情的信物互相赠送，并且给它起了个好听的名字，叫“爱的苹果”。

一个画家决心亲口尝试“爱的苹果”，为此，他还给亲人们留下了遗嘱。然而，画家吃了以后不但没有中毒，而且感到味道鲜美。这样，“狼桃”就变成了人们爱吃的一种蔬菜和水果了，它的名字也由“狼桃”变成了“西红柿”。

» 为什么夏季多雨瓜果就不甜？

夏天，大量的瓜果上市，成为人们消暑解渴的佳品。

可是，如果夏季阴雨天气多，瓜果的味道就不那么甜了，甚至还会有点酸味，这是为什么呢？

一般的瓜果除了水分以外，主要就是糖分，所以我们吃起来感到甜。糖分是由叶子通过光合作用产生的碳水化合物，并贮藏在果实里。如果光照充足，贮藏的碳水化合物就多。

如果果实的成熟时期多阴雨天气，光照时间不足，果实里贮存的糖分就少了，自然就不甜了。

» 为什么西瓜的种子不会在瓜内发芽？

一些植物，像采摘后的油菜，如果荚角里的油菜籽遇到适当的温度和湿度，它就会发芽、破荚而出。可奇怪的是，西瓜却不是这样的。不管它有多熟，其种子也绝对不会在瓜内发芽。这样的怪事不仅仅发生在西瓜身上，大部分瓜果类和番茄等果实的种子也同样具有这样的奇怪特性。这是什么原因呢？

原来，西瓜果实的浆汁中，含有大量咖啡酸、阿魏酸之类的酚类物质，它们会抑制种子生长。植物体内的吲哚乙酸酶在它们的作用下含量增加，大量的吲哚乙酸也会因其催化而产生。

吲哚乙酸可以促进植物细胞的分裂和细胞伸长。浓度的大小与其作用关系密切，一般在 1×10^{-6} ~ 100×10^{-6} 这样的低浓度时会促进生长，而在 100×10^{-6} ~ 150×10^{-6} 这样的高浓度时则抑制生长，甚至杀死植物。植物体内能量的转化、ATP 的生成还会受到咖啡酸和阿魏酸的干扰，因此种子就不能得到萌发时必需的能量供应，从而处于被抑制状态。如果西瓜子离开了浆汁包裹的瓜瓤，又经过水的冲洗，抑制种子发芽的物质就会被除掉，种子就有可能正常地萌发。在西瓜播种前，瓜农为了提高种子的发芽率，往往将种子泡在冷水中 4 ~ 5 小时，这样便可去除其表面的黏液。

» 夹竹桃的毒性为什么那么强？

夹竹桃的毒性非常厉害，可以说是最毒的植物之一。甚至只要在一个装饰性的小水池里落入几片夹竹桃的叶子，池水就足以毒死一条前来饮水的狗。

夹竹桃的任何部分都具有相当强的毒性，不过最毒的还是它的种子，其次是叶子和花——尽管如此，这些部分还是剧毒无比。甚至它的茎也相当危险。夹竹桃的种子、茎、叶、花会分泌出乳白色的汁液，其中含有一种叫夹竹桃甘的有毒物质，误食会中毒。

被人们广泛使用的装饰性夹竹桃可分为两种：欧洲夹竹桃和黄花夹竹桃。前者是在公路的绿化带中常用的粉红色夹竹桃。

上述两种夹竹桃都含有好几种加强心脏功能的苷，它们的作用与洋地黄类似，但是毒性更大，能导致生物迅速死亡。除了扰乱心脏功能，它们还可能引起呕吐和腹泻等各种胃肠道症状。

种植在人和动物周围的夹竹桃必须精心照料，修枝整理时也应格外注意。喂得很饱的动物一般不会对夹竹桃的叶子感兴趣，但是也有的动物会不顾叶子的味道十分苦涩，照样大嚼大咽，结果因为吃得太多而中毒。

夹竹桃全株具有剧毒，中毒后的症状有恶心、呕吐、昏睡、心律不齐，严重的话可能会失去知觉或死亡，所以遇到夹竹桃，只要欣赏就好，可别动手摸。

» 自然界中生长的红辣椒为什么那么辣？

红辣椒的辣味能使辣椒只能被鸟类吃掉，而令其他动物对其望而却步。无论是辣椒等灌木，还是木本植物或者草本植物，任何植物的果实只要其颜色是鲜艳的红色或橙色，里面包含许多小小的种子,而且果实本身是长成一整个,不会裂成好几块的,那么基本上大多数都是被食果鸟类吃掉的。

这类植物的种子适合于被鸟类四处传播，特别是野生辣椒对鸟类有着莫大的吸引力。因此科学家才会猜想辣椒中所含的辛辣成分就是为了让吃了辣椒的动物感到火辣辣的难受，从此只有鸟类才会吃辣椒，其他动物都不由得对它敬而远之。

其中一个典型的例子要数长在美国西南部和墨西哥地区的雀辣椒了。雀辣椒也叫鸟辣椒，是辣椒中的一种，因鸟类会贪婪地吞食它的果实而得名。鸟类似乎对雀辣椒等这一类野生辣椒情有独钟,而且吃的时候也不会像我们人类一样被辣个半死。

不过墨西哥辣椒和几乎所有在市场上能买到的辣椒都不是野生辣椒，而是经过人工种植，培育出不同颜色、形状、辛辣程度的辣椒，有的甚至只是为了让辣椒长得更大而已。鸟类所钟爱的辣椒其果实个头要小得多，每个大概只有豌豆荚大。

» 为什么椰子树几乎都是沿着海岸和岛屿周围而生长?

椰子树几乎都是沿着海岸和岛屿周围而生长的。这是为什么呢？原来这和椰子树的生活习性有关系。植物为传播后代，会采用各种不同的方法散布种子。除了人为的传播以外，有些是利用动物（如小鸟）来传播的，有些是利用风和水来传播的，椰子就是利用水来传播种子的。

椰子外果皮是粗松的木质，中间由坚实的棕色纤维构成，椰子成熟落下来，会像球一样漂浮在水面上，而不会烂掉，有时椰子会随海水漂流数千里，碰到浅滩或被冲上岸边后，如果条件适宜，它们就生根发芽，安家落户，重新定居。这就是热带沿海和岛屿周围会长出椰子树来的原因。

» 树木为什么不能无限度长高?

如果你生长在农村，就会发现身边的许多小伙伴都是爬树高手，这些活泼的孩子把每一棵高大的树木都看作是征服的对象，他们经常会爬到树上摘鸟窝，会爬到树上摘李子。对于家长来说小孩子爬树是一件危险的事情，但是对于他们自己来说却是最刺激的事情。如果能有一棵长得像天一样高的大树就好了，那样这群天不怕地不怕的孩子就能顺着大树到天上去游览了。

如果有一棵大树长得像天一样高，会发生什么情况呢？它会不会把天空戳个窟窿呢?

我们已经知道了宇宙中除了星体，空空如也，而古人所谓的“天高”只不过是地球到太阳之间的距离罢了。如果地球上的一棵大树能够一直长到太阳上，那么也许我们的“爬树高手”不辞辛劳，真的能够顺着大树到太空中去游览一番呢！我们知道太阳到地球的平均距离约为 1.5 亿千米，地球上的大树能不能长这么高呢？是的，这是根本不可能的。

科学家推算出，世界上最高的大树也不会超过 130 米。这个高度与 1.5 亿千米比较起来，实在是不值一提。为什么会这样呢？科学家仔细研究后得出结论，主要原因是重力，它阻碍了水被顺利地运输到树顶。植物通过蒸腾作用，将水从根部运输到树顶，因此测量树木顶部组织中水的张力，就成为确定树木高度极限的重要依据。美国一所大学的博士曾带领一批“爬树运动员”，爬上了现今世界上最高的 5 棵树，并从树顶取回了样品以供研究。在这 5 棵树中最高的一棵树是生长在美国加州的红杉树，它高达 106 米左右，相当于 30 多层大厦的高度。在这些树的顶端，他们找到了极度缺水的树叶，它们与在极端干旱的沙漠中生长的植物的叶子非常相似。尽管这些树扎根湿润的土壤，但是重力制约了水的运输。博士研究发现，水从这些树的根部运输到顶端，整个过程大约需要 24 天的时间！所以，地球上树木的高度极限是 122 ~ 130 米，如果超过这一高度，树木的顶端将无法得到水，光合作用自然也不能开展。

问倒科学家 3

科技新天地

致远 著

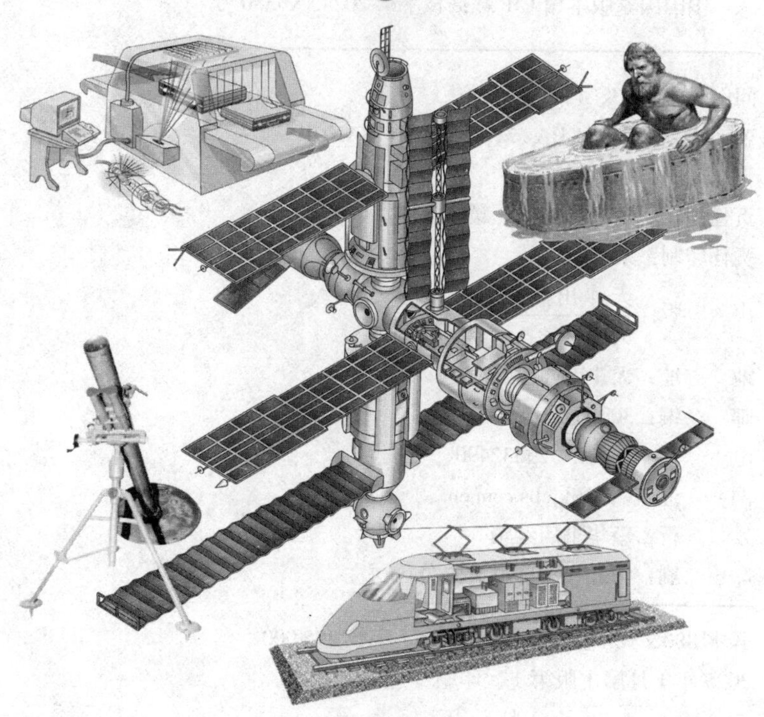

天津出版传媒集团
天津科学技术出版社

图书在版编目（CIP）数据

问倒科学家 . 3，科技新天地 / 致远著 . -- 天津：天津科学技术出版社，2025.1. -- ISBN 978-7-5742-2514-5

Ⅰ . Z228.1

中国国家版本馆 CIP 数据核字第 2024NX6380 号

问倒科学家 . 3，科技新天地
WEN DAO KEXUEJIA . 3，KEJI XIN TIANDI
策划编辑：杨　譞
责任编辑：马　悦　杨　譞　宋佳霖
责任印制：刘　彤
出　　版：天津出版传媒集团
　　　　　天津科学技术出版社
地　　址：天津市西康路 35 号
邮　　编：300051
电　　话：（022）23332490
网　　址：www.tjkjcbs.com.cn
发　　行：新华书店经销
印　　刷：河北松源印刷有限公司

开本 880×1 230　1/32　印张 16　字数 295 000
2025 年 1 月第 1 版第 1 次印刷
定价：88.00 元（全 4 册）

Contents

目录

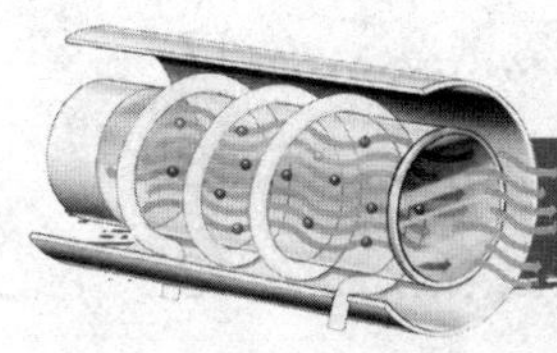

应用技术

交通运输

数理化天地

兵器大观

应用技术

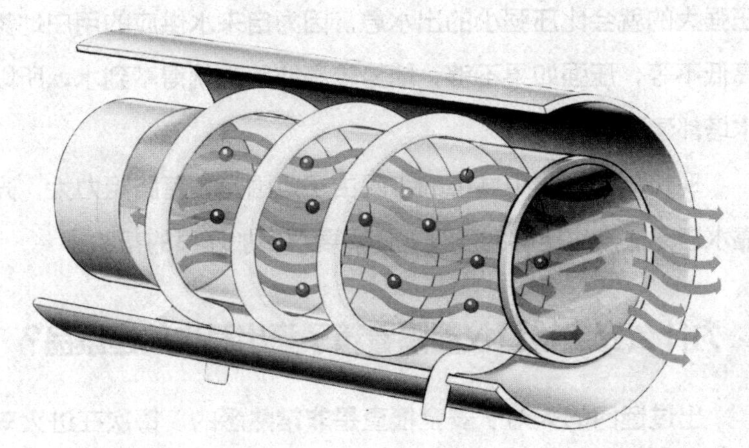

» 为什么自来水塔要造得很高？

如果问自来水是从哪来的，有人一定会说自来水是从深埋在地下的水管中来的。但循着自来水管找，就会发现它们的源头是自来水厂，那些埋在地下的水管都连接在自来水厂高高的水塔上。

那么，水塔有什么用呢？

如果一个水塔高 10 米，另一个水塔高 5 米，那么高 10 米的水塔的塔底水流压强比高 5 米的水塔的塔底水流压强要大 49 千帕左右。倘若两个塔底的出水口大小一样，同时开放时，压强大的就会比压强小的出水急。因为自来水供应的用户地势高低不等，压强如果不够，地势较高的用户就得不到水，所以水塔都建造得较高。

现代化的大、中城市的水网由于范围宽，管路阻力大，光靠水塔无法产生足够的压强，还需要很多加压泵的帮助。

» 为什么安全检查仪能隔着箱子查出其中的违禁品？

出过远门的人对于安全检查是非常熟悉的。每次在进火车站、飞机场入口时，安检员都要求乘客将手中的包裹、行李放到一个检查仪器的传递带上，让行李通过安全检查仪，以验证乘客没有携带危险品，保证乘客的乘车安全。那么，你知道这个安全检查仪是怎样隔着箱子查出其中的违禁品的吗？

其中的秘密就在于有X射线来帮忙。X射线是一种电磁波，它的波长短于紫外线的波长，一般不超过1纳米。这就使得X射线的性质不同于可见光，可见光只能把水、玻璃等透明的物体穿透，而X射线却能把纸板、木材、布等不透明的物体穿透。而且，X射线穿透各种物体的本领不同，对于较轻原子组成的物体，X射线毫不费力就能穿透，被吸收掉的很少。而随着组成物质的原子量的加重，它们吸收的X射线也越来越多。乘客所携带行李中的各种物品由于具有各不相同的原子密度，所以它们吸收X射线的程度也就有所差别。在安全检查仪里，当X射线扫过这些物品时，由于它们有的吸收X射线多一些，有的吸收X射线少一些，就有深浅程度不同的影像在荧光屏上显现

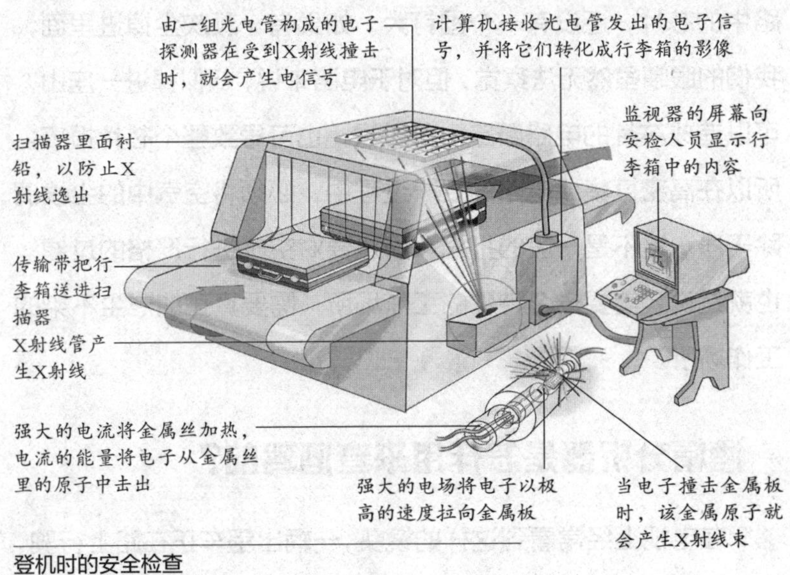

登机时的安全检查

乘客从探测门通过，随身行李物品则须经X射线检查。

出来。根据各种物品在荧光屏上所呈现的影像的不同，安全检查人员就能进行对照分析，以便做出正确判断，及时将行李中夹带的违禁物品检查出来。

» 集成电路中为什么不能掉进灰尘？

在美国发生的一次飞机失事事故中，造成事故的原因居然是一个小螺丝掉在了飞机的油箱上，从而引发火灾。看来，现代高科技产品是眼里不容掺进半粒沙子的。

而在集成电路里面，特别是大规模集成电路里面，排满了密密麻麻的各种电子元件，它们之间的距离不足千分之一毫米，而电子元件之间错综复杂的连线，更是多之又多。有些集成电路中的芯片，还没有一个图钉大。如果有一颗灰尘掉进里面，我们的眼睛虽然无法察觉，但对于电路来说，却似掉进一座山，可以造成芯片的电路断路。有时候，也可导致整个芯片报废。所以在高密度集成电路的生产过程中，必须将空气中的尘埃清除干净。这不是一般的打扫，而是要对空气进行严格的过滤。也就是说，需要一个特殊的工作场所，需要真正的一尘不染的工作场所。

» 酒精分析器是怎样用来查酒驾的？

在电视上经常看到这样的镜头，一辆出租车正在路上行驶，这时一位交警上前把车拦了下来，让司机下车，然后他用一个仪器对准司机的嘴进行检验，如发现司机喝了酒，那交警就会对司机进行相应的处罚，以示惩戒，不让他下次再犯这样的错误。通过这种检查，不仅保证了司机行车的安全，也是对乘客的负责，同时避免交通事故的发生，保证交通线路的顺利、畅通。那么这种酒精分析器为什么如此神奇，能够分辨出人是否喝过酒呢？

我们知道，乙醇是酒的主要成分，乙醇具有一种重要的化学性质，那就是能被氧化，有很多物质都能使乙醇氧化。一种名叫铬酐的氧化剂，就具有很强的氧化能力，是一种橙红色的晶体。其粉末如遇到乙醇，便会极快地与乙醇发生反应。

交警使用的酒精分析器内就有铬酐晶体的粉末装在里面。检测时，将分析器贴近司机的嘴巴，让司机呼出的气体进入酒精分析器。如果呼出气体中有乙醇存在，分析器内的铬酐就会与之反应，变成绿色，这种颜色的变化将通过电子传感元件转变成电信号，电信号使酒精分析器上的蜂鸣器发出声响，表示被测者确实饮用过酒精饮料。

现在，这种酒精分析器已在世界上普遍使用。

» 电影中的飞檐走壁、悬崖刹车等镜头是怎么拍出来的？

提起武侠电影，你一定会被电影里经常出现的精彩的武打场面所折服，尤其是那些刀光剑影中身轻如燕、飞檐走壁的矫健身姿。

不过，这种飞檐走壁大多是夸张的，是运用倒拍技术制造出来的效果。摄影机反方向运转，将演员从墙头跳下的镜头拍下，放映时正方向转动胶片，飞檐走壁的惊险场面就会出现。在惊险片中运用倒拍技术，可以将疾驶的汽车在悬崖上紧急刹车的场面表现得惊心动魄。先将汽车推到悬崖边，一个车轮甚至还悬空，接着，慢慢向后倒车，退离悬崖。摄影机采用慢速拍摄，放映时影片被倒装并用正常速度放映，结果就成了汽车急速驶向悬崖，瞬间又戛然而止的场景。

» 定向爆破是怎样做到不影响周围建筑的?

在高楼林立、人流如潮的城市中，要将一些旧的大型建筑拆除掉，是一件令人挠头的事：如果用人工一点一点拆除，需要较长的时间，效率不高；用一般的爆破方法，大面积地倒塌和飞沙走石，又会使周围的建筑和居民面临很大的安全问题。

现在用定向爆破就能很容易地解决这个问题。

在爆破以前，先把炸药安放在建筑物的一些关键部位，埋好炸药后，把电动的引爆导线接上，这样就几乎能同时引爆各个部位的炸药。起爆时，炸药反应剧烈，在一瞬间释放巨大能量，能使局部温度迅速升高到 2000℃以上，造成钢筋、砖石等迅速熔化、破裂。这种爆破方法不会有巨大的冲击波产生，所以，破碎的建筑材料不会到处飞溅，整幢建筑的倒塌常常是在可控范围中完成的。

在通常情况下，埋在建筑中央的炸药总是要微早于周围的炸药起爆，这样先倒塌的是建筑的中央部分，周围部分顺势倒向中间去，从而使倒塌时对周围建筑物的影响减到最小。有时，为了使建筑物能向周围指定的地方倾倒，还可以利用延时起爆技术，将各个爆炸点引爆的时间差掌握在几毫秒间，使建筑物各局部依次倒塌，从而控制其倾斜的方向。随着城市建设的高速发展和建筑密度的大大增加，定向爆破技术的应用将会越来越广泛。

» 怎样利用海水温差来发电？

海洋中拥有 140 亿亿吨海水。太阳辐射给地球的热能，经大气层吸收和反射后，地面上吸收的热能仍然高达 80 亿千瓦，海水吸收了其中大部分。

不过在海洋深处的海水是很冷的。即使是在赤道两侧的热带海区，一到数十米以下，海水温度就开始迅速下降。到 500 米深时，海水的温度便只有 5 ~ 7℃。到 2000 米以下，就下降到 2℃左右了。可以说，海洋的深处，就是一个冰冷的世界，像是一个大冷库。

因此，海洋中的温度就存在着差异，有时有 20℃左右的差距。利用这种温差可将海洋热能转变成电能，这种发电方式就称为海水温差发电。

用这种方法发电，多变的潮汐和海浪不会对它产生影响，一点燃料也不用消耗，也不会对环境造成污染，不仅可以产生电，而且每天还可以获得大量味道甘甜的淡化海水。

另一种利用海水温差发电的方法，是在被太阳晒热的温海水发挥作用的条件下，使被加压的一种液体氨变成蒸气，用这种蒸气去推动发电机发电。

»“克隆”的原理是什么？

1997 年 2 月，一只名叫多莉的绵羊通过克隆技术出生的消息传出后，立即在世界各地引起了广泛关注。从此，克隆成了大家谈论的热门话题。

在日常生活中我们也经常会使用这种无性繁殖的生物方法。例如，每当春暖花开的时候，喜欢种植花草的人，就会进行植物扦插，从一棵植株上，剪下枝条，通过扦插就会获得许多具备相同遗传物质的植株。这就是克隆。

克隆是由英语单词 clone 音译来的。它本来的意思是指用幼苗和嫩枝以无性繁殖或营养繁殖的方法培植植物。随着时间的推移，克隆的内涵已经变得很大了。只要是由一个体细胞得到两个以上的细胞、细胞群或生物体，由一个亲本系列产生的 DNA 系列，就是克隆。可见克隆就是一种无性繁殖的方法。

» 怎样用激光来鉴定古董的成分和年代？

现在有一种用激光来鉴别古董的新方法。那么为什么可以用激光来鉴别古董呢?

激光也是光,但又不同于普通的光。激光具有特别高的亮度，比太阳光亮 100 亿倍以上。激光可以在千分之一秒不到的时间内，在钢板上射出孔来。即使是金刚石，在它的照射下也会顷刻化为一缕青烟。

1859 年德国科学家基尔霍夫发明了光谱分析法。他发现，每一种元素发出的光都能组成一种特定的曲线，正如我们都熟悉的指纹，不同的人，指纹也是不同的。这样，只要看见了具有某种特征的光的谱线，就等于看见了某种元素。

光谱分析法在鉴别文物方面功效非常独特。使激光在文物表面的一个极其微小的区域内聚集，并使那一点气化，直接对

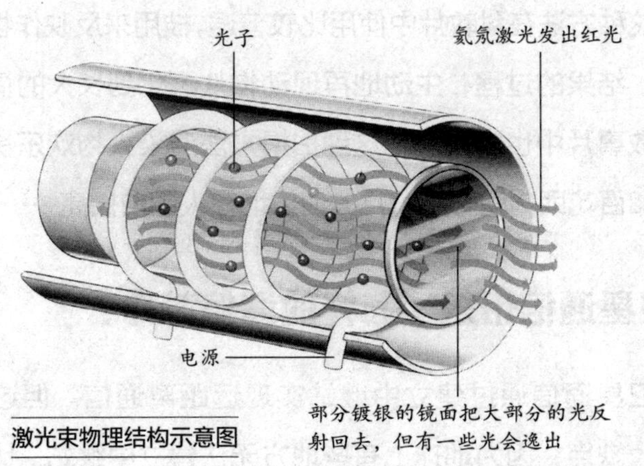

激光束物理结构示意图

蒸气云的发光进行观察，然后再放电对光谱进行观察，通过分析鉴定文物的成分，就能准确地得出结论。

» 怎样让花儿在屏幕上“瞬间开放”？

在现实生活中，一朵花的绽放要经历一天、几天甚至几十天，短如“昙花一现”，至少也得几分钟。而荧屏上的花，从含苞到怒放，只需几秒钟，之所以有如此大的差别，就在于电影是运用了延时自动控制设备，即每隔一定时间进行逐格拍摄。

24 个画格是有声电影每秒钟的正常拍摄数，也就是说一朵需要 5 小时完成。盛开过程的花要拍 43.2 万个画格，相当于 3 部故事片的长度。因而，便有了延时摄影的方法。设想如果把每秒拍 24 个画格的频率改为每分钟才拍一格，这样 5 小时只需拍 300 张，但仍是每秒钟 24 格的放映速度。采用这种方法，只需 12.5 秒就能在银幕上将一朵花的盛开过程完全展现出来。

这种方法在科教片中使用比较普遍，被用来反映作物生长、开花、结果的过程，生动地再现动物从孵化到长大的情况。在一些故事片中也常常使用这种拍摄方法渲染人物欢乐快活的心情，如百花顷刻间怒放、竹笋俏皮地在人眼前拔高……

» 卫星通信带来了怎样的通信革命？

卫星通信通过建立中继站实现远距离通信。但这种方式有很大缺点，因为地球上有些地方无法建立中继站。比如，从北京到纽约，中间隔着太平洋，距离有上万千米，如果每隔四五十千米建立一个中继站的话，就得在海上建两百多个中继站，这是不可能做到的。

1965 年，人类成功发射了第一颗通信卫星，从此在天上建立了“中继站”。

卫星通信地面中继站向卫星发射的信号，经过卫星的放大、变频等处理后，转发给另一个地面站。一般，经卫星处理后，无线电的最远通信距离可达 13000 千米，经过三次卫星通信即可绕地球一周。通信卫星居高临下，不受任何地形限制。一颗卫星发射的无线电信号，能够覆盖地球面积的 40%，相当于在地面架设 300 多个无线电中继站。卫星覆盖范围内的任意两点或多点均可实现卫星通信。卫星通信的容量巨大，一颗通信卫星可以容纳上万路电话，也可进行多路电视通信，还可以进行数据、文字、图像和移动通信。

» 除了做货币，黄金还有哪些独特用途？

黄金的延展性非常好，1 克黄金能够拉成 160 米长的金丝，也可以碾成面积为 9 平方米的金箔，厚度仅为 1/500000 厘米。这种金箔几乎透明，但能阻止紫外线的通过。因此，金箔被广泛地应用于宇航员的防护面罩和宇宙飞船的密封舱上。金箔还能强烈反射红外线，用于红外线干燥设备和现代军事装备的红外线探测仪的制造。

宇航员的防护面罩多用金箔制成。

俗话说真金不怕火炼。黄金能耐受很高的温度，它的熔点为1064.43℃。黄金的化学性质很稳定，一般的酸和碱对它毫无影响。飞机、人造卫星和宇航设备中的许多控制仪表和电器开关的触点，一般选用黄金及其合金。黄金及其合金的化学稳定性良好，还可用来制造人造纤维的喷丝头和航天运载工具中的电池过滤膜。此外，黄金及其合金制成的记忆合金、超导材料和各种零件，还被广泛地用于医疗器械、电子工业、计算机、机器人、宇航、军工以及其他一些新科技领域。

» 电脑会完全替代人脑吗?

电脑是人脑的延伸，它是人类创造的一种信息处理的工具，具有很大的存储量，和很高的运算速度，而且可以不厌其烦、不知劳苦地工作。而现在又研制并使用了机器人、“智能人”。这些是否意味着，电脑可以代替人脑呢?

要想知道问题的答案，还是让我们先了解一下计算机的内部构造及其工作原理吧。计算机是按我们设计的程序运行的，通常，我们把自己想要解决的问题，通过计算机语言编成计算机程序。只有能用语言明确地描述问题，才有可能让计算机来求解。不使用任何语言描述的问题，计算机也没办法解决。

此外，计算机解决问题和人类解决问题有着天壤之别。就以下棋来说，电脑的真功夫在于以快取胜。电脑下棋程序所做的是：一步制胜，步步深入。人类下棋虽然也是走一步看几步，但棋手的高明之处在于不是死板地思考每一种可能性，而是根据长期积累的经验，“审时度势，随机应变”。而计算机并不能像人类那样进行复杂的思考。

电脑终究只是人脑智慧的结晶，是人类处理外部信息的一种工具。它只能部分地代替人脑进行简单的活动，而无法完全代替人脑进行复杂的活动。

» 为什么计算机一定要有软件才能工作?

计算机由中央处理器（CPU)、存储器（包括内部、外部存储器）和输入输出设备等基本部件组成，这些设备的管理通过操作系统来实现。操作系统属于系统软件，是系统软件中最主要的部分之一。计算机处理难题时，需要先由编程人员用计算机编程语言来编写程序，但 CPU 很难直接运行这种程序，还需要编译（或解释）程序，将它们转化成机器指令程序。所以，系统软件中除了操作系统外，还有编程语言及其编译（或解释）系统和其他服务性程序。只有这样，计算机才能运行程序，解决难题。没有软件，计算机就没有服务对象，也不能进行工作。

随着电脑上运行的软件越来越庞大，功能越来越强，软件产业成为信息时代最有发展潜力的产业之一。

» 国际象棋大师会输给“深蓝”说明了什么？

1997 年 5 月，一场别开生面的国际象棋比赛在美国纽约举行。对阵双方是世界冠军卡斯帕罗夫和 IBM 公司的“深蓝”超级国际象棋计算机。最终，在全世界的瞩目下卡斯帕罗夫输给了“深蓝”，许多人因此感到人类将面临前所未有的挑战。

那么，计算机为什么会下棋呢？

要让计算机能够下棋，首先要用计算机语言把国际象棋的走子规则及下棋的一般规律编定为程序输入计算机，这种规律能使计算机通过计算走子后的局面来选择最佳落子方案。计算机除了掌握一般的应对招法，还要具有随机应变的本领。编写一种具有自学功能的下棋程序，计算机就会在下棋过程中从自己的失败中吸取教训，从对手那里吸取长处、积累经验，不断提高棋艺。这样一来，如果计算机按照某种下法输了棋，它就会吸取教训，再次下棋时，计算机就会选择新的走法，不再上当。

» 光导纤维是怎样发明的?

电报、电话的发明可谓人类通信史上的里程碑，但人们在使用中发现，要想传输高质量、大容量的通信信号，这些通信方式还具有明显的局限性。而光导纤维的发明解决了这一问题，使信息走上了“高速公路”。

光导纤维的发明得从激光说起，因为光纤通信技术中用于传输信息的光，不是普通的光，而是激光。

1960 年，年轻的美国物理学家梅曼，发明了世界上第一台红宝石激光器，他还用这种激光器发出了一种神奇的激光。从此，光通信有了发展。光谱线很窄的激光是纯度极高的单色光，其特性是：振动规则、单一频率、能量高度集中、方向性好、亮度极强。信息可以通过它传输。1970 年，超纯度玻璃纤维由美国康宁玻璃公司首次制成，光衰减为 20 分贝 / 千米的玻璃丝。光以这种拉得很细的玻璃丝——光纤作为“导线”，可以从一端传到另一端。科学家做了许多实验后发现，无论玻璃丝弯曲到何种程度，只要有合适的入射光角度，在玻璃丝内来回反射的激光便会沿着导线传到很远很远的对端。人们把这种玻璃丝称作光导纤维，简称光纤。

光纤包括两层，中间的一层是直径只有几微米的纤芯，外面的“包层”是用玻璃或石英制成的，这层对光具有极强的反射能力，光纤的外层还裹有厚厚一层保护光纤的塑料。光纤就这样紧紧地“封闭”住光，让其经过多次反射后到达另一端。

信息传递的速度由于光纤通信而大大加快，信息从此走上了“高速公路”。在一根比头发丝还细的光纤中，可以同时传输几千套电视节目或者几万路电话。这样大的通信容量的确令人吃惊。而最先进的“光波复用”技术，还可以将其提高几十倍。

» 何为局域网、城域网和广域网？

依据规模和所跨地域的大小，计算机网络可以划分为局域网、城域网和广域网。局域网的规模相对较小，通信线路短，覆盖地域的直径一般为几百米至几千米，整个网络通常安装在一个建筑物内，或一个单位的大院里。城域网是指覆盖一个城市范围的计算机网络。广域网则是指更大范围的网络，覆盖一个国家，甚至整个地球。

虽然局域网、城域网和广域网这些词是着眼于网络覆盖范围提出的，但它们更多的是从网络组建技术上区分。一般认为，用局域网技术组建的是局域网，用城域网技术组建的是城域网，用广域网技术组建的是广域网，但城域网技术很少被单独提到。三种技术的主要差别在于所用通信线路和通信协议不同。

» 为什么有时收到的电子邮件是一堆乱码？

接收电子邮件时偶尔会发现收到的是一堆乱码。这是由于发送方与接收方所使用的中文操作环境不一致。

中文电子邮件在发送前要经过编码，汉字被编成 ASCII 码后进行发送，接收时又要经过解码，本地的汉字操作环境自动把 ASCII 码还原成汉字。发送方与接收方所用的汉字操作环境不一样，编码和解码的方法就不一样，出现乱码。大陆使用简体中文操作环境，台湾使用繁体中文操作环境。因此，在两地之间互通中文电子函件可能会出现乱码。

通常，中文操作环境不一致时，运用汉字操作环境所提供的文本转换器对邮件进行转码，也能得到和原文一致的中文。

» 为什么互联网上要设立防火墙？

在互联网中，人们采用类似防火墙的设备，保护内部或私人的网络资源不受侵害，具备这种功能的设备被称为“防火墙”。防火墙实际是一种插在内部网与互联网之间的隔离系统，作为两者之间的关卡，起到加强系统安全与信息审查的功能。

建立防火墙的目的是保护内部网络不受外来攻击，为此需要确定“防火墙安全策略”，允许何种类型的信息通过防火墙。目前主要有两种截然不同的安全策略：一是拒绝一切未被特许的信息进入内部网，另一是允许一切未被拒绝的信息进入。从网络的安全性来考虑，前者除了被确认是可信任的信息外，其他的信息都不允许通过，对网络的互联性有一定的影响，但安全性好；后者是除了被确认是来自不可信任的信息源以外的信息都可以进入内部网络，这样有利于信息交互，但存在一定的安全隐患。

» 太空机器人是怎么工作的？

宇航员在太空工作时尽管有耗资巨大的安全保障系统，但生命仍然时刻受到威胁。因此，一些国家开发了高级太空机器人，希望它们能代替宇航员完成预定的工作。

太空机器人多由特殊的复合材料制成，具有抗辐射性好、耐高温、耐低温等特性。

太空机器人配备有各种先进的智能传感器。它有多条操作臂和爬行腿，操作臂上装有力觉传感器、触觉传感器等多种传感器件，配合三维彩色的视觉传感器，从而达到多臂协同、“手眼”协同的要求。

人们还可以通过远距离通信网络和高速计算机系统，远程操纵太空机器人工作。

太空机器人还具有较高的智能。具有自主控制能力的高智能太空机器人，能够感知外界环境的变化，自动适应外界环境。它还具有自动修改和编制计算机程序的能力，并能对自身或其他机器人发生的故障进行自动诊断和修理。

» 宇航员为什么要穿特制的宇航服？

我们平常在电视里、电影里看到的宇航员都穿着厚厚的衣服，从头到脚裹得严严实实，这是为什么呢？

太空环境非常恶劣，常常有无法预料到的各种陨石突然袭来，令宇航员措手不及；高空的辐射十分强烈，人体的细胞膜会受到伤害，细胞的免疫功能会被干扰，甚至可能会被终止；还有太空中充斥着人类遗弃在那里的太空垃圾，也严重威胁着宇航员的生命。因此，宇航员需要有严格的保护措施，才能去太空工作。

头盔能抵挡住太阳发出来的强烈的紫外线和红外线的辐射，从而有效地保护了宇航员的头部。手套能耐热、耐磨，并且持续保持手套内部的一定压力。虽然它有很多层，却做得十分精巧，手指能灵活自如地运动，不妨碍宇航员完成各种细致操作。

除此之外，航天服中还有一些特殊装置，如用织物缝在通信帽里的通信和微型控制装置，这是宇航员在外太空相互联系或与地面指挥通信联系的必要工具。

» 为什么科学家要把实验室搬上太空？

自从人类进入了太空时代，科学家不惜一切努力，把许多实验和生产活动搬上太空，这是为什么呢？原因是太空中有许多在地面上所没有的对实验、生产活动有利的优越条件。

太空中的高洁净、高真空和微重力环境，为科学研究提供了便利条件。太空既没有空气也没有地面上严重的污染，特别是微重力，对于农业和工业生产都具有十分重要的意义。从1987 年起我国就已经利用返回式卫星，进行了多次农作物种

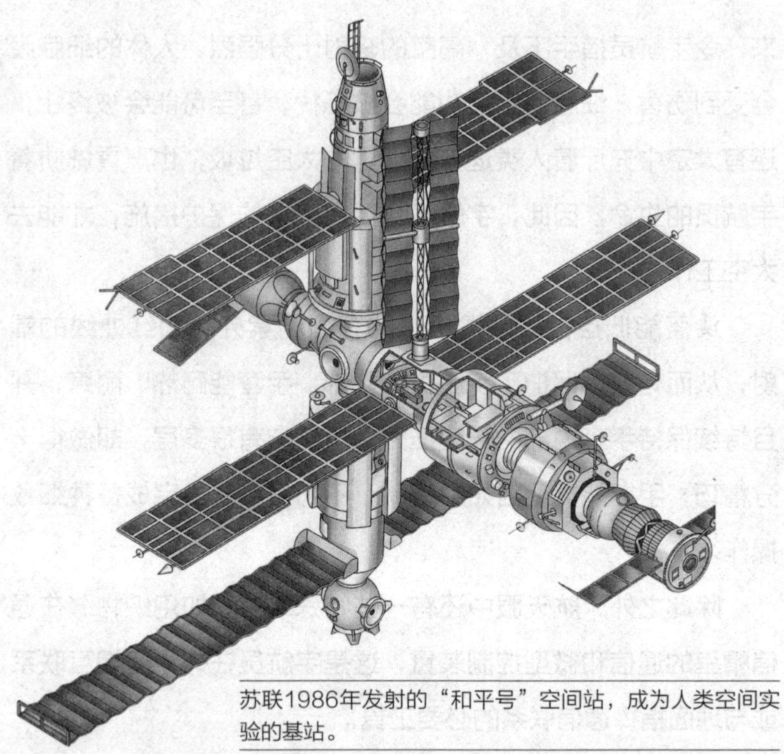

苏联1986年发射的“和平号”空间站，成为人类空间实验的基站。

子搭载。科学家发现，太空环境能够激发植物种子的变异，可以便捷、快速地从产生变异的种子中获得高产、优质、抗病的农作物新品种。

地球重力作用在地球所有的物质上。很多在地面上无法生产的优质材料，在太空则可能实现。由于失重，不同密度物质的沉淀和分层现象消失，含有几种元素的熔融态金属，不论它们的密度相差多大，由于在凝固结晶过程中不存在热扰运动，因而可制造出成分非常均匀的合金或金属基复合材料。

» 医生为什么要叩击病人的膝盖？

医生用叩击病人的膝盖这种方法来看膝跳反射是否正常。如果正常，就表示病人的神经系统是正常的。事实上，像这样的深层腱的反应为医生判断神经系统的整体健康状况提供了宝贵的信息。

反射是迅速的，一次简单的反射包括了周围神经系统的神经元与脊髓之间的联系。大脑可能会接收到这个信息的传递，但并不会参与到实际反应中去。这就使反射独立成为衡量神经系统健康与否的标准。用叩诊锤在膝盖的髌腱上轻轻敲击，使控制膝关节伸屈的大腿肌收缩。肌肉里的受体（也叫纺锤体）对肌肉长度的变化做出反应并产生神经冲动。这些冲动跟着携带有信号的感觉神经细胞向脊髓传递。在这里它们形成突触（电信号从一个神经细胞转移到另一个细胞的连接点），随即一个信号被直接返回到腿上，一直向下发送给大腿肌。这些合作最终导致小腿向前摆动，使得膝盖也跟着摆动。但是如果你的神经系统状况不佳，操作起来就不会这么顺利了。

» 为什么断肢可以再植？

身体重新长出失去的器官或组织，被称为再生现象。断离的肢、指可以再植，这是因为动物和人类都有一定的再生能力。

断肢再植最先在我国获得成功。1963 年，我国陈中伟等

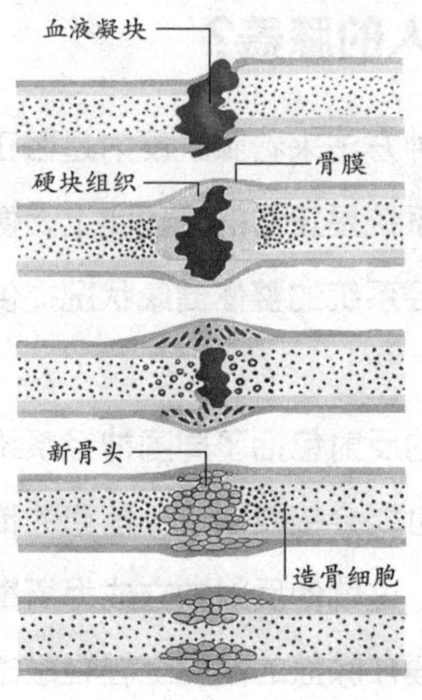

骨头愈合

人体发生骨折后，其周围血液凝结，形成硬块组织。硬块组织是新的骨组织，其外表和骨头类似，但是十分脆弱。硬块组织包裹骨折处，所以骨头在X射线扫描下显得肿大。在造骨细胞作用下，硬块组织转变为骨头。骨头逐渐硬化成形，几周之后，肿胀状况消失。骨折通常在4~6周后愈合。

医生首次在上海成功地进行了一例前臂完全创伤性断肢再植手术。手术后 6 个月，曾断离的前臂就能执笔写字、打乒乓球，并能提起 6 千克的物品。随后便完全恢复了功能。

在生产劳动中，如果发生断肢或断指的不幸工伤事故，尽可能将断离的肢、指保存好，并将受伤者及时送往医院，断肢再植手术是有可能将断离的肢、指接到原位的。再植以后，肢体可能发生肿胀，严重的会影响肢体的血液循环，必须做定期检查。再植成功是“长征迈出的第一步”，肢体完全恢复才是目的，也是评价手术是否成功的一项主要指标。此外，物理治疗、功能锻炼作为辅助治疗也必不可少。

随着现代医学技术的不断进步，现在已可接活断离时间较长的肢、指。兰州的医务人员曾接活过断离 54 小时的手掌，中国台湾省台北市医务人员接活过断离 80 小时和 92 小时的手指，也有一些原来认为不能再植的断肢再植也取得了成功。

» 针灸为什么能治病？

针灸在我国有悠久的历史，包括针刺与灸疗两种中医治疗方法。而通常我们所说的针刺是应用各种针具，刺入人体经络上的相应穴位。经过医生提插、捻转等手法，使针刺部位产生酸胀、沉重、麻木等感觉，再沿经络的路线，传播到内脏，促使人体阴阳达到平衡，同时注入少量药物达到治病的目的。通过针灸，可以提高机体免疫力，增强对疾病的防御能力。

灸法是将艾绒做成大小不一的艾炷置于穴位处，点燃艾绒后，通过灸火燃艾的热力，渗透到皮肤、肌肉中。这种方法叫作火灸。应用灸法能达到温通经络、祛逐寒湿的功效。针灸对一些疑难杂症有很好的治疗效果。针灸还可以有保健的作用。

针灸虽然应用范围较广，但它绝对不是万能的。对于有明显器质性改变的疾病和疑难重症，尽管针灸可以减轻某些症状，但单靠针灸也难以治愈。所以，在临床上应该从病人的实际病情出发，从而决定是否采用针灸疗法。

» 为什么中医看病时要先号脉？

我们常常会见到一些所谓的江湖郎中，单凭一张嘴，就将一个人所得之病全部说出来。其实，这只是一种主观的胡言乱语罢了。而作为传统的中医治病，医生往往只要搭脉，就大概能知道你得的是什么病。而这不是胡编乱造的，它是有一定的科学道理的。

诊脉时，往往以清晨时为最佳。由于清晨时，病体内外环境比较稳定，气血运行情况较少受到干扰，此时切脉容易鉴别脉象的异常变化。诊脉时，医生先让病人休息片刻，调匀呼吸，使气血运行均匀则可。然后正卧，手臂与心脏保持同一水平，直腕、手心向上，并在腕关节背垫上布枕。

诊脉时，医生呼吸要自然均匀，然后诊断病人的脉搏次数，观察脉搏是否有歇止情况，并且将脉搏的形态记录在案。在书写中医的病史中，脉案占有重要的位置。

然后根据观察到的症状和脉搏的变化，分析相应的体内病变，对症下药。这就是神奇的中医搭脉治疗法。

» 为什么人体器官可以移植？

在古代，如果人身体上的某个器官发生病变，除了依靠药物和人体自身的恢复功能使病变器官康复，别无他法。但是，随着科学技术的发展，发达的现代医学技术把过去人们想都不敢想的器官移植变成了现实。这种治疗手段使许多濒临死亡的病人因为获得了新的器官而可以重新生活下去。人们可以“换心”“换肾”“换肝”“换手”等。

在各种各样的器官移植中，肾脏移植在移植例数和效果上都处于首位。1952 年 12 月，法国一位左肾先天性缺乏的 16 岁木工从脚手架上坠落，导致右肾破裂。于是，医生将他母亲的肾移植给他。后来他因为排斥反应于 22 天后去世，这是最早的一例肾移植。直到 1954 年，同卵孪生者间移植肾脏成功，肾移植才进入临床应用阶段。1959 年，美国的默里医生首次在非同卵孪生子之间进行肾移植。医生首先对受移植者进行放射治疗，做免疫抑制，再进行手术移植，使病人存活了 24 年。尽管这种移植方法因危险性太大而没被采用，但人类器官移植的梦想却由此实现了，默里因此荣获 1990 年诺贝尔生理学和医学奖。

» 人造器官是怎么研发出来的?

实践早已证明人体的某些器官是可以用人造材料来替换的，这就是人造器官。现今，除了人的大脑还无法替代以外，人体其他的各个器官都在仿造中。有不少人造器官已经应用于人体，解除了许多病人的痛苦，甚至挽救了他们的生命。

人造器官的诞生和发展有着一段曲折的历程。我国很早就有了“荷叶、莲藕拼接成哪吒身”的神话故事，这说明古代人们就有人造器官的想法。无独有偶，200 多年前的一位波兰医生也曾建议用人造水晶来代替眼角膜，使白内障患者重见光明。不幸的是，这位波兰医生生不逢时，无知的人们不仅不相信他，还控告他“妖言惑众”，以至这位超越时代的医生一度锒铛入狱。

事隔百余年后，一位名叫加里德的英国医生才实现了那位波兰医生的预言。一次偶然的机会，加里德医生发现手术后留在一位飞行员眼睛内的玻璃片并没有让他患角膜炎，这说明有些人工材料并不会与人体发生排斥反应。于是，加里德医生后来在给一位眼科病人做手术时，大胆地用人造塑料晶状体替换掉病人眼中已经混沌不堪的晶状体，使病人重新看到多彩的世界。

而今人造器官已是屡见不鲜，比较常见的人造器官有：人工心脏和心脏瓣膜、人工肾脏、人工关节、电子眼等。

» 为什么心脏起搏器能使心脏恢复跳动？

目前临床上广泛应用的心脏起搏器，实际上是窦房结的仿生工程产物，可使停止搏动的心脏重新跳动。

起搏脉冲发生器、连接起搏器与病人心肌内膜的导线、起搏器顶端接触心肌内膜是人工心脏起搏器的组成部分。植入方法是切开右颈静脉，它的工作原理是将起搏器上的纤细金属导线插入，导线末端直达右心室顶部，将装有无菌铂电板钩紧紧地贴在心室内侧壁上。由锂电池带动脉冲发生器，每分钟发 5 ~ 6 伏的脉冲 70 次，这样微弱的电流沿导线传递给心肌，使心脏搏动。一般将起搏器埋在腹部的皮下，或锁骨下脂肪较多的地方。

随着医学的进一步发展，出现了一种核起搏器，它以微量钚裂变产生的能量为动力，可连续工作 20 年。而后还出现了

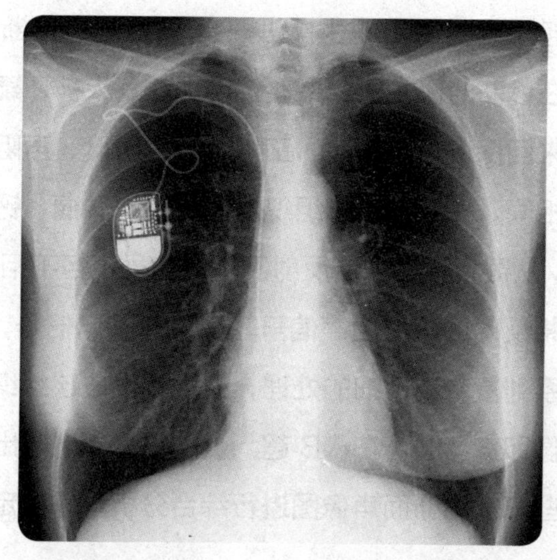

心脏起搏器与心脏相连，由电池组供电。它向心脏发出定时电脉冲，带动心脏以固定的频率搏动。

可调整输出的电压和脉冲速度的秩序式新型起搏器。而一种贴在心房和心室的电极式、可刺激心房和心室的收缩性的起搏器的问世，大大地提高了心脏的工作效率。

» B超为什么能诊断疾病？

B 超的全称是 B 型超声诊断。它是在现代电子学发展的基础上，将雷达原理与声学结合起来的一种新型疾病诊断方法。“B 超”检查具有很多优点，如准确性高、没损害、没痛苦、无放射性、不需要有害的造影剂和比较经济等。它不仅能检测人体内脏器官，如肝、肾、胃、肠和子宫等病变，还可以用于了解母亲子宫内胎儿的生长发育情况。

“B 超”检查是由医生操纵一台 B 型超声诊断仪来完成诊断的。在诊断时医生把探头握在手中在病人被怀疑有病变的部位进行来回探测。因为人体正常组织的密度、声阻抗及吸收系数各不相同，尤其当抗体组织发生炎症、肿瘤、钙化和气体等情况时，从器官组织内部反射回来的信号也各不相同。这时，探头就会将反射回来的超声信号转变成一种电信号，再经“B 超”仪一系列复杂而精细的处理，最后转换成该组织器官的横断面的图像即声像图，在“B 超”仪的屏幕上显露出来。医生就根据这些不同的断面声像图进行综合分析，来确定疾病的性质和部位。

交通运输

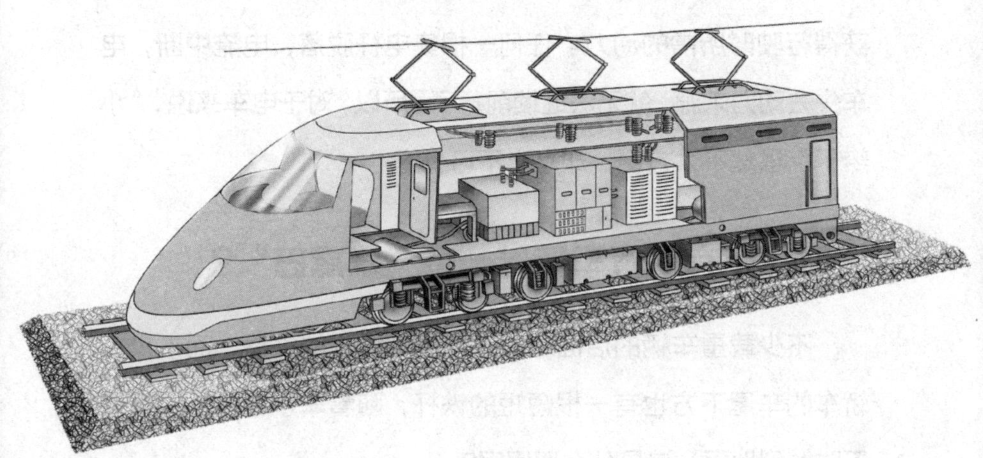

» 为什么电车带两根“小辫子”？

电车，最引人注意的地方就是车顶上那两根搭在电线上滑行的集电杆，常常被形象地称为电车的“小辫子”。

在外观和结构上，电车与公共汽车差不多，但它们的动力来源大不相同。汽车靠燃油发动机驱动，电车则是靠电能驱动。电车使用的电能是依靠特别的集电装置获得的。电车顶上两根带有触轮的集电杆与专门架设的两根架空电线相接触，电流由架空电线通过一根集电杆，经控制设备到达牵引电动机，然后经另一根集电杆回到另一根架空电线，形成回路，从而使电车获得行驶时所需的动力。任何一根集电杆脱落，电流中断，电车失去动力来源，就无法继续前行了。所以，对于电车来说，“小辫子”虽然不太方便，却是必不可少的。

» 为什么有的汽车拖着一条“铁尾巴”？

不少载重车辆的后面悬着一串拖到地上的铁链，而不少小轿车的车尾下方也有一根短短的铁杆，随着车子行进，铁杆也不时触到地面。这是什么原因呢？

快速行驶的汽车车身与空气摩擦会产生静电；汽车发动机的排气管与高速排出的气体发生摩擦，也会产生静电；油罐车所拉的油液与金属壁和管道之间的摩擦、冲击，产生的静电则更多。同时，汽车的橡胶轮胎是绝缘体，如果其后面没有铁链或铁杆接地，产生的静电无法传入地面，就会在车身中越积越多。静电积累到一定程度，很有可能击穿中间介质，从而产生火花和放电。对高速行驶中的车辆是十分危险的。

因此，汽车后面安装金属链条或铁杆接地，利用金属的导电性，使车辆中产生的静电传入地面，由此消除了这一危险因素。

» F1赛车为什么能“固定”在跑道上？

一级方程式 F1 赛车的车身比其他任何车辆都低，外形更接近于完美的流线型。车身的外形如此重要是因为两方面的原因：一方面是因为流线型的车身可以使空气很容易地从车身经过，减少阻力（空气阻力）从而使赛车跑得更快；另一方面是因为气流通过外形特殊的前端和尾翼时，会产生压力，把赛车压向跑道，使得赛车可以一直紧贴跑道行驶。

» 为什么越野车能够翻山越岭？

无论是沙尘飞扬的沙滩荒漠，还是泥泞崎岖的山区公路，或者是湿滑难行的浅河石滩，都阻止不了越野车勇往直前的车轮……

越野车为什么能轻松地翻山越岭呢？

越野车的设计结构不同于普通汽车。普通汽车一般采用两轮驱动，功率较小，而越野车的功率一般比较大，采用四轮驱动，所以，越野车爬坡时常常显得特别“轻松”。

更重要的是，越野车的底盘较高，在高低不平的路面上行驶时，也不易碰伤车体。同时，越野车的转弯性能也很好，能在很小的范围内转弯、掉头，特别适合在山地公路上行驶。

此外，越野车的轮胎通常更大更宽，增加了轮胎与地面的接触面积，缓解了汽车在松软的路面和沙滩上行驶时车轮下陷的程度，保证了汽车的驱动性能。

» 火车为什么要在钢轨上行驶？

如果把一杯水放在疾驶的火车车厢里，它绝不会溢出杯子，洒到桌面上的。这是因为火车是在轨道上运行的。那么火车为什么要在轨道上运行呢?

当你在平坦的地面上骑自行车时，会感到很轻快，可是一到崎岖不平的小路上，就会感到特别费劲；当自行车轮胎里的气充满的时候，骑起来感到轻快，轮胎里的气不足时，骑起来就感到特吃力。这又是为什么呢?

原来，这都是滚动阻力在起作用。因此，减小滚动阻力，是提高运输效率的一个关键。

根据试验，一辆载重火车，如果停在碎石路面上，需要 15 个人一起推才能使它前进；而停在平滑的钢轨上，只要两个人推就可以使它前进。很明显，在钢轨上行驶，不仅使火车节省了大量能源，也极大地提高了运输的效率。

另外，因为火车的车身很沉重，如果让火车直接行驶在石子路或水泥路上，就会使路面产生下陷的可能。用了钢轨和枕木后，就使沉重的火车对地基的压强大大地降低了。而且，铁路的两条钢轨之间保持着一定的距离，这个距离叫作轨距，它跟同一条轴上的两个有轮缘的火车轮的距离是相等的。这样，通过车轮与钢轨的固定关系，火车就能沿着两条钢轨的方向前进了，这也是火车要在钢轨上行驶的一个原因。

» 隧道是怎样修筑成的?

地表浅层的隧道可通过“先挖再填”的方法来修筑。也就是说，先在地上挖出一条巨大的、长长的渠道，再将顶部填封起来，这就形成一个隧道。但深层隧道必须采用钻孔的方法修筑。若隧道要从坚硬的岩石中穿过，必须先用炸药将岩层炸开；若隧道要从比较松软的岩层或泥土中穿过，必须先用一种强有力的挖掘工具，即地盾，挖出一条通道。地盾的形状似大鼓，

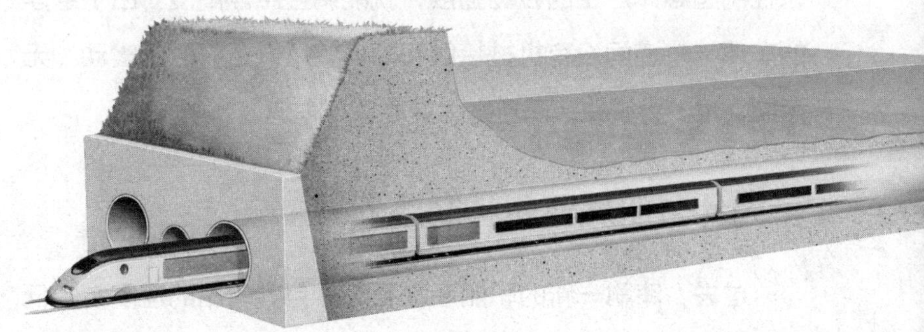

前端有一个圆盘状的挖掘机。随着地盾不断向前推进，那些挖出来的泥土或岩屑从其尾部排出。隧道内有圆环状的钢筋及混凝土支架，以防止其坍塌。

» 磁悬浮列车为什么能悬浮？

在众多高新科技的列车中，磁悬浮列车是一种非常理想的形式。这种列车运行的时候与众不同，它不是紧贴着钢轨行驶，而是悬浮在轨面上飞驰。它不仅速度快，而且安全、平稳、无震动、无污染。磁悬浮列车与超导技术联系十分紧密。科学家发现，处在超导状态的物质，具有完全导电性和完全抗磁性。超导体的完全抗磁性，会对磁铁产生向上的斥力，足以抵消磁铁的重力，磁铁便会悬浮。磁悬浮列车正是利用这一原理，将超导磁体安装在列车底部，轨道则用连续的良导体薄板铺设。当电流从超导体中流过时，产生磁场，就会形成向下的推力。当推力与车辆重力平衡时，车辆就可悬浮在轨道上方。通过改变电流来控制超导体产生的磁场强度，就能调整悬浮高度。由于悬浮的车体与轨道间没有机械接触和摩擦，所以运行时无震动、无污染，也不会脱轨，而且大大提高了行车速度。

» 为什么船底要刷特制漆？

过去，漆刷一新的轮船下水后 3 个月，轮船的速度会降低约 10%，航行半年后，船速甚至会下降 50%。为什么会出现这种情况呢?

原来，轮船的水下部分“长”出许多生物，是它们阻碍着轮船的前进，从而降低了轮船的速度。

海洋里生活着许许多多生物，其中的“藤壶”“牡蛎”“凿船贝”“穿孔虫”等动物的幼体通常漂游在海水中。可是一旦它们碰上了轮船，就吸附在船底，不再到处“流浪”，逐渐变为成体，终生附着在船底。轮船外壳自从被这些生物附着之后，速度就慢了下来。研究表明，如果轮船水下部分有 46% 的面积附着了平均厚度为 4 毫米的生物，要维持原来的速度，就得增加 5% 的动力。

为此，人们制成了一种加有氧化亚铜、汞化合物、锡有机化合物等毒剂的特殊船底漆。这种漆能够赶走附着生物，那些附着生物碰上毒剂，就会被杀死，再也无法攀附在船底了。

» 为什么帆船逆风也能航行?

帆船本身没有动力，靠风力鼓动船帆航行。因此，相对船身而言，帆通常设计得很宽大，从而能充分利用风力。帆船顺风航行时速度相当快，可是，它遇到逆风时，应该如何航行呢?

挂在桅杆上的风帆可以根据风向随时改变角度。帆船逆风行驶时，常常侧转船身，使帆与船身形成一定的角度，帆的一面鼓满风，另一面所受的压力较小。船体就利用这种压力差前进。这样前进时，船的行进方向与目的地方向有偏差，因此，帆船航行一段时间后，需要通过调整帆的方向，来改变航向，从而呈“之”字形前进。

帆船航行的时速通常为十几千米，虽然速度不是很快，但风力是取之不尽的自然动力。因此，帆船航行几乎没有能源消耗，也不会造成环境污染。

现在，人们经常用帆船来旅游，还组织各种帆船和帆板的体育比赛。机动船装上风帆，也能节省不少燃料。

» 为什么要开凿运河？

运河是人工开凿的航运渠道，用来沟通江河、湖泊、海洋等水域，主要是为了改善航运条件，缩短交通运输的时间和距离。

横贯中美洲的巴拿马运河，全长只有 83 千米，却沟通了太平洋和大西洋两个最大的海洋之间的交通。它是一条高于海平面的人造河，宽 91 ~ 204 米，水深 12.6 ~ 26.5 米，沿线用 6 座船闸来改变水位。它通航后，每年约有 1.5 万艘船舶通过。巴拿马运河的地理位置十分重要，但只能通行 4 万 ~ 5 万吨级的船只。相比之下，苏伊士运河则是世界上最繁忙的通海运河之一，它连接地中海和红海，沟通了欧、亚、非三大洲的海上国际贸易，大大缩短了航行时间、距离。苏伊士运河全长 193.5 千米，经过扩建后，可通航吃水 16 米、满载 15 万吨（或空载 37 万吨）的大型轮船。

» 为什么要大力发展集装箱运输？

集装箱用来专门集中装运在运输中容易被损坏的货物，它有国际统一的规格尺寸，通常长为 6.096 米，宽和高均为 2.438 米。美国最早发展集装箱运输，其卡车允许的最大宽度即为 2.438 米，这一尺寸后来逐渐被各国所采用。除标准规格外，还有长达 9.14 米和 12.2 米的超大型集装箱。

集装箱的出现大大提高了货物的运输效率，带来了巨大的经济效益。统计表明，集装箱船与同样排水量的货船相比，年运输能力增加 6 倍。通常情况下，每个标准集装箱可装货物 20 ~ 30 吨，每个集装箱装运上船需要 3 分钟，因此集装箱船每小时可装货 400 ~ 600 吨。而传统的“散装”方式每小时只能装载货物上船约 35 吨，两者的效率悬殊。因此，集装箱运输得到了极大的关注，并在全球范围内迅速发展。

» 潜水艇为什么能下潜到水里？

潜水艇的船体有两层墙壁，在这两层墙壁之间有一个巨大的容器叫作压水舱。当压水舱内充满空气的时候，潜水艇就会和普通的船一样浮在水面上。潜水艇准备下潜时，压水舱就会渐渐充满海水，这样就会增加潜水艇的质量使它潜入海底。而当潜水艇准备上浮时，压缩空气就会被释放到压水舱中，把里面的海水排挤出潜水艇。

» 为什么轮船可以顺利通过落差巨大的葛洲坝?

葛洲坝大坝上下的水面高度相差几十米，长江中的轮船是如何顺利通过它的呢?

原来，葛洲坝中间建有国内最大的船闸。船闸是船舶通过落差悬殊的水坝的过渡设施，由上下闸门组成封闭的闸室。当船舶顺流而下时，先通过上闸门进入闸室，然后关闭上闸门，由泄水道排放闸室内的水，船体随水位降低一起下降。当闸室内的水位与下游水位相同时，开启下闸门，轮船便可从闸室平稳地驶出。相反，轮船逆流而上时，进入闸室后，要先向闸室内灌水，使船位随闸室内水位增高而上升，直至与上游水位一样。

» 气垫船为什么能浮在水面上行驶?

船作为一种交通运输工具已经有悠久的历史了，在船的帮助下，人们不仅可以穿越河流、畅游大江，甚至还可以远涉重洋、遨游世界各地。可是，由于船体在水中航行时所受水的阻力很大，其行进速度因此也相当缓慢。

那怎样才能提高船的速度呢? 科学家经过研究，终于想出了一个好办法，那就是发明一种能够离开水面航行的船，以使其不受水的阻力影响，这种船就是气垫船。

气垫船的出现改变了所有的状况。那么，气垫船是如何进

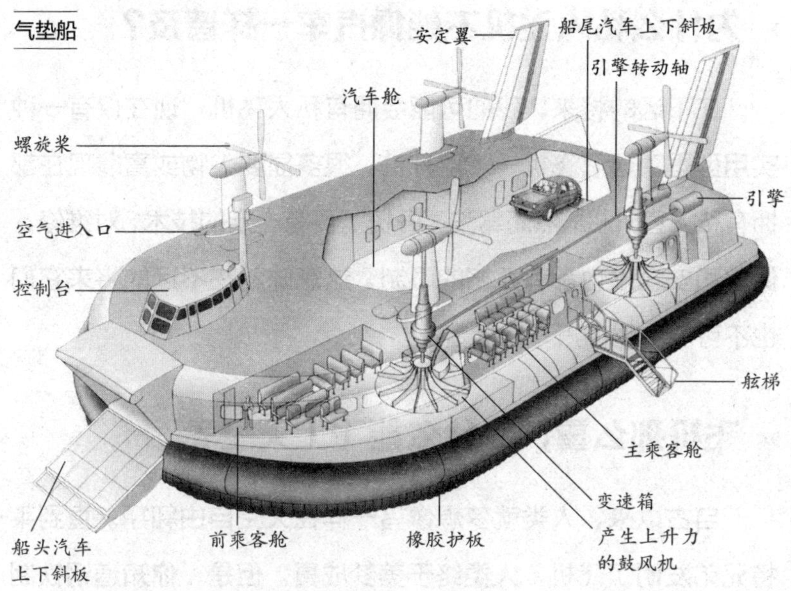

行工作的呢？原来气垫船上安装了几台很大的鼓风机，这些鼓风机工作时产生大量的压缩空气，通过船底周围的环形管道喷出，以巨大的压力向下冲向水面。根据作用力和反作用力的原理，船体就会获得一个方向向上的支撑力。当这个支撑力等于船体受到的重力时，船体就被抬出水面。这时在水面和船体之间，就形成了一层气垫。然后，通过斜向插入水中的螺旋桨，利用空气产生推力，来推动船舶前进。

除了直升机外，能到达的地方最多的也许就要数气垫船了。

» 为什么私人飞机不能像汽车一样普及?

在不远的将来，我们可能会拥有私人飞机。现在仅有一种实用型垂直起落飞机——直升机。很多显要人物或富翁现在都拥有私人直升机，然而驾驶直升机需要有一定的技术，对维修、保养和安全性也都有严格的限制，这意味着在不远的将来它们也不可能变得像汽车一样普及。

» 飞机那么重，为什么能飞上天空?

自古以来，人类就梦想像鸟一样在天空自由翱翔。直到莱特兄弟发明了飞机，人类终于美梦成真。但是，你知道钢铁制的笨重飞机是怎么飞上天空的吗?

飞机要飞上天空，最大的障碍就是地心引力和空气阻力。所以，飞机要靠引擎的推力和机翼产生的升力，来使自己飞上天空。起飞时，引擎的推力会产生加速度在机翼上产生升力，当升力大于地心引力，推力大于空气阻力时，飞机就能起飞。

在达到一定高度后，就要降低飞机的速度，让升力等于重力、推力等于阻力，这样飞机就能以一定的速度平飞了。

» 为什么滑翔机没有动力却可以飞翔?

滑翔机是人类制造的最早的能在天空飞翔的飞行器之一。它的外形各式各样，主要有固定翼滑翔机和悬挂式伞翼滑翔机两种。

滑翔机没有动力装置。它由滑翔机运动员在倾斜的山坡上跑步推入空中起飞，或者由绞车、汽车或飞机牵引起飞。近代出现的动力滑翔机上装有小型辅助发动机，无须外力牵引，可以自行起飞升空，达到预定的高度以后，再关闭发动机滑翔飞行。

滑翔机在空中飞行时，如果没有上升气流，只依靠自身重力的向前分力作为飞行动力，这种高度下沉的无动力下滑飞行称为滑翔。

滑翔机利用地面或山谷形成的上升气流平飞或升高，称为翱翔。滑翔机飞时前进的距离与下沉高度之比就是滑翔比，人们常用它来衡量滑翔机的性能。现代高级滑翔机的最高滑翔比已超过 50。

» 直升机为什么能在空中停留？

直升机可以停在空中，这是为什么呢？直升机将同样离不开足够的升力来支撑其质量，只有这样它才能在空中飞行。不过，直升机的升力，是由在它头顶上不停旋转着的旋翼所产生的。当直升机在半空中停留的时候，它的旋翼仍然在不停地旋转，旋翼所产生的升力大小正好等于直升机受到的重力，而方向却与重力相反。因此，直升机就能既不前进，也不后退，既不升高，也不降低，安安稳稳地停在半空中了。

另外使人产生兴趣的是，直升机的旋翼还能前、后、左、右倾斜。如果向前倾斜，它就会产生一个向前的推力，于是直升机就向前飞行了。同理，旋翼向后、向左、向右倾斜，直升机也就相应地向后、向左、向右方飞行，操作也很灵便。

直升机的尾巴也很有特点，它的尾巴不仅向上翘着，上面还安装了一台“电扇”。这“电扇”能起到螺旋桨的作用，它的转轴平行于地面，一般称作“尾桨”。它的作用类似于船舵，能使直升机向左或向右转弯。

» 为什么直升机要安装机尾螺旋桨？

如果没有机尾处的螺旋桨，直升机将只能在空中绕圈旋转。机尾螺旋桨可以产生和主螺旋桨方向相反的动力，从而有效地防止机体旋转。机尾螺旋桨还可以用来控制直升机的飞行方向，驾驶员通过改变机尾螺旋桨的角度或者倾斜度，就能改变直升机的飞行方向。

» 为什么说喷气式飞机的发明与乌贼有关？

20 世纪初，美国莱特兄弟发明飞机后，人类飞上天空的美梦成真了。而英国人惠特尔发明的喷气式飞机又使人类飞得更快、更高。不过，你也许想象不到，喷气式飞机的发明却与水里的乌贼有关。

惠特尔是当时英国航空士官学校的一名学员，本是学飞机驾驶的，但他却对研究飞机结构特别感兴趣。那时飞机的飞行速度很低，飞行距离也不远，因此富有钻研精神的惠特尔就大胆提出了一个设想：飞机应向高速度、远程的方向发展，所以必须设计一种新型飞机。

在惠特尔看来，要想使飞机飞得既快又远，最重要的一点是要飞得高，因为越往上空气密度就越小，而地面空气密度比高空约大 4 倍。所以飞得越高，飞机受到的阻力也越小。当时的飞机发动机一般采用机械活塞式结构，一旦飞往高空，飞机发动机会因为时速太快而无法工作。如此看来，必须研制出一种新型的高速飞机。

惠特尔想从自然界中得到灵感，因此从那以后他便加大了对身边事物的观察和了解力度。

飞行中的“战隼”战斗机

有一次，海洋博物馆里的乌贼引起了惠特尔的兴趣。他发现，乌贼遇到强敌时，会放出类似墨汁的“烟幕弹”，为自己逃跑作掩护。乌贼不仅能放“烟幕弹”，而且逃得极快。奇怪的是，普通鱼是以双鳍划水游动，而乌贼却与此不同，它们是靠尾部喷出的水使自己前进的。他想起以前在书上看到过，古希腊曾有人主张以喷气作为车辆行驶的动力，以及牛顿提出的以蒸汽喷射的反作用力使车轮向前滚动……他恍然大悟，乌贼逃得快是得益于它尾部喷出的水的反作用。

惠特尔由此认识到，不管是乌贼喷水还是用蒸汽喷射，无一不是利用反作用力来驱动前进的。进而他联想到，飞机被装上喷气装置后，也许在这种反作用力的驱动下，能飞得特别快呢！于是，惠特尔便致力于研究新型飞机。他是这样构思未来的新型飞机的：飞机靠涡轮喷气发动机驱动。这种发动机在工作时，先将燃料和压缩空气混合，混合物的燃烧会产生强大的压力，把气体挤到飞机尾部，然后喷射出来，飞机就在由此产生的巨大气体反作用力的推动下飞行。

惠特尔做了许多研究和计算，直到完全肯定自己的设计方案之后，才踌躇满志地向英国皇家军部提交了这个方案，希望他们能进行研制和投产。

可出乎他意料的是，英国皇家军部拒绝了他的这一设计方案。惠特尔并未因此而灰心丧气。

惠特尔知道，要想使自己的设计方案变成现实，必须有大量资金的支持，因为造飞机毕竟不像造玩具那样简单。

机会终于等来了！1936 年，一个富有的商人得知了惠特尔试制喷气式飞机的消息后，表示愿意提供资金，因为他认为这种投资得到的回报将非常惊人。

于是惠特尔全身心地投入新型飞机的研制中，但这个过程充满了挫折，连续 5 年都没有取得成功。惠特尔虽然备受挫折和打击，但他仍然挨个攻克了技术上和生产上的难题。

1941 年 4 月，一架崭新的喷气式飞机终于诞生了。同年 5 月，飞机首次试飞。这架喷气式飞机穿越云雾速度达到 600 千米 / 小时，最后安全着陆。

通过飞机试飞后，人们也逐渐认识到喷气式飞机的优异性能。它将时速由亚音速提高到超音速，能够飞到万米以上的高空，逐渐替代了螺旋桨飞机。

» 为什么无人驾驶飞机能在天空自由飞行？

无人驾驶飞机通过遥控或者自控飞行。它的控制原理与遥控汽车、舰艇和航空模型或者由声音、磁场控制的儿童玩具一样，只不过要复杂一些。通常，将远距离指挥无人机按预定航线飞行叫作遥控飞行。遥控飞行需要有远距离的指挥站或遥控站，与无人机组成一套完整的系统。操作人员在指挥站内借助无线电指令引导系统操纵无人机，指挥无人机按预定路线飞行。遥控的方法有有线遥控、无线遥控、声音遥控、光学遥控等多种，其中以无线遥控的应用最为广泛。无人机还可以不依赖机外指挥站，靠机上的电子计算机系统自主完成飞行动作，人们称之为自控飞行。

现代无人机小巧灵活，成本低，遇到机毁时没有人员伤亡的危险。与有人驾驶飞机相比，它们更适合在高度危险的环境下工作，能执行有人驾驶飞机无法完成的任务。

数理化天地

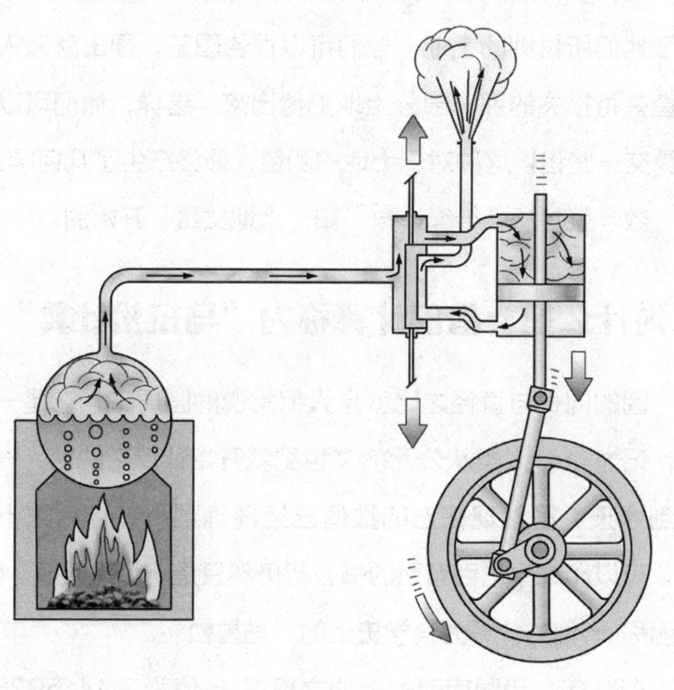

» 为什么说数学起源于结绳计数和土地丈量？

数学的历史开始于结绳计数。大约在 300 万年前，处于原始社会的人类用在绳子上打结的方法来表示事和数，并以绳结的大小来表示野兽的大小。数的概念就是这样逐渐发展起来的。

在距今五六千年前，古埃及人较早地学会了农业生产。当时古埃及的农业制度，是国王分配同样大小的正方形土地给每一个人，耕种的人每年提取收获的一部分作为租金。如果洪水冲了他们所耕种的土地，他们可以报告国王，国王就派人前来调查并将损失的那一部分土地测量出来，这样，他们可以相应地少交一些租。这种对于土地的测量，最终产生了几何学。

数学就是从“结绳计数”和“土地丈量”开始的。

» 为什么把 π 值的计算称为“马拉松计算”？

圆的周长与直径之比就是人们常说的圆周率，它是一个常数，记为 π。人类从公元前 2 世纪就开始计算它的值，一直计算到今天。虽然现在它的数值已经精确到小数点后数十万亿位，可以印成厚达百万页的书，却仍然只是一个近似值。因此，人们称 π 值的计算为科学史上的“马拉松”。

460 年，我国南朝的祖冲之算得 π 值为 3.1415926。他是世界上最早把 π 值精确到小数点后第 7 位的科学家。他还找到了$\frac{22}{7}$和$\frac{355}{113}$两个近似于 π 的分数值。这两个分数化为小数的值虽不如他算得的 π 值准确，但用分数代替 π 可使计算变得简单，直到1000 多年后西方人才采用这个方法。

1000 多年后，德国数学家卢道夫经过长期的艰苦努力，终于把 π 值精确到小数点后第 35 位。1610 年他逝世后，人们为他立了一座墓碑，上面刻着他所计算到的 π 值：

3.14159265358979323846264338327950288 以示纪念，同时，还给这个数取了一个新名字，叫作“卢道夫数”。

» 谁最早计算出了地球的大致周长？

2000 多年前，古希腊的埃拉托色尼（约公元前 275—前194 年）用简单的测量工具计算出了地球的周长。

在离亚历山大城约 800 千米的塞恩城（今埃及阿斯旺附近），夏日正午的阳光可以直照井底，此时地面上所有的直立物都应该没有影子，但亚历山大城地面上的直立物却仍有很短的影子。细心的埃拉托色尼发现了这一现象，他认为直立物的影子说明亚历山大城的阳光与直立物形成了夹角。根据地球是圆球和光直线传播这两个前提，从假想的地心向塞恩城和亚历山大城引两条直线所形成的夹角，再根据两地之间的距离，便能计算出地球的圆周长。埃拉托色尼按照相似三角形的关系，测出夹角约为 7°，是地球圆周角（360°）的五十分之一，由此推算出地球周长约为 4 万千米，这一结果与实际地球周长

（40076 千米）相差无几。他还算出太阳与地球间的距离为 1.47 亿千米，结果和实际距离 1.49 亿千米也惊人地相近。

» 欧几里得是怎样测出金字塔高度的？

埃及的金字塔是人类文明史上的奇迹，留下了许多难解之谜。早在公元前 300 年左右，许多人煞费苦心测量它的准确高度，却无结果，最后，这个难题还是被大数学家欧几里得解决了。

欧几里得怎样测量金字塔的高度呢？有一次，他站在太阳下，忽然看见自己拖在地上的影子。这位几何学家灵机一动，他想金字塔也有影子，如果在自己影子的长度等于身高时去测量金字塔影子的长度，按比例不就求出金字塔的高度了吗？于是欧几里得用这个办法测出了金字塔的高度。

» 磁铁为什么能吸铁？

磁铁在我们的日常生活中随处可见，比如文具盒、冰箱贴等，这些小玩意儿非常实用，给我们的生活带来了极大的便利。那么，磁铁为什么会吸铁呢？要想弄清楚这个问题，得先从磁铁的结构入手。

磁铁的构成材料一般是铁、钴、镍等铁磁质材料。在同一个磁畴中，里面的原子磁性方向都是一致的，叠加以后磁性相互加强。如此一来，一个磁畴就相当于一个“小磁铁”，大量的“小磁铁”一起构成了铁磁体。

当磁铁靠近铁块时，它的磁场将铁块磁化，磁铁和铁块不同极性间产生吸引力，它们两者就“异性相吸”了。而铜、铝、铅等金属不能被磁铁的磁场磁化，不能产生磁性，所以，磁铁和它们不能产生“触电情缘”。

» 为什么用射线照射的食品能长期保存？

保存食品所采用的射线能量高，穿透能力强，能照透食品的里里外外。当用放射线照射食品时，灭菌非常彻底，所以食品能够长期保存，而不会腐烂变质。

用放射线照射食品时有一个其他方法不能比拟的优点是，虽然射线的穿透力非常强，但食品的营养和原有风味都能很好地保持不变。因此这种灭菌方法颇受人们的青睐。

» 瓦特是怎样改良蒸汽机的？

早在 1698 年，实用的蒸汽机经英国技师塞维莱发明和铁匠纽可门改进后，就已被许多企业相继采用。但这种蒸汽机耗煤多，效率低，只能做往复直线运动，不能做旋转运动。

作为一名技师，瓦特在修理蒸汽机时，精心研究了它在工作原理上存在的缺陷，发现效率低的主要原因在于绝大部分蒸汽没有被利用。据此，他发明了和气缸分离的冷凝器，能将高温蒸汽从气缸中导出并冷却，从而大大提高了蒸汽机的效率。后来他又先后完成了与蒸汽机结构配套的一系列重大改进，由

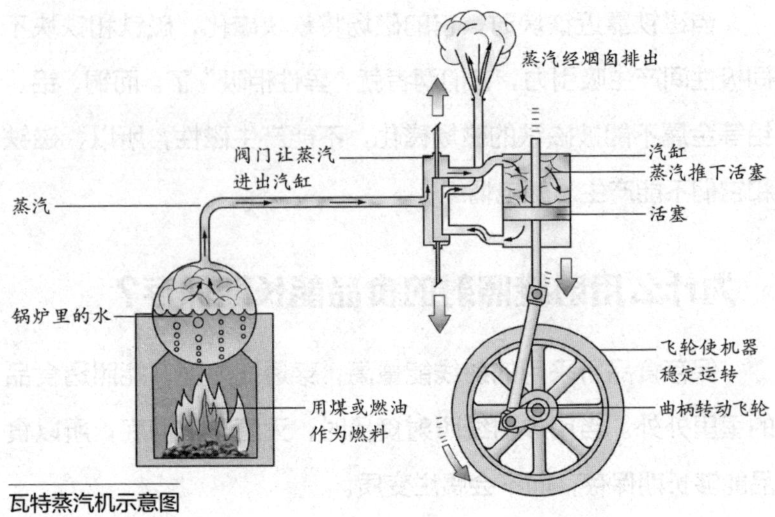

瓦特蒸汽机示意图

此，瓦特完成了对蒸汽机的整个改良。并制成了第一部高效率、连续运转的双动作现代蒸汽机。从此以后，人类社会进入了“蒸汽机时代”。

» 为什么能透过玻璃和冰看它们后面的物体？

首先让我们来了解一些关于固体、液体和气体的知识。固体分子之间的吸引力很强，它们彼此之间就好像被紧紧地粘在一起。这就是固体都具有一定形状的原因，比如砖块是方的、铁球是圆的等。但无论被束缚得多么紧，固体中的分子仍会振动。事实上，自然界不存在绝对静止的东西。

液体分子之间的吸引力稍弱一些，它们彼此可以滑动，所以液体可以流动，没有固定的形状，可以填满任意形状的容器。

但是气体分子不是相互连在一起的，而是向各个方向飞速弹散开。气体分子间的间隙很大，所以虽然我们生活在空气中，却往往忘记它的存在。

温度是决定物质是固体、液体还是气体的主要因素。在地表常压下，环境温度在 0℃或 0℃以下时，水会结成冰，也就是固态；在 0 ~ 100℃时为液体；而当温度升高到 100℃以上时，水就沸腾了，水蒸气从液体水里跑出来，变成气态水。

大多数固体分子都会吸收照射在它上面的光，一部分光能被转化为热能保留在固体中，但大部分光被反射，反射光线进入我们的眼睛，我们就看见了这个物体。

但是玻璃是一种特殊的固体。玻璃分子吸收光子，随后又会沿光子入射的方向将其发散出去，所以玻璃是透明的，因为光线径直通过。

对于水和其他一些近似无色透明的液体也是同样的道理。光是通过液体分子之间的传递而通过液体的，其中一部分能量会被液体分子吸收，变成热量，于是液体温度就会升高。

气体分子之间的间隙大，光线可以传播相当长的一段距离而不与气体分子碰撞，也就是说，阳光在大气层中传播时很少有障碍。当阳光光线与空气分子碰撞时会发生散射，白光进入空气分子时会被分解为成分颜色的彩色光，而其中蓝色光最强。这正是天空是蓝色的原因。其实，我们周围的空气也会带些淡淡的蓝色，但它仍是透明的。

» 光学玻璃制造的关键一步是什么?

化学实验和现代化工业生产普遍使用搅拌这种操作，可以节省时间和提高产品质量。可是，最早人们并不知道这个道理。在光学玻璃的生产发展史上，有这么一段趣事：第一次世界大战期间，除法国产品外，世界上的光学玻璃的产品质量都很低。1916 年，俄国向法国提出以 100 万法郎的高价购买光学玻璃的制造秘密，遭到了法国的拒绝。

其实这个秘密就是搅拌，它和冲奶粉、炖鸡蛋采用的搅拌没有什么区别。熔炼玻璃的时候，不断地进行搅拌容易使原料混合均匀，气体也无法停留。从而制造出没有气泡和疵斑的光学玻璃。当时的搅拌是用一种棒状物进行的，对不了解情况的人来说，这种简单的物品有如此奇效，简直价值连城。因此，它被称为化学家手中的“魔棒”。现在，化学家已经采用机械式和电磁式两类“魔棒”了。机械式搅拌器形式多种多样，有的像桨叶，有的像铁锚，有的像涡轮等，它们性能优越，适用于各种不同的场合。

» 声音在水中的传播速度为什么比在空气中快?

空气能传播声音，液体、固体等许多东西也都能够传播声音。人们钓鱼时不敢高声谈笑，河里的鱼一听见人的说话声就会立刻躲开，这是因为水在传播声音的缘故。水不仅能够传播声音，而且它传播声音的速度比空气传播声音的速度要快得多。经过科学家的精密测量，在 0℃时，声音在空气中的传播速度是 332 米 / 秒，在水中的传播速度是 1450 米 / 秒，这是怎么回事呢？

声音的传播速度跟传声媒介的性质有关。在声音的传播过程中，作为媒介的介质分子依次在自己的平衡位置附近振动，当某个分子偏离平衡位置时，周围的其他分子会把它重新拉回原来的平衡位置上，介质分子具有一种反抗偏离平衡位置的本领。不同的介质分子，反抗本领不同，反抗本领大的介质，传递振动的本领也大，从而更易传播声音，所以传递声音的速度就快。水和空气都是声音传播的媒介，水分子的反抗本领比空气分子的大。因此，声音在水中的传播速度比在空气中快。固体中的铁原子的反抗本领比水分子还要大，所以，声音在钢铁中传播速度更快，可以达到 5000 米 / 秒。

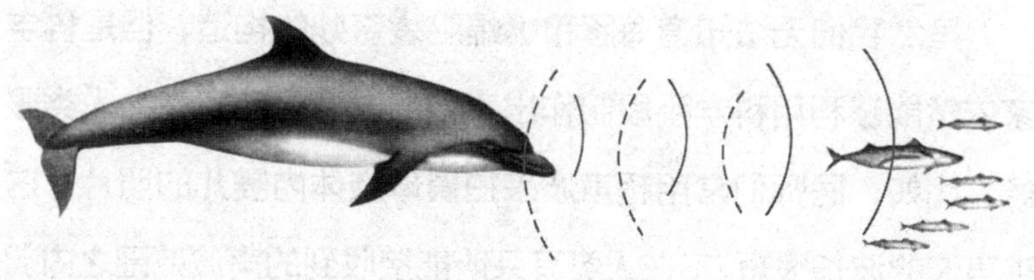

水能传播声音，而且声音在水中的传播速度比在空气中快。海豚是水下的回声定位捕鱼高手，其头部长有一个脂肪瘤，能把声音聚焦后定向发出来，令海豚更准确地分辨目标。

» 为什么我们看不到声音?

声音对于一般人来说，是一种有声无形的东西，我们根本无法想象出声音的形状。但是自然界中就有一些动物能够“看到”声音，并利用声音来认识这个世界，比如蝙蝠和海豚。

蝙蝠和海豚是天赋很高的“声音艺术家”。蝙蝠在飞行过程中，会不断发出“嘎嘎”的超声波，这种超声波人类并不能听到；海豚则会对着幽深的大海发出“叽叽”声，像生锈的门铰链所发出的声音一样。这些叽叽嘎嘎的声音在海水或者空气里面传播，碰到物体就会被反射回来，蝙蝠和海豚接收到反射回来的声音，就能够判断出自己距离那个物体的远近。这个过程就叫作“回声定位”。海豚和蝙蝠不仅能够利用“回声定位”判断出物体的距离，还能够了解物体的大小和形状，并以此来避开障碍和捕获食物。有人做过试验，蝙蝠在黑暗中飞行，能够轻易避开和人类头发一样细的障碍物，找到小昆虫一样的食物。

虽然我们无法知道海豚和蝙蝠脑袋奇妙的构造，但是科学家依然能够利用科学手段制作出声音的影像，使声音为人类服务。比如，医师们常用超声波来拍摄母亲体内婴儿的照片，这种声波的波长很短，不在人类耳朵所能接收到的声波范围之内。超声波进入母体，碰到胎儿后会反射回来，机器接收到反射回来的声波并把声波转换成影像，这样我们就能够看到胎儿的形状了。同声波一样，光波和电波遇到障碍物也会发生反射，用来拍摄骨头和牙齿的“X 射线”利用的就是波长很短的光；而雷达则是根据电磁波的性质建造的。

如果你有特异功能，具有海豚和蝙蝠一样的本领，那么你的脑袋里面将会充满了看到和听到的“声音”。这样就算是在伸手不见五指的夜晚，你也能够清楚地知道，前方的路面上有没有需要你多加小心的障碍物。生活也会因此而变得奇妙和有趣。

» 如果把指南针拿到南极会怎样？

地球绕着地轴自转，南极和北极分别是地轴的两端。吸引磁铁及指南针的，叫作地磁轴线，其两端叫作南磁极与北磁极。地磁轴线与地轴之间的角度相差了 11 度，也就是说，南磁极并不在南极，而是在南极东北方约 1600 千米的地方。

所以，指南针指的并不是真正的南方，而是南磁极的位置，而且它每年会移动 10 ~ 15 千米。当你拿着指南针站在南极时，指南针会指向东北方。如果你带着指南针到南磁极，由于指南针失去了地磁场的水平的拉力，所以没有固定的指向，会自由旋转。

» 为什么远处的青草看上去更淡一些？

地面附近的事物会受空气的影响，而这些也影响到我们怎么看远处的事物。在你和目标之间，空气中的灰尘数量随着距离的增大而增加，而地面热量的上升也能改变空气的折射指数。所有这些情况会分散并污染你从目标地接收到的光线。目标体越远，这种污染就越多。

太阳光由不同颜色的光线组成。靠近你的草会反射绿色光而吸收红色和蓝色光，使你观察到草是绿色的。而远处的草也会反射相同数量的绿光，但同时空气中的灰尘也会向你反射白光（所有的有色光）。这种光的散射会冲淡你看到远处草的绿色。

这在城市中最明显。如果你在一座高楼向外看，远处的楼看上去比近处的楼要暗淡一些。它们并不是真的那样，然而看上去更暗，因为很多光线反射向你，只不过这些反射过来的光并不都是一个特定颜色的光。

所以，如果你喜爱画画，那么在画山水时，一定要把背景画得比前景暗一些，因为这样才符合我们看到的“事实”。

» 为什么有些海域是绿色的，有些是蓝色的？

蓝色的海水，绿色的海水，无色透明的饮用水……那么水到底是什么颜色的呢？

答案让人出乎意料：纯净的水是蓝色的。但是由于我们喝水的杯子容量有限，很难分辨出水的颜色来。如果将一个像楼房那么大的杯子装满纯净水，我们就能看到它真正的颜色——蓝色。

水的颜色取决于水分子对光的反射和吸收情况。白光，比如阳光，是由七色光混合而成的，也叫光谱。在光谱中，红色到绿色波长范围的光更容易被水分子吸收，蓝色部分的光则被反射出去，所以我们就看见了蓝色。

但水的颜色并不是一成不变的。在远离海岸的海域中心位置，海水是深蓝色的，甚至有些发紫。然而在靠近陆地的海岸线一带，由远及近，海水的颜色由蓝变绿，再由绿变成黄绿。为什么会发生这样的变化呢？这与水里的浮游物质和水深有关。

在海岸线附近，海水充满了从陆地上冲来的有机物和小植物。其中有一些很小的绿色植物，叫作浮游植物，它们含有一种叫作叶绿素的物质。叶绿素能够吸收大部分的红色光和蓝色光，反射绿色光，于是我们看见的海岸边的海水就是绿颜色的了。

在宇宙空间里，从海洋的颜色可以分辨出地球生命的聚集区。绿色的海域好比是陆地上的热带雨林，充满了生命；而深蓝色的水域是很少有生命的，这里好比是大陆上无人居住的沙漠。

海水和海水里的浮游物对光的吸收方式也改变着水面下的颜色。假设你正在驾驶一艘黄色潜艇，在水面附近，你的潜艇是黄色的，但是随着潜艇慢慢潜入海底，照到潜艇上的光越来越少。当潜艇下降到水下 30 米的深度时，阳光中的黄色、橙色和红色的光几乎都被水分子吸收了，只有蓝色和绿色的光能到达潜艇表面，这时你的潜艇就变成了蓝绿色。如果再往下降，直到绿色光也消失了，潜艇就变成深蓝色了。浮游物越多，海水越浑浊，对光的吸收量就越多。所以越是浑浊的海水，你下降时看到周围环境变暗的速度就越快。

» 如果没有阻挡，光会不会消失？

理论上讲，如果不碰到任何东西，光将会继续向前传播。但这要求光必须在一个极其完美的真空状态下传播，然而实际上这是不可能发生的。

想象有一个光子，它来自太阳发射出的光的一部分。即使它设法避开了所有的行星、小行星和彗星（换句话说就是整个太阳系中的所有大物体），但它可能恰好撞到了来自彗星上的一小块尘土，或飘浮在太空中的一个微小的氢原子，那么它就会失去能量。但有一些光子会在它们的旅途中幸存，然后直线前进直到进入你的眼睛，那就是这部分光的终点。而光所携带的能量会转化成电信号进入你的大脑，从而使你能看见光。

光子可能与飘荡在太空中的原子，或是与一个行星大气层中的原子，也有可能与一个如岩石一样的物体的原子相碰撞，其中的一些能量会发生反射——从而让我们能看到这些物体。

» 霓虹灯为什么会发出不同颜色的光？

水银灯的发明激发了人们更大的研究热忱，既然水银蒸气通电后能发光，那么其他的气体也应该可行啊！早在 19 世纪，化学家们就发现了几种很不活泼的惰性气体。这类气体性质很稳定，很难与别的物质发生反应，因此用它们来发光倒是一个很好的选择。

1910 年，法国化学家克劳德把惰性气体氖充入灯管，通电后，原来无色的氖气受到电场的激发，放出橘红色的光。这种红光在空气中具有很强的穿透力，连浓雾都无法遮挡住它。因此，港口、机场和交通线的灯标上用的灯多是氖灯，霓虹灯其实是“氖灯”的英文译音。

氩也是一种惰性气体，占空气总量的 1%，从空气中提取比较容易。在电场的激发下，氩也会发出淡蓝色的光，因此它也是用来填充霓虹灯的常用气体。除了氖和氩之外，还有能发出淡红色光的氦气。有的霓虹灯还掺进了这三种气体和水银气体等其中 2 ~ 4 种的气体混合物，由于各种气体的比例不同，便有色彩缤纷的霓虹灯了。

» 为什么火焰通常是橙色的?

我们见过不同颜色的火焰：黄色、橙色、红色、白色和蓝色。火焰的颜色取决于两个因素：火的温度和燃烧的物质种类。

为了弄清温度与颜色的关系，就让我们先来看看电炉吧。通电之前，电炉上的线圈是冷的、黑色的。现在假设你要烧水，你打开电炉，线圈就开始变热，慢慢地变成暗红色。随着线圈温度越来越高，它也变得越来越红。最后，当达到最高温度时，线圈变成了明亮的橙红色。

当然，电炉本身并没有燃烧，也不是线圈着火了，它们只是越来越热。如果它们的温度能加热到更高，它们的颜色变化就可能更显著，它们会变成黄色，然后白色，再就是蓝色，而不是保持橙红色不变。蓝色表明温度最高。

在壁炉里的火焰或是篝火上，我们可以看到更多颜色，但它看起来更偏橙色一些。我们之所以能看到黄色，是因为其中有些碳粒，它们温度很高，会呈现出黄色。烟囱里的黑烟，就是那些碳粒冷却之后的样子。燃烧的木柴里的某些化学成分也会产生不同的颜色。比如火中会含有一些钠（这是我们每天吃的食盐的组成部分），其在加热时，会发出明亮的黄光。火焰里也可能会有钙（我们都知道牛奶里有丰富的钙），钙在加热时会放出深红色的光。另外，如果火中有磷的话，就会有绿光。这些元素都可能存在于燃烧的木柴或是其他燃烧的物质中，所以柴火的颜色种类就更多了。最后，所有这些颜色混合起来还可以形成白光，就好像彩虹的七色光混合起来就能变成白光一样。

» 同样瓦数的荧光灯为什么比白炽灯亮？

荧光灯是一种比白炽灯更优良的室内照明光源，同样瓦数的荧光灯比白炽灯亮得多。

这是为什么呢？原来这两种灯的发光原理不同。白炽灯用久了会很烫，因为它是靠电流通过灯丝产生的热效应来发光。任何物体被加热到525℃以上时，都会发光，随温度的升高物质发光效率也提高。但是，用来做灯丝的钨丝熔点高达3410℃，所以白炽灯把电能转换成光能的部分很少，绝大部分电能都变成热能，这就消耗了过多的电能。

荧光灯的发光原理就不同了，它主要是通过荧光粉把低气

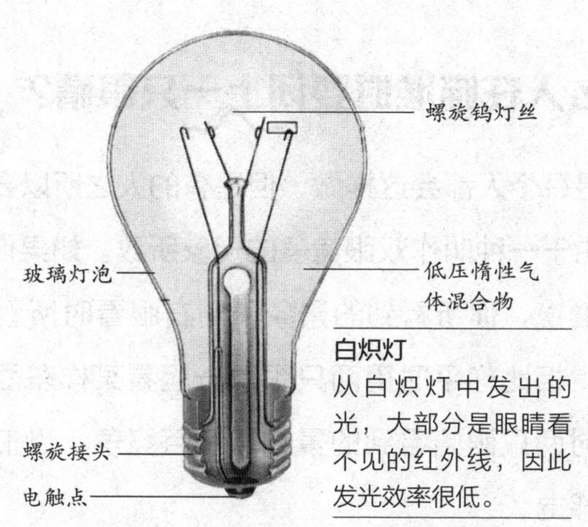

白炽灯

从白炽灯中发出的光，大部分是眼睛看不见的红外线，因此发光效率很低。

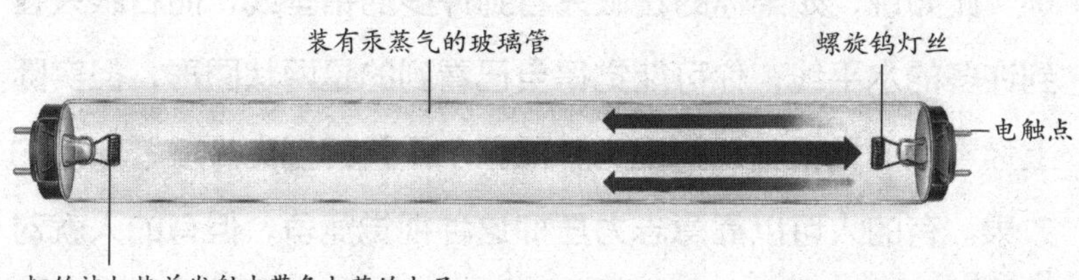

荧光灯

荧光灯的灯管内壁涂有一层荧光物质，它能把低气压汞蒸气弧光放电过程中产生的紫外线变成可见光，因而它的发光效率高且光线柔和。

压汞蒸气弧光放电过程中产生的紫外线转变成可见光。这种发光方式使荧光灯在发光过程中，产生很少热量，发出的是一种冷光。这样，电能大部分转化成光能，荧光灯的发光效率就远高于白炽灯。

从白炽灯到荧光灯，由于采用新的发光方式，节省了资源。相信经过科学家的不断努力，今后会有更省电且比荧光灯还亮的灯出现！

» 为什么人在瞄准时要闭上一只眼睛?

并不是每个人都会这样做，但是有的人之所以要闭上一只眼睛，是由于一种叫作双眼竞争的现象所致。如果你用自己的左眼看瞄准镜，你所看到的景象和用右眼看时所看到的景象并不一样。相比你平时用两只眼睛一起看某样东西时的和谐状态，此时两只眼睛看到的景物却相互竞争，恐怕让你有宁可瞎掉的感觉。

比如说，如果你的左眼只看到许多的铅垂线，而右眼只看到许多的水平线，你可能觉得自己看到的是网状图形，但实际上你看到的是铅垂线的视觉片段和水平线的视觉片段叠加后的效果。有的人可以靠意志力压抑这种视觉竞争，但有的人就对此感到非常不适，因此他们选择闭上一只眼睛。

大部分人倾向于用自己的优势眼来瞄准。一般而言，优势眼的视力会比较好，但这也不是完全绝对的。如果两眼的焦距不同，有的人就会用一只眼睛来看远处，一只眼睛来看近处。

» 为什么说任何物体的速度都超不过光速？

我国国道的最高时速大多限制在 80 ~ 120 千米。在辽阔的宇宙空间里，虽然没有限速牌，但没有物体的时速能够超过 10.77×10^8 千米。

这个天然的速度屏障就是光速。科学家习惯于用秒来计算光速，即 3×10^8 米 / 秒。光的最小单位是光子，每个光子的运动速度都是 3×10^8 米 / 秒。

光子是一种特殊的粒子，它没有静止质量，也就没有通常意义上的质量。很难想象这世界上竟然存在没有质量却有能量的物质，而光子就是这样的物质。

我们可以将光速与我们能够想到的高速运动的物体加以比较。以“先驱者”号太空探测器为例，它在行星际飞行的速度可达 60 千米 / 秒，这个速度足可以在 2 分钟之内横穿中国，但与光速比起来，这个速度简直就是乌龟爬。

或者你可以想象一下太阳的运动。就在你读这句话的时候，我们太阳系中的太阳、地球和其他七大行星正在像旋转木马一样围绕着银河系的中心高速运动，时速约为 94.08×10^5 千米，即 248 千米 / 秒（虽然你对此全然不知）。可是这个速度仍然不及光速的 1%。

当物体的运动速度接近光速时，奇怪的现象就会出现。这些事物之外的观察者会看到这个物体的长度和质量都在改变，甚至时间也开始改变。

当宇宙飞船以 11.55×10^4 千米 / 秒的速度运行时，长度会缩短一半；速度越快缩短得越多；当速度达到光速时，长度甚至变为 0。而对于飞船里的宇航员来说，他们眼中的飞船不会有任何变化，只是船舱外眼前的景象被严重地压缩了。

当飞船以 90% 光速运行时，它的质量会猛涨，质量比正常情况下的 3 倍还多——宇航员同样感觉不到这种变化。速度越大，质量越大；速度达到光速时，质量接近无穷大。科学家已经证实这种现象是真实存在的，因为质量很小的基本粒子可以在加速器中获得很大的速度，而随着速度的变大，粒子的质量也随之增长。

最后，对于时间也有同样的规律：如果站在地面上的人可以看到飞船里的物体，他们就会看到飞船上的钟表走得慢了，而在宇航员眼前时钟却没有变慢；当飞船达到光速时，地面上的人就会看到飞船上的时间完全停止。

» 为什么太阳和月亮会变颜色？

从天文学家拍摄的照片里可以发现，在宇宙中，月亮是一个被太阳照亮的灰白色的球体，它在漆黑的宇宙空间里发出光芒，而太阳则近似白色。

但当我们从地球上观察月亮时，它的颜色则取决于它的位置。比如，当它刚刚出现在地平线上时是亮橙色的，逐渐地，随着地球转动，它在天空中渐渐升起，橙色逐渐变淡，成为黄色，再变成黄白，最终，当它升到天空的正上方时，就呈现出它真实的颜色——灰白色了。

太阳也有类似的变化。正午时，太阳往往是黄白色的，但日出和日落时，它却会变红，或者橘红，或者粉红。这是怎么回事呢?

事实上，在宇宙空间中观察到的太阳和月亮的颜色并没有变来变去，大气层是挡在我们眼前的一层面纱，光在进入我们眼睛之前必须先穿过大气层，光就是在这个过程中发生了变化。

氮气、氧气和组成空气的其他气体，加上尘埃、烟雾和污染物等飘在空中的微粒，可以使进入人眼的光变红。这是为什么呢?

太阳发出的光是白光，而月亮不发光，只是反射太阳光。白光是由多种颜色的光（光谱）组成的。光在宇宙空间中以 3×10^5 千米 / 秒的速度传播，进入大气层之后，一部分光线能顺利地通过大气层而不与空气分子碰撞，这部分光线到达地面时仍能保持原有的白色。但是大气层是由数不清的空气分子组成的，因此光与空气分子之间的碰撞不可避免。一旦光在传播过程中与空气分子发生了碰撞，就会产生散射。从白光中散射出去的光大部分是蓝色光，当光到达我们的眼睛时，剩余成分大多是暖色系的光，所以我们看到的太阳要比它真实的颜色黄一些。

只有当太阳处于我们头顶正上方时，颜色才最接近它的真实颜色。

此时，光线垂直于大气层，而越往高空处空气越稀薄，垂直通过的路线使光线受到的空气分子的阻拦最小，所以到达我们眼睛的时候变化也就最少。

相比之下，当太阳在地平线附近时，颜色变化就明显得多。因为在这个角度上，光线基本上是斜贴着地面向前传播的。地面附近的空气密度大，光线在其中传播的时候会跟很多的气体分子发生碰撞，再加上近地面气体中尘埃和气体污染物含量也比较高，就会有更多的蓝色光在传播过程中被散射吸收。这样，当光线最终到达我们的眼睛时，只剩下红色和橙色的成分了。这就是日出日落时太阳呈现红色的原因。

月亮变色也是这个原因。傍晚时分，地平线附近的月亮是浅黄色的；当夜幕降临月亮升起来之后，它的颜色一点点变淡，最后就成了白色了。现在我们知道，月亮在高处时反射出来的光线里含有多种颜色成分，这些颜色的光都进入我们的眼睛，我们才看到了白色的月亮。

空气里的污染物越多，日出日落、月出月落的景观就越壮观。

» 为什么水滴总是呈球形？

在液体表面，分子的分布要稀疏于液体内部的分子的分布，分子之间存在的吸引力和排斥力就减弱了，但是吸引力通常大于排斥力，这种分子之间的相互吸引力就是表面张力。

表面张力在液体表面形成了一层弹性薄膜。如果一根干净的缝衣针被轻轻放到水面上，它会被水面上的这层弹性薄膜托起，而不会沉入水底。同样的道理，小虫子也可以在水面上爬来爬去。表面张力使液体表面积尽可能小。例如，荷叶上的水滴，总是呈球形，因为相同体积的物体，球形的表面积最小。

» 牛顿为什么被称为近代力学和天文学的奠基人？

1665 年夏季，牛顿为了躲避英国伦敦发生的瘟疫，回到了家乡。在那里，他住了 18 个月。这 18 个月对牛顿来说是他一生中创造性思维最为活跃的时期。他在数学、光学、力学、天文学等领域都有划时代的发现。此后的几十年里，他整理完成了近代科学史上具有里程碑意义的鸿篇巨制——《自然哲学的数学原理》一书。

在牛顿之前，人们普遍认为，天上物体的运动规律和地上物体的运动规律不同，一个做圆周运动，一个做直线运动。但牛顿证明，无论是天上的还是地上的物体，都遵循“牛顿运动定律”，即所谓的惯性定律、质点运动定律和作用与反作用定律。

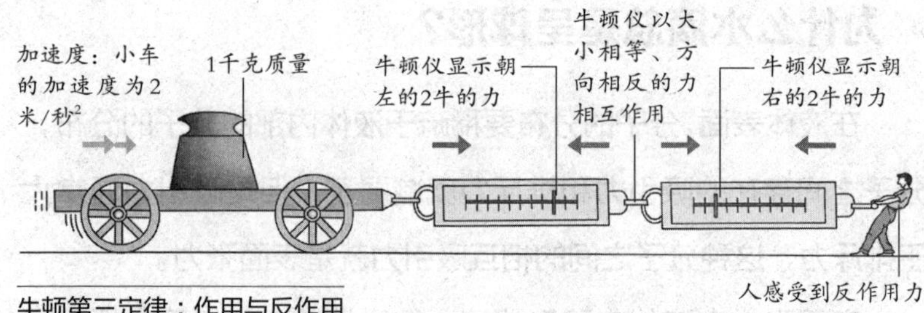

牛顿第三定律：作用与反作用

他明确指出，行星绕太阳运动的推动力是天体之间存在的万有引力。运用牛顿运动定律和万有引力定律能够系统地研究出行星围绕太阳、卫星围绕行星的运行规律，并能说明地面上自由落体运动和抛射运动以及海洋潮汐的原理，还能够推算彗星的轨道和运转周期。牛顿还提出了发射人造卫星的设想。所有这些空前的成就，使牛顿成为近代力学和天文学的奠基人。

» 从海螺壳里真的能听到海浪声吗？

如果把一个大的海螺壳放在耳边，似乎可以听见遥远的海浪声传来。即使把它带回家，再把它放在耳边，仍然可以听到海浪的声音，就好像海螺壳里有一个大海。

事实上从海螺壳里传出的声音不是大海的声音，而是周围环境中的噪声在海螺壳里的回声。回声是声音在传播过程中碰到光滑坚硬的表面后反射回来的声波。比如，向着山洞大喊一声，过一会儿洞里就传出你的声音。

可以想象一下深秋季节麦田里的景象：在秋风的吹拂下，

麦浪沿着风的方向向前传播。声波的传播方式与这很相似。空气分子时而挤在一起，时而分散开来；在空气里传播的声波就是空气分子团有节奏地压缩、胀开。这实际上是一种振动。

除了空气，声波还可以在其他物质里传播。比如，你待在自己的房间里，房间的门关着，你大吼一声。首先，你的声带发生了振动，使从你嘴里流出的气体也出现了振动。这些振动的气体使你面前的空气发生了振动，然后又把振动传递给了门，门的振动随即又使门另一面的空气开始振动，振动继续传播，传到爸爸的耳朵里，然后他回答道："不要吵！"

当你冲着山洞喊时，岩石壁不会像木头门一样吸收声波并将其继续传播，而是将大部分声波反射回你的耳朵里，就像镜子反光一样，我们可以听到自己的回声。

让我们再回到海螺壳的话题上来。

最适合听海浪声的海螺壳通常有许多腔室，这些腔室就好像空房子里的许多房间。因为海螺壳的内表面非常光滑，传进海螺壳的声音几乎可以完全被反射。回声在小隔间里翻来覆去地被反射，人的谈话声、关门声、音乐声，甚至还有你自己的心跳声，全部被混合在一起，就形成了类似海浪的声音。

» 为什么钢铁做成的军舰不会沉入海底？

石头掉进水里，很快沉入水底；树叶落进池塘，则漂在水面上。也许有人说这是因为石头比树叶重。那么，为什么用更重的钢铁做成的军舰不会沉呢？

其实，树叶、石头和军舰落水时都遵循阿基米德的浮力定律，这可以用实验加以说明。把带溢水管的容器中的水装到溢水管口，用秤先称一下石块的质量（叫作实重），然后将石块慢慢浸入水中，这时会发现称得的石块质量（叫作视重）变小了，这说明石块受到了向上的托力（即浮力）。称量由于容器中放入石块而从溢水管流到小杯里水的质量，就会发现，水的质量正好等于石块减少的质量。这说明物体受到浮力的大小等于它排开液体的质量。

根据这个定律，树叶在水中受到的浮力等于本身的质量，石块受到的浮力小于本身的质量，所以树叶上浮，石块下沉。由于军舰体积大，受到的浮力等于或大于本身的质量，因而能浮在海面上自由航行。

» 为什么在高速行驶的汽车里跳起后仍会落在原地？

滑大雪橇的运动员必须用力向后撑，才能使雪橇向前运动，而且得不断向后撑，才能使雪橇运动得更快。雪橇这种抵挡运动状态发生变化的倾向叫作惯性。一切物体都有惯性，质量越大，惯性越大。

在房间里你向上跳起来，最后还是要落在原地上。那么，在高速行驶的汽车里向上跳起后，是不是同样落在原地呢？回答是肯定的，这也是因为惯性。

原来，任何运动的物体都有惯性，物体的运动都要遵照惯性定律。惯性定律是指物体在不受外力的情况下，运动情况不会改变。它又被称为牛顿第一定律。在快速行驶的汽车里，尽管人站着不动，但实际上他正在以同样的速度随汽车前进。他向上跳起时，仍然以同样的速度前进，所以，他仍要落回起跳的地方。

» 古人战时为什么把耳朵贴在地上听声响？

我们从影视中了解到，印第安人通常把耳朵贴在地上听是否有骑兵来袭。这个方法管用吗？管用。而且根据敌军规模、地质类型等客观条件的不同，印第安人可能隔着很远就能听到敌军部队的响动。

这其中包含了很多地震学方面的知识，不过只有根据单独的实验才能确定传入地下的能量有多少以及声音能够在地层中传播多远。例如，声源强度有多大？所有的军队是同时跺地的，还是随意迈步？如果来的是一支骑兵，那基本上就是一阵杂沓的马蹄声；如果是一支迈着整齐的步伐行军的部队，情况又会相当不同。

地质类型是另一个重要因素。当马匹跑过坚硬的岩石地面时，因为马蹄不会使岩石大幅度振动，所以传入地下的地震波也就相当有限，因而声音也不可能传播得很远。

相反，如果在一个沉积物堆积形成的河流流域，骑兵队正从上游沿河而下，印第安人又在同样构造的沉积地形附近，由于这种土壤是声音的良导体，所以印第安人隔着很远就能听到部队前进时的动静。

但是如果土壤很潮湿，在马蹄的踩踏下地面容易变形，无法产生足够的振动，声音也就传不出去了。

相比之下，伏在铁轨上听火车运行时的动静可能更加容易。震动能沿着线性体传播，再加上火车也比马匹重得多，所以当火车经过的时候会使铁轨产生明显的弯曲。此时的铁轨好比一根颤动着的金属丝一样，更容易传播声音。

» 为什么在火车上看近处的物体反向移动？

火车上看近处的物体反向移动全是由于参照物的原因。很容易解释为什么靠近我们的东西会向反方向运动——因为他们确实如此。以背景物体做参照物，它们是在向反方向飞速地运动。

对于更远的物体——通常是在地平线上，或是至少在你还能看得到的地方——那些物体无疑也是在向后运动。因为火车在向前奔驰，但我们看到的却不是那样。我们的大脑很少能看到物体真实存在的情况，而更趋向于依赖参照物做出判断。

如果站在办公室内向窗户外看，大概可以看到 50 米外的房子。在房子的前面有一棵树。我们不能看到比这所房子还远的任何东西。当我们走向窗子，那棵树很明显也在向后移动，但房子看上去也在同向移动。如果我们把手伸出去并指向房子的一扇窗户，手臂确实开始移动。而当我们向前运动的时候，手指所指的地方已经在身体的后面了。通过所指的那个目标，我们可以给自己定一个参考点，通过这个参考点能看到那扇窗正在向后移动。在正常情况下是看不到这个点的，因为没有任何参考点来比较房子位置的相对变化。不过，如果那所房子是透明的，就会有其他一些在它后面的可见物来比照它的位置变化，那么那所房子就会像那棵树一样向后移动了。

但我们不能在火车上这么做，因为即使把手伸出去，由于地平线太远了，还是无法精确地指向它。

» 飞行员真的能够抓住飞行的子弹吗？

物体运动的快慢是相对的。第一次世界大战时，有一个法国飞行员正在2000米的高空上飞行，忽然发现身旁有一个小东西在游动，他以为是一只甲壳虫，便顺手抓住它。仔细一瞧，他大吃一惊，原来这是一颗射向他的子弹！

事情的真相是这样的：飞机以一定的速度飞行，从背后射来的子弹由于在空气中飞行了一段距离，速度就有所下降，与飞机的速度相近。虽然子弹的速度仍然很大，但在飞行员看来，子弹几乎就是静止不动的，所以一伸手就可以把它抓住。

如果两艘高速飞行的宇宙飞船飞行速度相等，飞行方向相同，它们之间近似地保持相对的静止，飞船就可以在空中边飞行边靠拢并完成对接，成为一个整体。

» 扔出去的飞镖为什么会飞回来？

我们都不会忘记电影里关于回飞镖的精彩镜头：故事里的英雄人物手臂一挥，用力扔出一个回飞镖，回飞镖在空中呼啸着画出一道优美的曲线飞向坏人，一下子把他打倒，然后又旋回主人手里。

可是，如果回飞镖在飞行途中碰到什么东西的话，那么它就不会回到主人手里，而是被这个东西弹起，然后落在地上。

回飞镖是一种飞行棒。考古学家们在古埃及的墓穴中发现过飞行棒，这说明它们的存在至少有 1 万年的历史。有些美洲印第安人用它们来猎杀野兔。

与回飞镖不同的是，普通的飞行棒扔出去之后不会旋回到主人手上。能旋回的飞行棒源自澳大利亚。在外来民族进入澳大利亚之前，这里的土著人是一支游牧民族，他们用那种不能旋回的飞行棒捕猎，但他们也发明了能旋回的回飞镖。一些科学家认为澳大利亚土著人发明回飞镖的初衷是为了惊吓水鸟，使其自投罗网，但更多的人则认为回飞镖是一种精致的玩具。

普通的回飞镖通常是香蕉形状的，长度在 40 厘米到 1 米。现在用胶合板制作出来的回飞镖只有 85 ~ 113 克重，这相当于两小包薯条的质量。

回飞镖也未必都是香蕉形状的，星形的、“H”形的和印第安战斧形状的回飞镖都可以在掷出后旋回。

那么，到底是什么让回飞镖回到主人手中呢？一位荷兰物理学家费利克斯·赫斯从年幼时起就一直在思考这个问题。他读书时，在学校里学习了很多数学和物理学的知识后，撰写了一本 600 页的书籍来阐述为什么回飞镖能回到主人手中。

赫斯在书中写道：回飞镖之所以能旋回，主要有两个原因，一是回飞镖两臂的特殊形状，二是投掷它的方法。

先来看看回飞镖香蕉形状的“翅膀”吧。对于每一个“翅膀”来说，就跟飞机的机翼一样——下平上凸。这种形状使回飞镖在飞行过程中能够被气流托起。但是两个翅膀并不一样，一个“翅膀”的曲面迎着风，另一个远离风。这就好比飞机的一个机翼是向后伸的，然后使飞机进入正常位置。这种形状的飞机很难飞出直线来，那么对于回飞镖也是同样的道理。

投掷方法也是回飞镖能否旋回的一个因素。首先，拿在手里的回飞镖应该保持竖直，而不是像飞碟那样水平拿，平面要朝向前方。然后，用手腕的力量把回飞镖甩向空中。回飞镖在飞行过程中会不停地旋转，就像翻跟头一样，大约每秒钟旋转 10 圈，飞行速度在 100 千米 / 小时左右。

右手投掷的回飞镖会在空中向左偏。赫斯用骑自行车的例子来解释这个现象。如果你放开车把，只要身体稍稍向左倾斜，车的前轮就会自动左转。

对于回飞镖来说，自动左转取决于风对它两个旋转的“翅膀”的作用力。在回飞镖向前飞行的过程中，它的每次翻转都会把自己向后拉一点。这在回飞镖顶部产生一种压力，与骑自行车时身体左倾时压在车轮上的体重一样，于是回飞镖就一点一点地转向左边了。随着回飞镖画回一个弧线，它慢慢地下降，就像直升机的螺旋桨，最后落在主人的脚下。

» “伽利略号”飞越地球时为什么能获取能量？

“伽利略号”探测飞船在航行中所增加的速度并非凭空产生，而是从地球的动能转化得到——虽然仅仅是极其微量的动能。

首先，引力助推现象并不是在探测飞船和地球之间出现的什么现象。“伽利略号”也并非从无穷远的宇宙空间飞来，途经地球飞往无穷远的宇宙空间中去。飞船和地球都是太阳系的一分子，都在围绕着太阳运动。

地球的体积十分庞大并且不断绕着太阳运动，因此它能以某种方式影响“伽利略号”的飞行速度和方向。如果地球相对于太阳是静止不动的，那么飞船和地球间的相互作用就会彼此对称，也就不存在引力助推现象了。

飞船和地球之间的相互作用会对彼此的运行轨道产生干扰，改变运行时的方向和能量状态。

1992 年，“伽利略号”掠过地球时，它的飞行速度增加了 13325 千米 / 小时。与此同时，地球运行的速度则降低了

5.842×10^{-9} 厘米/年——一个相当微不足道却能通过计算实际预测到的量。这次引力助推使得“伽利略号”的运行轨道从之前的周期两年、飞往小行星带的椭圆轨道变为周期六年、飞往木星的轨道。地球绕太阳运行的轨道依然大致呈圆形，只不过被压缩了不到 2.5×10^{-9} 厘米。

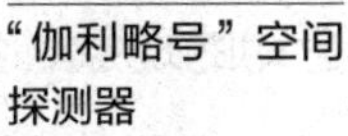

“伽利略号”空间探测器

» 为什么相距较远的小军舰会撞上远洋轮？

1912 年秋季的一天，当时世界上最大的远洋轮“奥林匹克号”正在大海上航行，离它 100 米的地方，一艘比它小得多的铁甲巡洋舰“豪克号”正在平行地疾驶。突然，意外的事情发生了，“豪克号”仿佛受到巨大力量的吸引，一个劲地冲向“奥林匹克号”，结果把“奥林匹克号”的船舷撞了个大洞。

到底是什么力量驱使两船相撞呢？原来液体流动时，它内部的压强与流速有关，流速大的地方压强小，流速小的地方压强大。两艘船平行向前行驶时，两船之间的水流速度比外侧的水流速度快，导致两船之间水的压强比船外侧小得多，船外侧海水对船舷产生了巨大推力，导致两船急速靠近并相撞。

气体也是一种流体，也具有同样的特性。飞速行驶的火车在车厢周围产生很强的气流，会吸引旁边的物体。火车以时速

50 千米行进时，就会产生很大的压强，所以，火车开来时人应当远离铁轨，否则极易发生伤亡事故。

» 为什么生活中到处都有摩擦力?

摩擦是指两个相互接触的物体在接触面上发生的阻碍相对运动的现象，分为静摩擦、滑动摩擦和滚动摩擦。

我们用很小的力去推水平地面上的桌子，即使没有推动的话，它这时也有了一种向前运动的趋势，桌子与地面之间就产生了静摩擦力。当推力大到可以使桌子向前运动的时候，这时产生的摩擦力属于滑动摩擦力。

一个物体在另一个物体的表面上滚动时产生的摩擦，为滚动摩擦，产生的摩擦力叫作滚动摩擦力。

摩擦力既可以给我们的生活带来方便,也会带来一些麻烦。譬如，冬天下雪时，地面就会变得很滑，为了防止路面滑，我们可以撒一些木屑在地上，以增大摩擦力。另外，由于路面的摩擦，鞋子穿了一段时间就会磨平鞋底。

» 头发为什么能带上静电?

干燥的头发会贴在梳子上；在晚上没开灯的房间可以看见猫蹭过毯子时放出的电火花；雷雨大作时可以看见云层中的闪电……这些都是物体带静电的例子。许多物体，像头发、毛毯、云层和大地，都能带上静电荷。

先来了解一些关于原子的常识。原子中心的原子核是由带正电的质子和不带电的中子组成的。原子核周围是绕核运动的电子，被称为电子云。电子被带正电的原子核吸引，使原子成为一个由原子核和核外电子构成的整体。这个电场力就像是一种强力胶，要不是这种力的存在，宇宙中的所有物质都会瓦解，成为一堆堆的物质颗粒。

对于原子来说，如果原子核里有 3 个质子，那么核外就一定会有 3 个电子，从而保持原子的电中性。因为我们周围的物体大都是由原子组成的，所以它们都不带电。

如果一个物体暂时性地带上了静电荷，它就有可能会放射出电火花。一个物体带电，表明组成这个物体的原子中有一部分电荷不平衡了，可能是得到了多余的电子带上了负电，也可能是失去了电子带了正电。

在干燥的房间里梳头，头发上很容易产生静电。电子会从头发上跑到梳子上，这样梳子和头发就都带电了。

摩擦起电就是梳子让头发带电的原因。当两个物体的表面相互摩擦时，两个物体都会带上电荷。虽然头发和塑料梳子看起来都是光滑的，但其实在原子量级上，它们的表面都是凸凹不平的，由原子堆成的小丘一个接着一个。所以当梳子与头发摩擦的时候，头发上的原子就会留在梳子上的沟壑里，反之亦然。

在空气相对潮湿的环境里，摩擦的现象就会得以缓解，因为留在头发上的水分使头发表面变得光滑了。同样，如果头发上有油分，摩擦起电的现象也会减弱，因为油层在梳子和头发之间起到了润滑的作用。但是在干燥房间里的干燥头发上，摩擦就会很严重，头发上的电子会因此从头发上脱离下来，附着在梳子上。由于电子带负电，梳子就因为带有多余的电子而带上了负电。与此同时，一些头发也因为失去了电子而带上了正电。又因为正负电荷相互吸引，带正电的头发就总是会贴在带负电的梳子上，即使把梳子拿开，头发也会跟着梳子竖起来。

但正负电荷会互相中和，向着平衡的状态恢复。当正负电荷完全平衡时，原子就恢复了常态，此时无论是梳子还是头发都不带电了。

» 为什么说能量既不会消失也不会凭空产生？

有人可能会认为能量是会被耗尽的。比如，当汽油耗尽时，汽车就没有能源了。但科学家却不这么认为，他们会说，能量已被转化了。根据能量守恒定律，能量既不会消失也不会凭空产生，它只能从一种形式转化为另一种形式。也就是说，宇宙所具有的能量从它诞生的那一天起就是这么多，而且只要宇宙还在，能量就永远是那么多。

比如一个水坝，在闸门关闭时，通常大坝上游的水位比下游的水位高。这时我们说高处的水具有势能，因为高处的水具有的能量还没有释放出来。如果打开闸门，受地球引力作用高处的水就倾泻下来。如果水冲击到桨轮上就会使桨轮转动起来，这个过程叫作水对桨轮“做功”，水的重力能就转化为机械能，也就是水的势能转化为动能。

转动的桨轮是一个发电站的涡轮机的一部分，它带动发电机产生电，再输送给千家万户，这样我们就可以使用家用电器了。如果我们接通电灯，灯泡就会把电能转化为光能（电磁能）和热能。

所以，原本高处的水蕴藏的势能并没有消失，而是最终转化为光能和热能，穿过窗户和墙壁，散发到宇宙中去了。

» 为什么手上有水时摸带电的物体会触电？

世界上大多数的材料都可以归为两类：导体和绝缘体。它们有什么区别呢？导体内部的电荷（比如电子）可以自由地移动，而绝缘体内部则不允许电荷移动，而移动的电子就是让你触电的罪魁祸首了。

铜是电的良导体，所以家里用的电线通常是铜线。当然，铜线外面包着塑料绝缘外皮，所以从外面看不出不同金属制成的导线的区别。每个铜原子的核外电子云通常由 29 个电子组成，这些电子并不是静止不动的。在铜和其他大多数金属中，电子不是只围绕一个原子核旋转的，它们可以从一个原子游移到另一个原子，再到下一个原子……这也正是导体与绝缘体的区别，即是否含有可以移动的电子。一旦铜导线与工作电流相连，铜线内部的自由电子就会汇集成流，并沿着同一个方向运动。这种电子的定向运动叫作电流，这就是电击人的物质。形成电流的电子在导体里的移动就像乌龟爬，常见的家用电线里电子定向移动的速度约为 1 米 / 小时。这个数字简直叫人难以置信，因为人们往往会认为电流运动速度极快，甚至转瞬即逝。不过电子的定向运动确实很慢，这是因为导体里的自由电子太多了，就像马路上塞满了汽车，当一个电子刚刚从导线的一头出发，它就被堵在路中央，只能慢慢移动了。

除了上面提到的铜和其他金属，人的身体和许多其他的生物体也都是电的良导体，地球本身也是。还有一样，那就是水。

内部不存在自由电子的物质叫作绝缘体。玻璃、塑料和橡胶都是电的良绝缘体。这就是为什么用手碰了有电流的包着塑料的电线也不会触电的原因。绝缘体内部的电子都不能自由移动。

用干燥的手去摸墙壁上的电源插座很可能不会触电，因为皮肤并没有与插孔里的电线接触。但如果手上有水，水就有可能渗进插孔，与里面的电线接触。这样你的身体和插孔里的电线就导通了，电流会沿着水进到你的身体里，让你触电。正是由于这个原因，我们不能用带着水的手摸电源插座，否则就无异于把手指直接伸进电源插孔里。

» 体重为什么会因地点的不同而不同?

地面上物体的质量不是固定不变的。一个探险家从赤道出发到北极，他的体重将逐渐增加。如果他在赤道时体重是 50 千克，到北极后体重就会变为约 50.25 千克。这一情况的出现是因为他在北极受到的重力比他在赤道上受到的重力大。

物体所在的位置离海拔水平面越高，受到的地球引力就越小，因此质量就越轻。在地面上重 50 千克的运动员，若登上海拔 8 844.43 米的珠穆朗玛峰顶，体重大约减轻 0.14 千克。如果这位运动员被送到离地面 6 371 千米的高空，他的体重就只有 12.5 千克了。

重力对人的生活至关重要。如果没有重力，自然界和人类的生活就不会是现在这个样子：雨雪不能落到地面，河水将停止流动，踢出去的皮球会远走高飞，轻轻一跳后就再也不会落到地面……

» 在高山上煮饭为什么煮不熟?

由于地理环境不同而产生的怪现象还真不少。比如在平地上煮饭只要水一开，饭很快就熟了，可是在高山上，却怎么也煮不熟。

原因从水的沸点的特性说起。水的沸点，同其他液体一样，是与压强相关的。压强大，沸点高；压强小，沸点低。高度在

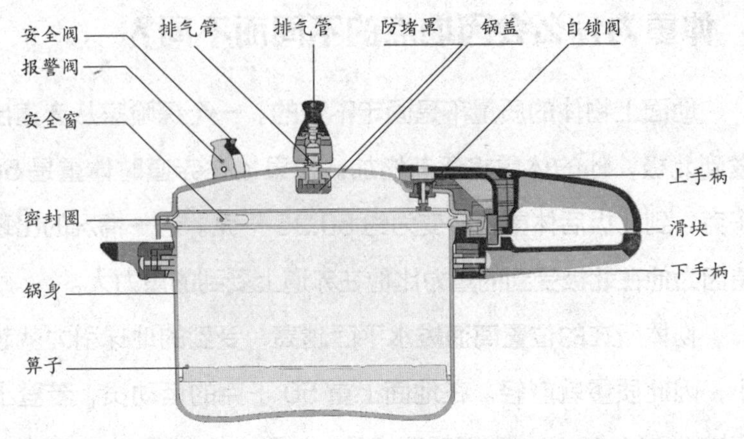

高压锅结构图

在高山顶上，大气压强逐渐减少，水的沸点也随之降低，普通的锅难以煮熟米饭，用高压锅就可以解决这个问题。

海平面附近时，水的沸点约为 100℃。但是，到了高山，海拔高度不断增高，大气压强逐渐减小，水的沸点也随之开始降低。也就是说，在高山上，水沸腾时温度还没到 100℃。据实验检测，海拔每上升 1000 米，水的沸点大约要下降 3℃。

在海拔 5000 米的高山上，不管火烧得有多旺，饭锅里的水在沸腾时，它的水温始终都不会超过 85℃。这样的温度，当然怎么也煮不出熟米饭了。

那么，高山上的人用什么办法才能吃到熟米饭呢？为了解决这个问题，人们设计了一种压力锅，用压力锅烧水煮饭，水沸腾后，产生的水蒸气无法从锅里跑出来，越积越多，锅内的压强就会增大，水的沸点自然也就达到或超过 100℃，生米也就能煮成熟饭了。

» 尖尖的针为什么容易刺进物体？

中医针灸时，拿起细细的针，只要轻轻一刺，针便进入人的皮肉中了；而用很大力气打人，拳头怎么也不会刺入别人的皮肉中，原因是什么呢？

原来尖尖的东西更容易刺进物体中。

举一个例子来说吧。用一把菜刀切一块肉，用刀锋会很容易地把肉切成片。要是将菜刀反过来，用平平的刀背去切，费尽力气也是切不开的。这是由于压力的作用效果不仅和压力大小有关，同时也和受力面积有关。我们定义了压强来表示单位面积上所受压力的大小，压强的大小决定了作用效果。

当我们分别用菜刀的刀锋和用它的刀背去切肉的时候，虽然用的力相同，但是肉的受力面积不同，从而所受的压强大小也不一样。用刀锋切肉的时候，所用的力都集中在薄薄的刀刃上；而用刀背切的时候，所用的力却分散在较刀锋面积宽得多的刀背上。这样，肉受到刀刃所加的压强，要比受到刀背的压强大。因此，越是尖的东西便越容易刺进别的物体中。

其实，日常生活中有许多与之相似的增大压强的例子。比如，用针缝衣、用注射器打针、用钻头打孔等，都是将力集中在较小的面积上，来达到增加压强的目的。

» 为什么海滨冬天不冷，夏天不热？

海滨的气候十分宜人，冬天不冷，夏天不热，白天和晚上的温度相差也不大。为什么呢？

物理学采用“比热容”这一物理量来比较不同物质的吸热能力。不同物质，质量相同，升高温度相同时，吸收热量多的比热容大，吸收热量少的比热容小。

在自然界中，每种物质都有自己不同值的比热容，其中水的比热容比较大。水的这种特性使得海滨气温的变化没有内陆气温的变化那样显著。夏天，强烈的阳光照在浩瀚的海面时，由于海水比热容较大，吸收了大量的热量，而表面温度升高的却并不多，所以海滨的人不会感到很热。冬天，海水温度降低会放出大量的热量，所以人们感觉不到特别冷。同一天中，海水白天温度升高缓慢，夜晚温度降低也不快，这就使得海滨昼夜的温差较小。海滨气候温暖宜人，正是因为海水的这种比热容特性所致。

» 物体下落快慢和质量有关吗？

一轻一重的两个物体，从同一高度落下来，哪个先落地？这是一个古老而有趣的问题。

2000 多年前，古希腊的哲学家亚里士多德曾经讲过：“物体越重，下落越快。”他的意思就是说较重的物体先落地，较轻的物体后落地。在当时欧洲人的心目中，亚里士多德的话是绝对正确的。因此，直到 16 世纪后期，都没有人怀疑过它。

当时，伽利略还是意大利比萨大学一名年轻的数学讲师，他经过仔细分析后，认为亚里士多德的说法是错误的。1590 年，伽利略手持一个木球和一个铁球，登上 54 米高的比萨斜塔顶部，同时丢下这两个球。两个球平行下落，越落越快，最后“噗”的一声同时落地。实验证明，不同质量的物体下落的快慢相同。伽利略用两个球同时到达地面的事实，挑战了权威，取得了胜利。统治欧洲 2000 年的亚里士多德学说被推翻了。凭着这种追求真理、尊重实践的科学精神，伽利略后来又接连为科学探索做了一系列贡献，被称为近代自然科学的奠基人。

» 物质的分子为什么在永不停息地运动？

1827 年，英国植物学家布朗用显微镜观察水中悬浮的花粉时，发现花粉颗粒在水中不停地做无规则运动。在显微镜下观察稀释了的墨汁，能够看到小炭粒同样不停地游动着，它们的运动路线是不规则的折线。由于布朗最先发现了这种现象，所以人们把这种微粒的运动称为布朗运动。

布朗运动说明，悬浮在水中的微小颗粒被水分子所包围，不断受到众多水分子的撞击。某个时刻，微粒受到向左的力量大些，就向左运动；下一时刻，受到向右的力量大些，微粒又向右运动；向前的力量大些，微粒又向前运动……就这样，微粒不停地做着无规则运动。

科学观察表明，布朗运动永远不会停止。不管白天黑夜，也不管春夏秋冬，用显微镜观察水中悬浮的微粒，都可以看到布朗运动。

» 为什么同由碳元素组成，钻石和煤却不同？

仅通过“煤是一种富含碳的物质而钻石也是由碳组成的”这一点就下结论说钻石和煤有关系，这真是一个极大的谬论。

钻石是在处于地球外壳之下的岩浆里经受了非常高的压力后形成的，并且经常和南非的火山联系在一起，很久以前地球内部的岩浆从那里的火山中心通道中“脱逃”出来。历经无数个世纪后，这种岩浆遭受了极高的压力，越来越多的矿层压在了它的顶部。实际上就是这种压力将岩浆压缩成非常坚固且高价的钻石。

煤是古代植物埋藏在地下经历了复杂的生物化学变化逐渐形成的固体可燃性矿物。在很久以前，煤最初是以一种泥炭的形态沉积的，但在地底深处埋藏和地底增高的温度导致了物理和化学的变化而生成了煤。

因此，煤和钻石两者确实都含有碳也都是在一个非常高的压力下形成的，但是它们是完全不同的物体。而且煤实在是太不纯了，即使有惊人的压力施加于它之上也无法形成完美的钻石。

» 为什么玻璃和类似玻璃的物质是透明的？

简单来说，光是一种电磁波，有的物质之所以是透明的，是因为光波的能量被这类物质传送。

那么，为什么光波的能量可以传送过某些物质，却会被另一些物质给反射回来或者吸收掉呢？这个问题就不那么容易解释了。当光波撞击某种物质时，物质内部电子的状态以及它们受缚于原子核的方式不同，对光波的运动规律产生的影响也不同。

如果电子无法吸收任何光波的能量，光波能够因此不受阻碍地穿过该种物质，那么这种物质就是透明的；如果电子能吸收光波的能量，能量会被削弱或是被全部吸收，那么这种物质就是半透明或者不透明的。像抛光后的金属能够吸收和反射光波的能量，这类的物质表面就被称为反射面。

对于干净的玻璃和许多纯净的晶体而言，光波大部分的能量既不会被反射回来也不会被吸收掉，因而光能透射过这类物质。当然，在玻璃中传播时，光速会显著地降低，而且如果光波以一定角度射入，光线还会发生折射。

虽然钻石和煤都是由碳原子所组成，而且每一个碳原子中的电子数都相同，但是直到 20 世纪，人们才弄明白为什么钻石是透明的，而煤却不透光。现在，科学家终于知道，这是因为电子在钻石内部受到的束缚力更大，而像光波这样波长的电磁波所具有的能量不足以激发钻石内部的电子，因而光才得以透射过钻石。

» 为什么切割的钻石会光芒四射?

比起玻璃，钻石有着更高的折射率，因此即使将两者严格以同一方法切割，钻石仍更有光泽，因为在反射光线分裂成为它自身的颜色方面，钻石要比玻璃好得多。

钻石美丽的秘诀就是它反射光线的方式。切割时切割工具必须以这种方式把钻石定型，即允许光线能通过钻石的顶部，这样光线就会在钻石内部四处反射并最后再从顶部穿出。这种方式能使光线达到最大化的反射，从而使钻石看上去闪闪发光。

在 20 世纪初期，钻石切工技术就已经非常精湛了，以至于发展出了一套精确的数学标准。它要求大部分钻石都要被切割出 58 个刻面，每两面之间都要保证精确的角度。此外，钻石的“切工”和它的外形并不一样。外形是由个人爱好决定的并不影响钻石的价值，但“切工”却会影响。一个好的切工会让穿过钻石的光线产生大量的耀眼的光芒。这只有在一个被切割的比例非常匀称的钻石上才会发生，光线会从一个刻面反射到另一个刻面然后再通过钻石分散到四面八方。如果光在钻石中传播时没有经过反射就穿出了，那光芒就会大打折扣。

» 为什么有些原子具有放射性？

具有放射性的原子容易发生分裂——实际上是原子的中心分裂，向周围释放原子内部的粒子。

原子的中心是由质子和中子构成的原子核。氢原子是最简单的原子，氢核也是最简单的原子核，只由一个质子组成。原子核外是绕核运动的电子。电子运动的确切轨迹无法测量，但电子在不同空间位置出现的概率可以测量，人们形象地将依照概率构成的空间称为电子云。

质子带正电荷，中子不带电，因此，原子核因为含有质子而带有正电荷。电子带负电荷，与原子核里质子之间的吸引力使得它们做绕核运动。由于同性电荷相互排斥，原子核内部的质子之间存在着相互排斥的力。

在一些小原子内部只有几个质子，这种排斥力不会产生明显的效应。但是一些大原子的原子核就不太稳定了，比如铀 –238 的原子核内部有 92 个质子，有时这会导致核裂开，放射出内部的粒子，这些原子就是放射性的。

具有放射性的原子会向四周放射中心的粒子，反应过后会生成新的原子核，新生成的原子核被称为“子体”。如果子体是稳定的，那么反应到此为止，但如果子体内部质子数仍然较多，也就是说子体仍然不稳定，核裂变反应就会继续，生成新的子体，如此往复，直到生成稳定的子体。

放射性原子发出的辐射主要有三种：α 射线、β 射线和 g 射线。α 射线由 α 粒子组成，每个 α 粒子由两个质子和两个中子组成。铀 -238 可以释放出这种射线。与其他射线粒子相比，α 粒子可算是巨人了，它们太大，连纸张都穿不过去，也穿不过人体皮肤表面的死细胞。但这并不是说 α 射线对人体无害，长时间暴露在 α 射线下，人体的皮肤会被灼伤；如果不慎吞入 α 射线源，比如说铀 -238，人体内脏会受到严重伤害。β 粒子是在原子核中的一个中子变为一个质子和一个电子时产生的。电子从核内射出，而质子留在原子内部。β 粒子的大小是 α 粒子的七千分之一，所以 β 射线具有更强的破坏性。β 射线可以轻而易举地穿过纸张，但对木头却无计可施。β 粒子能穿过表皮细胞进入皮肤，但会留在皮肤表层里。如果 β 粒子存留在体内，要么发生重度灼伤，要么是大面积内部组织损伤。

第三种辐射是不稳定原子发出的 g 射线。组成 g 射线的 g 粒子是高能光子，这与 X 射线类似。g 射线可以穿过木头，只有足够厚的混凝土墙或铅板才能挡住它。g 射线不但能够穿过皮肤，还可以穿过整个身体，而且被 g 射线光顾的细胞统统都会被杀死。

阿基米德是怎么发现浮力定律的？

浮力定律又叫阿基米德定律，它的发现者是古代著名的科学家阿基米德。

阿基米德在反复实验之后，总结出一条规律，那就是物体浸在任何一种液体中时，该物体浸入的体积都等于所排出的液体的体积。因此，物体所受的液体浮力一定与所排出的液体质量相等。这就是流体静力学中的一条重要规律——浮力定律。

关于这个定律的发现，还有一个有趣的故事。

传说，当时叙拉古国王希罗想要制作一顶纯金的皇冠，就让大臣交给珠宝工匠一锭称过质量的金子。珠宝工匠夜以继日地工作，很快就制好了精美绝伦的皇冠。国王看了十分高兴。然而这个国王是一个多疑之人，他担心工匠在皇冠中掺了假，

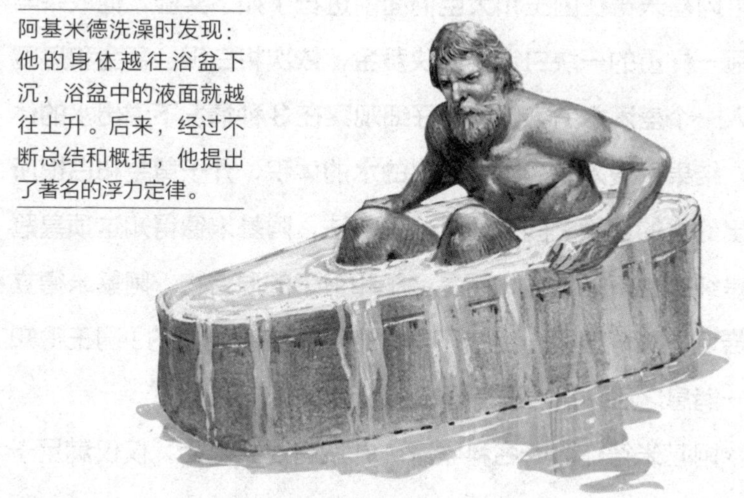

阿基米德洗澡时发现：他的身体越往浴盆下沉，浴盆中的液面就越往上升。后来，经过不断总结和概括，他提出了著名的浮力定律。

盗走一部分黄金。于是，命令左右大臣去调查此事。大臣们束手无策，国王无奈，只好请来了他的远房亲戚——著名的科学家阿基米德，希望他能解决这个难题。阿基米德答应了国王的请求，回到家后就开始思考解决难题的办法。他冥思苦想、茶饭不思。

一天，他泡在浴盆里洗澡时，仍在思考着那个难题，甚至连浴盆里的水已经放满了都没有觉察到。当他坐进浴盆时，突然发现了一个奇怪的现象：他坐进浴盆里，当水溢出盆外时，感到自己的身体略略往上漂浮，身体浸没在水中的部分越多，溢出的水就越多，身体就感到越轻，也就是说，水的托力就越大，当他跨出浴盆后，发现盆中的水少了很多。这个司空见惯的现象却激发了阿基米德的灵感，他从中受到启发，发现了一个极其重要的科学原理。

阿基米德在国王和大臣们面前进行了如下实验：他取来与皇冠一样重的一块白银和一块黄金，依次将白银、黄金和皇冠浸入一个盛满水的容器里，仔细观察在 3 种情况下溢出水的体积。结果，浸入皇冠时所溢出的水的体积，介于黄金和白银所溢出的水的体积之间。通过这种方法，阿基米德得知这顶皇冠不是纯金也不是纯银，而是金子和银子的混合物。阿基米德立即告诉国王：皇冠一定掺了假，绝不是纯金制成的！国王得知这一消息之后，自然没有轻饶那个造假的珠宝匠。

阿基米德作为一名科学家，并没有浅尝辄止，仅仅满足于皇冠问题的解决，经过反复实验，终于发现了伟大的浮力定律。

» 为什么铁不会溶解于水中?

构成固体的所有粒子都是被黏合在一起的。这些黏合力可能是不牢固的，也可能是很牢固的。要溶解某些物质，物质粒子间的黏合力就必须被破坏掉。

如果这种物质是固体，那么粒子都会相当乐于黏在一起。要把它们“劝”开，你必须给它们更有吸引力的东西。因此，如果你想要用一种液体溶解一个固体，那这种液体粒子必须能够为那些单个的固体粒子提供很好的黏合力。这样固体粒子才会被一个个分离出来，然后与液体粒子形成大量结合物，并非常乐意和它们的新朋友相处。

简单地说，物质可能会溶解于相似于自己的物质之中，因为在固体和液体粒子之间可能有着相近的结合机会。但铁和水是非常不同的物质。水善于溶解许多东西，但无法溶解金属。在金属中所有粒子结合得非常紧密，而水却不能提供如吸引力那样的任何东西来使它们分开。

» 为什么从量杯口往里看刻度要比从外壁看的数值小?

不论玻璃量杯还是塑料量杯，它们的杯壁都是透明的曲面，类似老花镜片一样起着简易凸透镜的作用。光线在透过量杯时发生弯曲，因而将量杯内部的图像放大，其结果是当你从杯口往里看的时候看到的液面读数要比从侧面往里看的时候低。

许多年以来，大部分量杯制造厂商都选择将刻度印制在透明量杯的杯壁上，当你的视线与量杯内液面高度平齐时，就能既方便又精确地读数。虽然这样一来量杯就不便于加热液体，但是测量得到的数据却是最精准的。

用相对廉价的量杯和药匙量取药品通常会给实验带来巨大的误差。哪怕是进行一个小小的家庭实验，你也可能需要一套较好的试验器材来保证实验中测量的精确度。

兵器大观

» 坦克为什么被誉为“陆战之王”？

作为一种火力强大、装甲坚固、机动快速的陆战武器，它既能在陆地上驰骋，也能在水中浮渡和潜行。

坦克都带有整套的火控系统。火控系统包括火炮瞄准镜、激光测距仪、电子弹道计算机、双向稳定器、夜视仪、无线电传感器、电子或液压操纵系统、控制与显示装置等。无论白天还是黑夜，停止还是行进状态，火控系统都能又准又快地确定火炮射击的方向和距离，保证火炮迅速地瞄准和击毁敌方的目标。

坦克的车体和炮塔上有许多小窗，这些小窗上安有潜望镜、

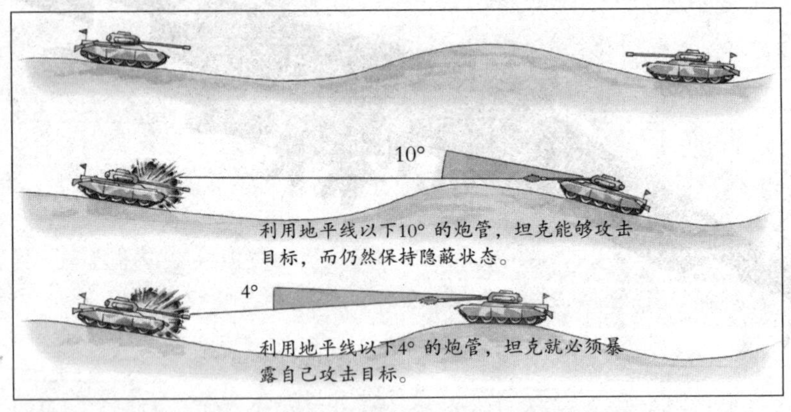

坦克战术

利用地形，经验丰富的坦克兵能够定位敌人。他们可以在不暴露自己的情况下攻击敌人。如果主火力可以压得足够低，他们就可以在这个位置攻击敌人。如果坦克向前推进，炮弹仍然使用同一角度攻击敌人的话，就会暴露自己而遭到敌人坦克的攻击。

主动红外夜视仪、微光夜视仪、被动红外夜视仪等光学仪器，它们就像一只只明亮的“眼睛”，使车里的人可以看到坦克外部的情况。坦克拥有一双“铁脚板”——履带，即使是在一般轮式汽车难以通行的地域，它都可以通行。坦克能够攀登 80 厘米到 1 米高的垂直崖壁，能够跨越 2.5 ~ 3 米宽的壕沟，此外，还能爬 30 度左右的陡坡。

» 护卫舰为什么被称为“海上卫士”？

护卫舰是一种比驱逐舰吨位小、航速低、火力弱的水面舰艇，主要用来护卫运输船队和两栖舰艇编队。此外，还负责两栖作战中的火力支援、巡逻警戒和攻击敌方水面舰艇等任务。现代护卫舰以导弹护卫舰和轻型护卫舰为主。

导弹护卫舰的主要装备是舰对舰、舰对空和舰对潜导弹，有的还配有反潜直升机，主要用来执行护航、反潜、巡逻、警戒等任务。它的排水量一般为 1000 ~ 4000 吨，航速一般为 25 ~ 35 节。

受到第三世界国家普遍重视的轻型护卫舰，同时具有导弹艇和护卫舰的特点。它的主要装备是 76 毫米以下口径火炮和反潜武器，它排水量较小，一般为 500 ~ 1000 吨，最高航速可达 30 节。主要用于近海作战、巡逻、警戒、护航等任务。

» 航空母舰为什么被称为“海上巨无霸”？

航空母舰像陆地上的坦克一样，是海上军事活动的碉堡和大武器库。它的威力巨大，功能完备，在海陆、海空战争中具有举足轻重的地位，因此被人们形象地称之为“海上巨无霸”。

航空母舰上通常停放着大量具有各种战斗能力的飞机：有专门进行投弹轰炸的飞机，有发射导弹的飞机，有进行侦察的飞机，还有垂直起落的飞机、预警飞机等。舰上的火炮和导弹发射架，专门用来与来袭的导弹、敌机和舰艇作战。航空母舰上还携带了核武器。优良的配备使航空母舰具有了其他任何舰艇都难以匹敌的攻击威力。

现代航空母舰因其担负的战斗任务不同，又可分为 3 类：攻击型航空母舰、通用航空母舰和反潜航空母舰。攻击型航空母舰的甲板上停放着大批的战斗机和攻击机，适用于大规模的海、空战。它能对敌方的重要目标进行轰炸，也能攻击敌方舰船，活动范围大，攻击力强，而且排水量在三类航空母舰中也是最大的。通用航空母舰在攻击型航空母舰的基础上同时带有一批反潜设备和一些反潜直升机，因此这种航空母舰具有很强的独立作战能力。反潜航空母舰肩负着同敌方潜艇作战的主要任务，因为这种航空母舰上载有反潜飞机、垂直起落飞机和一批反潜设备。另外，它还可以用于支援登陆部队作战。

航空母舰按排水量大小也可分为 3 类：大型航空母舰排水量在 6 万吨以上；小型航空母舰排水量小于 2 万吨；排水量居

于 2 万至 6 万吨的为中型航空母舰。

虽然航空母舰身庞体重，可这一点也不影响它的航速，每小时航速可达 56 ~ 93 千米，比起一般千吨以上的驱逐舰一点也不差；而且，由于航空母舰庞大笨重，所以有很强的抗风浪能力，12 级台风也不能妨碍它安全航行。航空母舰携带的大量燃料，使其具有很高的续航能力，在远离港口独立作战中，可以连续航行 1 万多海里。如果把核动力作为航空母舰的推动力，则它航行时间和航程都会变得更长。

但作为海上巨无霸的航空母舰，也存在一定的缺点：由于目标大，容易引发起火爆炸，而且作战行动也受到限制。航空母舰今后的发展方向是小型化。设计家们已提出一些新的设想，他们考虑在航空母舰上应用气垫技术，使它的航速提高到 100 节，这样就能取消弹射器和拦阻索，也大大缩短飞机的起飞和降落时的滑行距离。另外，有人为提高潜艇的隐蔽能力，还大胆设想将航空母舰与潜艇结合起来。伴随着科技的发展，在不远的将来，如果上面这些方案能够实现，航空母舰将拥有更加惊人的威力。

» 预警飞机为什么是战场上的“空中指挥所”？

在提供情报信息方面，侦察飞机和侦察卫星做得已经足够好了。可是，还有一种预警飞机比它们在高空中工作更便利、更出色，以致被称为“空中指挥所”。

预警飞机在机身上比普通飞机多安装了一个像蘑菇一样的大圆盘。圆盘中装着搜索雷达和敌我识别器的天线，这个直径达 7 米多的大圆盘实际上就是特制的天线罩。看上去笨拙的大个头圆盘其实很灵活，它能在 360 度的各个方向扫描搜索，每分钟就能绕轴旋转 6 圈。也就是说，它敏锐的“眼睛”向上还可以看到太空里飞行的人造地球卫星并与其协调合作，向下能发现低空飞行的各种活动目标，以及雷达和导弹阵地的布防等情况，而且还能看到地面的坦克、卡车的调动，甚至能看到潜艇的通气管和潜望镜。因此预警飞机真可谓是现代战争中理想的空中指挥所，装着能同时跟踪和识别 250 个目标的电子侦察设备，在引导自己一方的飞机攻击目标时，还能迅速计算出 15 个目标的各种参数，使命中率几无差错。

预警飞机不仅识别目标多，运算参数快而准，而且，它与侦察卫星等相比，在高空中看得更远。令人难以置信的是，它还能同时发现 300 多个机载或地面雷达，并指挥无人驾驶飞机进行电子干扰，或者去摧毁它们。实际上，用预警飞机作战，等于把一个指挥中心搬上了天空。因为在高空飞行的预警飞机直接联系了海、陆、空三军，使它们以最快的速度协同作战，协调整个战场的防空、侦察、空运、营救、护航和空中支援等活动，成为兼管“警戒、控制、通信”三项任务的空中指挥所。

美国 B-52 轰炸机

» 轰炸机为什么被称为“空中堡垒”？

轰炸机的载弹量很大，多是亚音速飞机，能投掷包括常规炸弹、鱼雷、核弹在内的各种炸弹，也能发射空对地导弹。轻型轰炸机载弹 3 ~ 5 吨；中型轰炸机载弹 5 ~ 10 吨；重型轰炸机载弹 10 ~ 30 吨。轰炸机的威力惊人，例如美国的 B-52 飞机，能在几秒钟之内投下 100 多枚炸弹，破坏范围可达长 1500 米、宽 400 米，轰炸形成的弹坑间隔为 15 ~ 20 米，弹坑的直径 6 ~ 7 米，深约 3 米。几架轰炸机投下数十吨的炸弹，就能把一个中小城市炸毁。

轰炸机投弹方式主要有低空投弹、中空俯冲投弹、高空水平轰炸等。美国的 B-1、B-2A、B-52、俄罗斯的图 -26 等都是现在世界上比较先进的轰炸机。

» 为什么激光枪能百发百中？

激光枪用激光当子弹，射击单个敌人，可使之失明、死亡或因衣服着火而丧失战斗力，也可射击激光或红外测距仪、夜视仪的光敏元件，使其损伤、失灵。

激光枪包括激光器、激光源、击发器和枪托 4 部分，能够与步枪一样方便灵活地使用。还有一种枪是用激光进行瞄准的，激光照到目标上后，子弹会顺着激光射向目标，百发百中。如果这种枪再安装上红外望远镜探测器，就能在漆黑的夜晚射中 1600 米以内的目标。

还有一种外形和大小与派克钢笔相仿的袖珍式激光枪，重量仅 0.5 千克，能够像钢笔一样带在身上。它能在距人几米处毫无声响地烧毁衣物，烧伤皮肉，不知不觉中使人毙命，还能在十几米外使人失明。

» 为什么间谍枪很难被发现?

间谍枪往往制作得十分精致，还常常巧妙伪装，十分便于秘密携带。

手杖枪一度非常流行，它看起来像一件精美的工艺品，带有雕刻得十分华丽的玉制手柄。手柄拧下来就会发现这是一支手枪，有些手杖枪还带有刺刀。

烟盒枪的外观和普通香烟没有区别，但揭开锡纸，烟盒枪里面露出的却是一根 6.35 毫米口径的枪管。烟盒枪的侧面装有压杆式触发器，手指一按，子弹就会射出。打火机枪的枪管仅 1.27 厘米长，能够和触发器一起隐藏在打火机的盖子里。

做成钥匙式样的钥匙枪，它的柄打开后能装填子弹，指扣触发器则安装在钥匙柄上。

公文箱枪和普通手提包看起来没有多大差别，而里面却装着一支短管的带有消音筒的来复枪。箱子的提手下有一个铜环，扣动铜环会使触发杆启动扳机，从箱子的小孔中就会射出子弹。公文箱枪的声音很小，一般不易觉察。

» 迫击炮为什么能够翻山越岭?

迫击炮重量轻，操作简便，便于运载，可以和步兵一起翻山越岭。它的弹道弯曲，适于射击遮蔽物后的目标和水平目标，在短兵相接的场合能发挥巨大的威力。迫击炮主要用来近距离对敌方实行火力压制，是团、营装备的主要兵器。

1904 年日俄战争中迫击炮首次出现。当时日军逼近俄军的要塞阵地，俄军的远射程火炮无法发挥作用，而轻武器火力小，俄军士兵无奈之下将小炮架起，炮口仰高后发射了一种超口径长尾形炮弹。结果，炮弹在空中画出一道弧线后正好落在日军的堑壕附近，歼灭了来犯之敌。

早期的迫击炮使用超口径炮弹，后来发展出了能装填在炮管里的水滴状的同口径炮弹。这种炮弹尾部装有片状尾翼可以防止弹头在空中飞行时翻滚。

» 云雾弹为什么能够遮天盖地？

云雾弹又称窒息弹、气浪弹，学名叫“燃料空气炸药炮弹”。

云雾弹爆炸后，先是冒起一团团可将方圆几十米的地面覆盖住的云雾，云雾紧接着发生爆炸，产生高温和强大的冲击波，并大量消耗空气中的氧气。高温和冲击波可以把灌木丛一扫而光，摧毁坦克，并燃烧一切可燃物。暴露在地面上的人员则会被严重烧伤或者被冲击波的气浪抛到远方。人员躲在非密闭掩体或洞穴里，也会因氧气的大量消耗引起暂时缺氧而呼吸困难，以致窒息死亡。

云雾弹第一次出现是在 1967 年的越南战场，之后立刻引起了世界各国的重视。

最初出现的云雾弹是母弹内装 3 枚子弹的子母弹型，每枚子弹装填有数十千克燃料空气炸药，并配有引信、雷管和传感器等。

母弹从飞机上投掷下来，经过 1 ~ 10 秒钟后，被引信引爆，释放出 3 枚子弹，子弹在阻力伞的作用下缓慢地接近目标，在目标上空进行第一次爆炸，炸出液体炸药使其在空中扩散并迅速与空气混合形成云雾，直径约 15 米、高 2.4 米。约 0.1 秒后，子弹进行第二次爆炸，使云雾发生爆炸，可在大面积范围内产生相当于 21 个大气压的爆炸冲击波。

» 发烟弹为什么能够散布迷雾？

发射一发发烟弹就可以产生宽10～30米、高20～50米、持续时间20～60秒的烟云；发射数发发烟弹，就会在较宽的范围内形成一道浓密的“烟墙”。

这样，敌人的视线就会被挡住，敌方观察所、指挥所、炮兵阵地和火力点上的敌人就会失去我方目标，从而给我方军队创造有利的战机，能够掩护部队集结、转移，或接近敌人进行突袭。此外，发烟弹还用来试射、指示目标，确定目标区域的风速、风向等。发烟弹由引信、弹壳、发烟剂和炸药管组成。

弹壳的外形与榴弹相似，一般用强度不高的钢或钢性铸铁制成，少量炸药就可以把它炸开。发烟剂一般用黄磷、三氧化硫、氯黄酸等发烟物质制成。由于黄磷燃烧时能生成烟雾块，烟云浓度大，遮蔽能力强，因而应用范围较广。

炸药管是用金属制成的内装炸药的管壳，用以炸裂弹壳并抛出发烟剂。发烟弹被发射到目标区域后，引信引爆炸药管里的炸药，炸开弹壳，将发烟剂抛撒到空气中。发烟剂遇到空气后，就会不断地生出滚滚浓烟。

» 水雷有哪些性能各异的种类？

水雷可以长期埋伏在水下给那些触碰它的舰船造成突然袭击，它还可以像导弹一样，主动追踪并击毁水下潜艇。在历

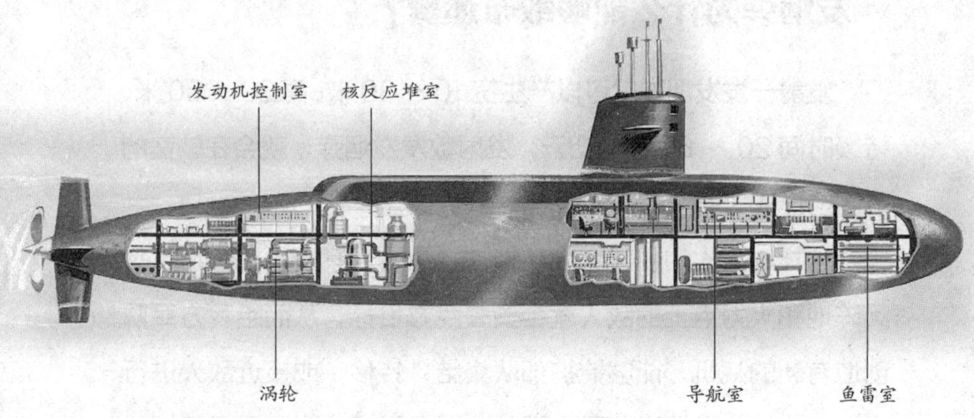

水雷可以长期埋伏在水下给那些触碰它的舰船造成突然袭击，甚至可以像导弹一样，主动追踪并击毁水下潜艇。图为潜艇剖面图。

次海战中水雷都得到了大量使用。在朝鲜战争、两伊战争以及1991年爆发的海湾战争中，水雷都发挥了巨大作用。水雷被人们形象地称作“水中伏兵”。

水雷家族成员众多，个个都威力巨大，但这些成员却“性格”各异。

触发水雷是最早的水雷，它以头上伸出的几个触角而闻名，作为一种能漂浮的“刺猬”式的球形炸弹，舰船触碰到它的任何一个触角，都会引发爆炸。为什么这种水雷的触角碰不得呢？这与这种水雷的引爆机制有关，因为水雷的触角被舰船碰弯时，装在里面的电雷管与电池之间的电路立即就被接通了，电雷管产生火花，引起爆炸。

磁性水雷随后问世，它沉在海底，而不是悬浮在水中的某一深度，这使扫雷器很难扫到它。因为舰船是钢铁制造的，它在地球磁场的影响下，也会产生具有一定强度的磁场，所以当它在磁性水雷上方经过时，雷上的磁接收器就会接收到舰船磁场，然后装在水雷上的电雷管与电池之间的电路就会通过控制仪器接通，引发水雷爆炸。

这种水雷的爆炸场所虽然是在海底，但由于水的不可压缩性，可以把爆炸时所产生的巨大压力传到较远的地方，敌舰在水面上一样会被炸毁。

音响水雷问世较晚，由于它尾部装了一个耳朵状的音波接收器，所以被人形象地称为“长耳朵水雷”。它的这个音波接收器在接收舰船螺旋桨和发动机发出的声波后将它们变成电信号，激活电路，使水雷爆炸。

水有这样的特性：在流速越小的地方压力就越大，而在流速越大的地方压力就越小。蚝雷，就是利用水的压力变化这一特性来引爆的。在蚝雷上都装有一个压力传感器，当舰船在它上方通过时，由于船的航行造成了船底水流速度加快，水压变低，它就会接收到水压降低的信号，并随即接通电路，引爆水雷。

此外更高明的是一种外形像火箭的“自动上浮水雷”。由于它里面装有超声波发生器和计算机，当舰船在它上方经过时，它就把超声波发生器产生的超声波反射回来。计算机在根据反射回波测定目标的距离后，就启动了水雷上的发动机，水雷上浮，引发爆炸，击毁敌舰。

随着科技的发展，形形色色的水雷不断地被研制和开发出来，其科技含量也越来越高，不久的将来水雷家族中也许还会有更奇特的成员问世。

» 为什么说巡航导弹仿佛长着眼睛?

“战斧”导弹的远距离攻击为什么会这么精确呢？这是因为“战斧”导弹有一个独特的会认地图的优点，它能按地图标明的路线飞行，从而使它击中目标的准确率变得很高。

那么“战斧”这种巡航导弹是如何认地图的呢？原因在于装备在这种导弹上的“等高线地形匹配系统”，这是一种读地面地形图的装置。

这种装置储存着导弹飞向目标途中经过的全部陆地地形的数字信息，而这些信息大多数是由间谍卫星或间谍飞机在和平时期拍摄的。

当导弹飞行距离目标 11 ~ 13 千米时，这种读地面地形图的装置才开始工作。读地面地形图装置开机后，装置中储存的信息和导弹内的摄像机在飞行过程中摄取的导弹下方的陆地地形信息进行比较，这样导弹离目标的距离有多远，便可以计算出来，导弹距飞行前确定的航线的偏差也能计算出来。然后这些计算数据被输送给导弹的控制系统，导弹受到正确的操控就往正确航线上飞行了，这种对偏差的纠正一直持续到飞达目标为止。

除了这一显著优点外，“战斧”式巡航导弹在其他方面也相当出色。它的质量只是同射程的巡航导弹的十分之一，身长仅 2.9 米，但却能将 2000 千米远的目标击毁。它有飞机一般的流线型的外形，其发动机和飞机一样采用空气喷气方式，直接从大气中获取燃烧所需要的氧，这一措施使它的体积和质量有效地减小了。

体积和质量的减小，使巡航导弹一方面有效地减少了对敌方雷达波的反射面，降低了被敌方发现的概率；另一方面，质量轻、体积小使发射、储存、运输和维修等也方便了不少，发射前导弹的弹翼和尾翼还可以折叠起来。

导弹在水面上飞行，高度为 20 米左右；在丘陵地带，高度约为 50 米；在山丘地带，高度约为 100 米；接近目标之后，保持小于 20 米的飞行高度。这种巡航导弹也适用于低空突袭，可以维持在 15 米以下的低空飞行高度。它不但命中率高，而且还可以从舰艇上、空中、水下和陆上进行发射。巡航导弹发射后，先采取高空飞行，由于高空阻力小，这样做可节省大量的燃料。

导弹的飞行高度在到达敌方上空后便自动降低，这样做不易被敌方雷达发现。另外，这种导弹还可以自动避开高山，敏捷度极高。

“战斧”导弹的优点是空军轰炸机所不能比拟的。首先，这种导弹是在敌防空区外发射的，这样发射人员就避免了很多危险。其次，这种导弹的制导系统使它能躲避敌方火力。再者，这种导弹的发射可在远离陆地的军舰上进行，不需要任何海外基地的使用权。

人们在形容“战斧”这类高精度的巡航导弹时，常说它们是长着眼睛的，这一点也不足为怪。这类科技含量高、精度高、具有突出优越性能的巡航导弹已被广泛应用于现代，随着更多高新技术被应用于武器制造中，相信更先进的、精度更高的巡航导弹在不久的将来就会被研制出来。

问倒科学家

4

生活万花筒

致远 著

天津出版传媒集团
天津科学技术出版社

图书在版编目（CIP）数据

问倒科学家 . 4，生活万花筒 / 致远著 . -- 天津 : 天津科学技术出版社，2025.1. -- ISBN 978-7-5742-2514-5

Ⅰ . Z228.1

中国国家版本馆 CIP 数据核字第 2024GA5546 号

问倒科学家 . 4，生活万花筒
WEN DAO KEXUEJIA . 4，SHENGHUO WANHUATONG
策划编辑：杨 譞
责任编辑：马 悦 杨 譞 宋佳霖
责任印制：刘 彤
出 版：天津出版传媒集团
天津科学技术出版社
地 址：天津市西康路 35 号
邮 编：300051
电 话：（022）23332490
网 址：www.tjkjcbs.com.cn
发 行：新华书店经销
印 刷：河北松源印刷有限公司

开本 880 × 1 230 1/32 印张 16 字数 295 000
2025 年 1 月第 1 版第 1 次印刷
定价：88.00 元（全 4 册）

Contents

目录

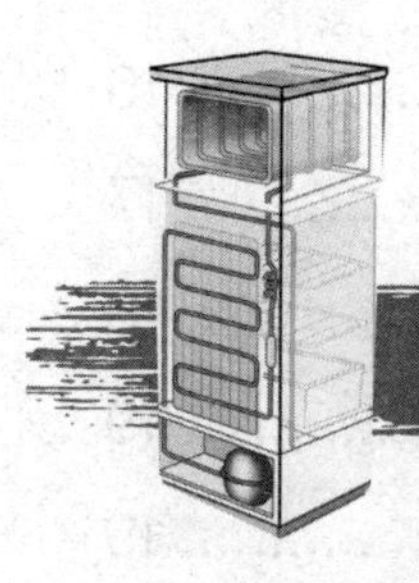

生活万象

人体健康

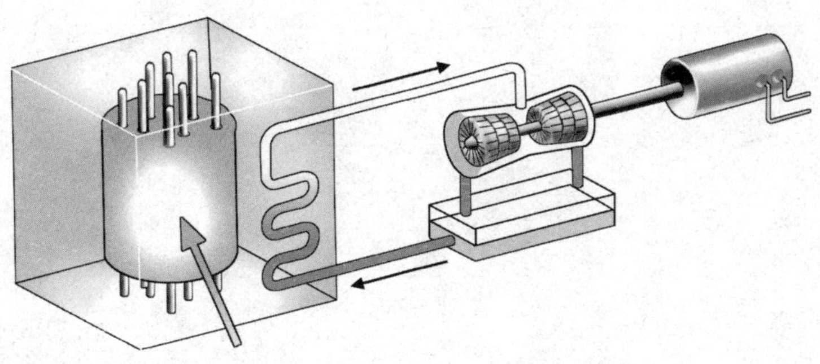

生活万象

» 为什么热水瓶能保温？

热水瓶能够保温主要应归功于热水瓶瓶胆的构造特征。通过仔细观察，我们发现，热水瓶瓶胆由两层薄薄的玻璃外壳组成，两层外壳之间是真空的，在瓶胆内侧还镀有一层薄薄的银。热水瓶瓶胆还有一个比它“身体”部分细得多的可以塞上软木塞的瓶口。正是这样的构造使热水瓶成了“心肠热，外表冷”的保温瓶。

热水瓶中被灌入开水以后，由于热水瓶的独特结构，水的热量不能以常规方式进行传递。一是切断了热的对流。由于瓶颈较细，又被软木塞紧紧地塞住，因此热对流的唯一通道被切断。二是阻塞了热传导。与金属物品相比，空气的导热性能虽然比较差，但瓶胆中的热量仍然会通过玻璃外壳传递到瓶外的空气中去。可是，由于瓶胆有两层玻璃外壳，中间又被抽成真空，热传导的媒介物——空气变得非常稀薄，热传导的通道也被阻断。三是杜绝了热辐射。冬天，在太阳光下，正是太阳光的热辐射使我们感到比较暖和。由于热水瓶瓶胆被镀上了一层薄薄的银，银层的反射作用把辐射的热量挡在了瓶胆内部，这就使得热辐射的途径也被断绝了。由于上述原因，热水瓶才具有良好的保温性能。

» 为什么汤冷了以后味道会变淡？

对冷的汤而言，问题不在于盐放的多少，而在于汤本身缺乏足够的热量，所以其他调料无法充分挥发出来让鼻子闻到气味。

人对味道的感知不仅来自味觉，也来自嗅觉。鼻子能够闻出大部分调料的味道，因而如果从汤中升腾上来的蒸汽越多，也就是说从调料中挥发出来的气态物质越多，感知到的味道浓度也就越高。因此冷的汤闻起来十分平淡无味。

但是咸味是由舌头上的味觉感受器单独感知的。事实上，咸味是少数几种只能尝到不能闻到的味道之一。温度的变化对咸味感知浓度的高低根本没有影响。温度本身并非味觉刺激因素，味觉也不是单单由化学物质引起的。温度和其他细节上的原因也会影响到感受器的工作。举个例子，冰咖啡和热咖啡的味道和口感就大不一样。调料的挥发性也是一个影响因素，但是大部分的味觉，包括对食物温度和质地的感知是发生在舌头上的。

» 为什么烟花如此绚丽多姿？

烟花就像小型的太空火箭并有同样的作用原理：它们燃烧大量的燃料，通常是被包裹在一个狭窄空间里的火药，它会在底部产生一个有效可控的爆炸。火药是由硝酸钾、木炭和硫黄组成的混合物。

一些烟花是射出来的，就像子弹从枪里射出一样，它们从一个叫作发射炮的管子里射出，当它们飞得非常高时就会炸出各种颜色。这种能释放出颜色的烟花叫作礼花，它含有星状或小球状的化学物质。例如，一个明亮的白色烟花可能含有镁，而一个红色烟花可能含有锶。烟花也含有一种“炸药”，它被填装在碎金属屑的中间。当炸药爆炸时，这些碎屑被抛射到天空各处，然后发出明亮的颜色。

轮转烟花其实就是不能离开地面的一种火箭烟花，因为它通常是中间被钉子钉住的。想象一架被一根粗大、强韧的绳子系在被固定在地球上的埃菲尔铁塔顶端的喷气式飞机。如果它试图向一个方向飞行，它将不会飞得很远，因为绳子阻止了它。释放发动机产生的能量的唯一的途径就是绕着绳子的末端转圈，轮转烟花也是一样的。

烟花的化学原理远比它看上去的要复杂。烟花所产生的颜色可能是由于温度变化而导致炽热（光由热生，炽热比白热要温度低一些），也可能是由发光现象造成的。这种发光的现象是能量被一个原子里的电子吸收使它兴奋和不稳定而产生的结果。当电子失去了这种过剩的能量，它就放射出一个光子，而光子的能量决定了你看到的光发出的颜色。

» 电冰箱为什么能制冷？

现在，大部分家庭中都有电冰箱，它给我们的日常生活带来很多方便。但是你知道电冰箱为什么能制冷吗？让我们在电冰箱的结构中寻找答案吧。

电冰箱可以分为制冷系统、控制系统和箱体 3 个部分。其中最重要的是制冷系统，它主要由压缩机、冷凝器、干燥过滤器、毛细管和蒸发器等部分组成。它们围绕着压缩机，连接成一条循环的闭路：压缩机→冷凝器→干燥过滤器→毛细管→蒸发器→压缩机。在这个环路中循环流动的就是制冷剂。氟利昂是最常用的制冷剂，这样一来，我们就清楚了电冰箱的工作原理：压缩机运转，推动制冷剂进入制冷循环，制冷剂在蒸发器中吸收大量热量，从而带走冰箱中食物的热量，最后通过冷凝器排到冰箱外，散发在空气中。电冰箱正是这样为我们服务的。

电冰箱能使食品较长时间地保持新鲜。

电冰箱的箱体隔热性能极好，它把电冰箱分隔成一个与外界隔绝的空间。电冰箱里一般包括冷冻室和冷藏室两部分，电冰箱的蒸发器位于冷冻室，所以冷冻室里温度较低，冷藏室中的温度比冷冻室高一些。这样食品放入电冰箱中，就可以进行冷冻或冷藏了。

由于氟利昂排放到大气中，会分解产生一些破坏大气臭氧层的成分，对环境不利，所以现在正在大力推广无氟电冰箱。

» 为什么用微波炉烹饪食物时不能用金属器皿？

用金属器皿盛放的食物，是绝对不可以直接放入微波炉进行烹调的。

一方面由于微波难以穿透金属，辐射到空气里的微波如果在传输途中遇到钢铁等金属就会如光束射到镜面一样发生反射，金属器皿内的食物就不能吸收微波，也无法被加热。

另一方面，微波不能穿透金属器皿，就只能在炉膛内反射，容易形成微波能量的高频短路，甚至会让发射微波的磁控管阳极产生高温，烧得发红，甚至损坏。

微波炉中使用的器皿应该用可以被微波穿透的材料制作，如玻璃、塑料、陶瓷等非金属。其实只要是对微波反射小、可以让微波穿透、耐热性能好并在高温下不会释放出有毒物质的材料，都能用于微波炉。由微晶玻璃制成的器皿是最理想的，因为微晶玻璃的晶粒比陶瓷还细，微波的吸收少，而且又十分耐热。如果加热时间短，选择纸质

用微波炉加热既快又省电，还清洁卫生，不破坏食物中的营养成分，保持色、味俱在。

器皿也可以。

» 为什么用紫砂壶泡茶优于用别的器皿？

我国茶具发展有一个从陶到瓷的过程，明清时代，我国瓷器已经发展到光辉的顶峰。按理说，陶具应该不再那么突出了。但紫砂壶的里外都没涂釉，和瓷器不同，这就使壶壁保持了微小的气孔，既有透气功能，又不渗水，相比之下，瓷器几乎不透气。正是由于紫砂壶壁充满了这些小气孔，极大增强了它的表面吸附力，所以使茶叶中的芳香油在遇热时，挥发的速度比较慢，从而起到收敛和杀菌的作用。用紫砂壶泡茶，可以延缓茶水霉变的速度，让茶水过夜都不会变坏。另外，砂质而多微孔的壶壁可以吸附茶汁，从而慢慢地积累一些“茶锈”，吸收茶的香味，所以有时壶里即使没有放茶叶，只有清水，壶内也会有茶的余香。经验告诉我们，在瓷杯中沏的茶，两天之后就没有一点茶味了，而紫砂壶沏的茶在 5 天后仍然可感受到茶叶的芳香呢！

紫砂壶的优点不止如此，紫砂的传热性能较弱，用紫砂壶泡茶，里面是滚水，外面摸着却不烫手。同时，它对冷热的应变性也相当好，在寒冬腊月用沸水冲泡也不必担心炸裂。另外，紫砂壶因为使用年代久远而显得陈旧，反而越显出晶莹光润。这些优点都是它所独有的，其他类型的茶壶远远不及。

» 为什么用不粘锅煎煮食物时不易粘锅底？

不粘锅是在普通锅的内侧表面涂覆了一层特殊的高分子材料制成的。很多高分子化合物的化学性质都比较稳定，一般具有耐酸耐火耐腐蚀等特性。涂覆在不粘锅上的高分子材料，是被人们誉为“塑料王”的碳氟树脂——聚四氟乙烯，也就是通常所说的“特氟隆”。

在聚四氟乙烯中，没有一般高分子材料中都含有的氢元素，而只含有氟和碳两种元素，而且氟原子和碳原子之间相互结合得很紧，因此它对外界的物质都“冷眼旁观”，即使放在硫酸、硝酸、盐酸、盐水、王水（一种腐蚀性最强的混合酸）、烧碱中煮沸，它也不会变质，它的耐酸能力大大地超过了稳定性好的黄金。聚四氟乙烯的化学惰性特点，使其在原子能、航天、电子、电气、化工、机械、仪器、仪表、纺织、食品等方面大显身手。在这里，将它涂在锅上制成不粘锅，只不过是小事一桩。

另外，用不粘锅炒菜时，避免使用铁铲子，以防破坏不粘锅涂层。

» 醋泡过的鸡蛋为什么会变大？

在醋里浸泡过的鸡蛋不再和先前放在那里的鸡蛋一样了。当把鸡蛋放到醋里后，首先发生的变化是蛋壳表面起泡。大约 72 小时后蛋壳会消失，而它的一部分碎片可能会漂浮在醋上。但因为鸡蛋的内层薄膜没有被醋溶解掉，所以鸡蛋还能保持完整。

蛋壳主要是由碳酸钙构成的，当它和醋酸发生反应时，就会产生二氧化碳气体，也就是鸡蛋表面的那些气泡。而裹着鸡蛋的那层膜并没有在醋中溶解，反而会变得更加有弹性。

鸡蛋的尺寸变大了。这是由于渗透作用——醋中的水分通过外层的细胞膜进入鸡蛋内。这种运动的发生是因为水在鸡蛋内部比在醋中能溶解更多的物质，所以水会通过细胞膜朝能溶解更多物质的方向运动。这就是鸡蛋会变大的原因。

如果在实验之前把鸡蛋煮熟了也没关系。一个煮熟的鸡蛋看起来更精致且有弹性，而一个没有煮熟的鸡蛋看起来则是黏糊糊的，就像一个装了水的气球。

» 为什么刚煮熟的鸡蛋在冷水中浸泡后较容易剥壳?

除了少数几种物质，自然界中的物体都具有热胀冷缩的特性。但是不同的物质热胀冷缩的程度差异显著。鸡蛋也一样，具有热胀冷缩的特性。当温度发生剧烈变化时，蛋壳和蛋白之间的热胀冷缩的步调是很不一致的。在高温烧煮时，蛋壳受热快，蛋白传热慢，因此蛋壳膨胀的程度相对大一些。一旦浸入冷水，蛋壳因为突然急剧受冷而收缩，可是蛋白还处在原来的温度而没有来得及收缩，于是，蛋壳就将一部分蛋白挤进蛋的空腔处。当蛋白因温度降低而收缩时，体积的缩小使得蛋白与蛋壳的粘连减弱，从而使蛋壳很容易被剥掉。

心急吃不了热豆腐，同样的道理，心急也剥不了烫鸡蛋。所以，我们在平时要注意耐心地观察事物的特点，找出解决问题的最佳突破口，一举成功，切忌心浮气躁。

» 为什么鸡蛋经水洗后容易变坏？

我们都知道，鸡蛋的蛋壳圆滚滚的，十分漂亮，然而把鸡蛋放在放大镜下观察时，就会发现鸡蛋的本来面目——蛋壳上满是小洞洞。在刚生下来的鸡蛋的表面，有一层胶状物质，能够堵住鸡蛋壳上的这些小洞洞。可是这层胶状物能够溶于水，所以当你用水洗去鸡蛋上的污垢时，同时也一起洗掉了胶状物。这样一来，蛋壳上的洞洞就像被打破了玻璃的窗户一样，细菌就会像“寒风”一样长驱直入，于是鸡蛋很快就坏了。

鸡蛋内部构造示意图

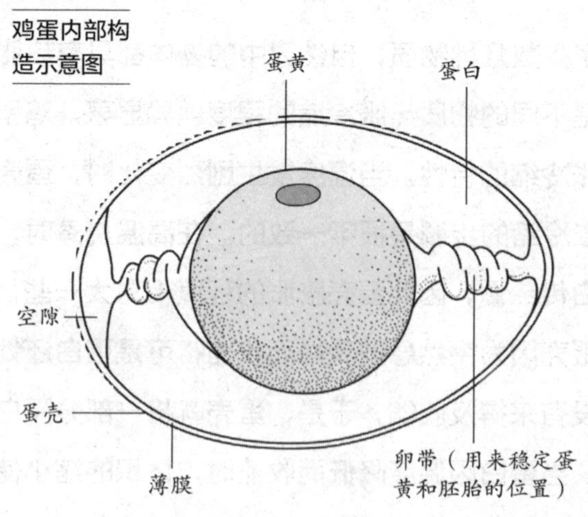

过去，养鸡的人家，常常把刚生下来的鸡蛋放在石灰水里浸泡一会儿，这样鸡蛋就不容易坏了。这样做有两个原因：第一，石灰水本身能杀菌；第二，鸡蛋也在不断“呼吸”，通过洞洞排出二氧化碳，这些二氧化碳一遇上石灰水，会立即生成白色的碳酸钙沉淀，堵住小洞洞，这样一来细菌就无法侵入蛋壳里，鸡蛋就不容易坏了。

» 松花蛋上的松花是怎么形成的？

松花蛋上的松花，是经过一场化学反应“雕”成的。蛋白的主要成分是蛋白质。禽蛋放置时间一长，蛋白中的部分蛋白质就会分解成氨基酸。氨基酸的化学结构很有趣，它有一个碱性的氨基和一个酸性的羧基，因此，它既能与酸性物质发生反应，又能与碱性物质发生反应。人们在制作松花蛋时，特意在泥巴里加入了石灰、碳酸钾、碳酸钠等碱性的物质，这些物质会穿过蛋壳上的细孔，与禽蛋内的氨基酸发生化学反应，生成氨基酸盐。由于这些氨基酸盐不溶于蛋白，于是就以一定的几何形状结晶出来。漂亮的松花，正是这些氨基酸盐的结晶体。那么，为什么松花蛋的蛋黄呈青黑色呢？这也是化学反应所造成的。蛋黄的主要成分是一种含有硫的蛋白质。时间久了，蛋黄也会分解变成氨基酸，这些氨基酸会放出很臭的气体——硫化氢。蛋黄本身含有铁、铜、锌、锰等矿物质，硫化氢能够与这些矿物质发生反应生成硫化物。因为这些硫化物的缘故，蛋黄会变为青黑色。不过，这些硫化物大都极难溶于水，所以，人体不易吸收它们。

» 为什么玉米能被爆成爆米花？

玉米之所以能爆成爆米花，是因为它内部的水分和干燥的外层间存在微妙的平衡。玉米外层的果皮细胞比较硬而且渗透性相对较差，内层的细胞柔软且含有一定的水分。当玉米粒受热时，内部的水分就转变成蒸汽。内部压力增大到一定程度时，较硬的外层就会爆开，露出里面的淀粉。

其他食物的内部如果充满了柔软的淀粉，也可以像玉米一样爆。比如土豆就是这样。如果烤土豆之前不在它相对结实的外皮上戳几个洞，它一样也会爆开。

如果做爆米花之前把玉米粒外层的种皮去掉，水蒸气就会很快地散失掉，也就做不成爆米花了。如果玉米粒太干，就没有足够的水分爆开种皮；如果太湿，果皮又不足以维持住太多的水蒸气。园艺专家们建议，自家种植的用来做爆米花的玉米粒应当是在玉米穗轴上完全成熟的才好，这时玉米粒里面的糖分都转化成了淀粉。收割之后可能还需要对玉米做进一步的干燥处理，玉米粒中理想的含水量应当是在13.5%~14%。而且为了保持水分的平衡，最好是将其储存在气密性容器当中。

» 古时候人们为什么用银制品做餐具和疗伤？

古时候，人们就知道用银碗盛放牛奶等食物，可以保存较长时间而不变质。这是因为银会“溶解”于水中，食物由银碗盛放时，其中的水会与极微量的银发生电离反应变成银离子。银离子有相当强的杀菌能力，每升水中只要有一千亿分之二银离子，就可以杀死里面的全部细菌。

银离子的杀菌功能，还用在消毒和外科急救方面。古埃及人早已知道，用银片覆盖伤口有治疗作用。后来又出现了用来包扎伤口的“银纱布”，用它治疗皮肤创伤和溃疡，效果很好。现代医学中，将 1% 的硝酸银溶液滴入新生儿的眼睛里，能够防治新生儿眼病。闻名中外的中医针灸，使用的也是小小的银针。

» 火焰为什么总是向上蹿？

在古代，人们弄不明白为什么火焰总是向上蹿的科学道理，常常把它与鬼怪和迷信联系在一起。实际上，火焰向上蹿是由于空气的流动引起的。由于热空气的密度比冷空气小一些，因此热空气就会上升，这样一来使得周围的冷空气就流过来补充。随着空气的流动上升，火焰就被空气引向上方，火苗就向上蹿。同理，在点燃一堆篝火时，由于大量热空气上升，四周冷空气迅速流过来补充，篝火熊熊燃烧、火苗上蹿的景象就产生了。

但是，为什么有时燃烧的火焰又会忽左忽右摇摆不定呢？

这同样是空气的缘故，而不是像迷信人士所讲的那样与鬼怪有什么关联。一般情况下，当火焰四周没有风的时候，火焰是十分稳定的，这时候火苗上升的高度随着温度的升高而增加。但实际上，室外的气流由于受到各种因素的影响，总会出现一些不规则的流动，这些流动会干扰热空气上升的正常次序，从而使火焰在空气中变得不知道向哪个方向摆动才好，于是就出现了火焰摇摆不定的现象。

» 燃烧的油为什么不能用水扑灭?

假如油锅着了火或油桶、油罐着了火，千万不能用水去扑灭。因为这时用水不但不能灭火，反而会使火势变得更大。这是什么原因呢? 原来,油锅起火时,由于油的密度小于水的密度，假如把水浇入油锅中，水会立即沉到油层下层，而油层却会往上浮，因此这时既无法隔绝空气，又不会使温度降低，所以油锅中的火根本不会被水扑灭。说不定油还会溢出油锅，向油锅外蔓延开去，油与空气接触的面积由此大为增加，火势反而会越烧越旺。

既然不能用水扑灭燃烧的油锅，那一旦油锅着了火，我们该怎么办呢? 办法其实很简单，只要迅速盖上盖子，油和空气就会被隔绝开来，火自然就会熄灭了。

假如油桶着了火，人们又该怎么办呢? 我们可以看到，通常情况下，消防队员使用泡沫灭火器灭火，这是因为泡沫灭火器喷出的是大量的二氧化碳气体，这种既不会自燃，也不会助燃的气体又比空气重，很快就会包围住油桶，油与空气便会被隔绝开来，人们就可以及时地把火扑灭了。

» 为什么木材燃烧后会留下灰烬？

为什么木材或者煤炭在燃烧后会留下很多灰烬呢？这是因为木材中含有一些矿物质，这些矿物质是不能燃烧的，因此当烧掉木材中的有机物以后，这些矿物质就成为灰烬残留下来。

古代的树木埋在地下便生成了煤，碳和一些复杂的有机物是其主要构成成分，但也含有一些矿物质和较多硅酸盐，因此煤块烧剩的灰烬要比木材多。草本植物里也含有较多的硅酸盐和其他矿物质，因此像稻草、茅草这样的植物燃烧后留下的灰烬一般也比木材多。

值得一提的是，植物燃烧后，其生长时所吸收的钾元素仍存在于草木灰中，因此草木灰是一种非常不错的钾肥。

» 为什么脱衣服时会有火花产生？

你有没有这样的经历，在干燥的季节里，当你关了灯脱衣服睡觉时，会听到一阵轻微的“嚓嚓”声，还可能清楚地看到衣服表面有小火花在闪烁。如果有这种情况出现，那么你穿的可能是用腈纶之类的合成纤维制成的衣服。合成纤维是一种良好的绝缘体，同时具有极小的吸湿性，穿上由它制成的衣服运动时，织物之间就会产生摩擦。这种摩擦使一种物体失去电子而带上正电荷，同时另一种物体得到电子而带上负电荷。产生的电荷很难在化纤衣服上流动，所谓的静电便由此产生了。当其积累到一定的程度时便会形成放电现象，即发出响声并产生电火花。

» 为什么保鲜膜能使食品保鲜？

保证食物贮存过程中吸收氧气、呼出二氧化碳的通道的通畅，才能使食品新鲜、色艳，保持原有风味，不会腐烂变质。食品保鲜膜用于蔬菜、水果、熟食等包装，还可以防止食物在冰箱内串味、脱水干瘪。

保鲜膜为什么能对贮存在冰箱内的食品起到保鲜作用呢？要解答这个问题，就得先了解一下保鲜膜的材料。保鲜膜是一种高分子、具有较高的透氧气和透二氧化碳功能的材料，它可以让食品得到适量氧气来进行通畅的呼吸，使贮存的食品保持新鲜。

保鲜膜有没有毒呢？这可能是人们最关心的问题。食品保鲜膜按材质分为聚乙烯 (PE)、聚氯乙烯 (PVC)、聚偏二氯乙烯 (PVDC) 等种类，PE 和 PVDC 是安全的，PVC 遇上油脂或高温时可能会释放出有毒物质，随食物进入人体后会对健康带来影响，因此购买时要注意慎重选择。

总之，食物长期放在冰箱里会不新鲜，为了使贮存在冰箱里的食品色泽光洁、保持新鲜，在放置食品时，最好用保鲜膜包好后再存放进冰箱。这样，你就可以吃到新鲜的食物了。

» 酸奶与牛奶比有哪些优点？

牛奶有两个主要问题。一是牛奶中的蛋白质（主要是酪蛋白）容易凝固，婴幼儿喝后易在胃中凝结成块，不易消化和吸收。据测试，牛奶的凝块能力是 50 ~ 90 克，人的母乳因其所含的成分主要是白蛋白，所以其凝块能力仅为 0 ~ 2 克。二是牛奶中的乳糖易使成人产生腹胀感，有时甚至腹泻。因为动物乳中的乳糖必须在乳糖酶作用下才能被消化。婴幼儿体内有比较活跃的乳糖酶，但随着年龄的增长，人体内乳糖酶的分泌能力逐渐降低，所以一些成年人喝了牛奶后，乳糖在肠道里发酵并产生二氧化碳，从而引起腹部不适。

把牛奶制成酸奶后就能避免这两个不足。因为在发酵的过程中发生了两个转化，即部分乳糖转化成乳酸，同时牛奶中易凝块的 β 酪蛋白转化成不易凝块的 γ 酪蛋白。这两个

酸奶

转化不仅没有使牛奶的营养价值受到破坏，还使牛奶被人体吸收的程度大为提高，这样使得牛奶既适合于婴幼儿和青少年食用，对大多数成年人来说，也不会再有上面提到的那些麻烦了。

» 为什么料酒能除去腥味？

鱼有腥味，是由于它体内含有三甲胺。三甲胺是一种脂肪胺类的化合物，它和甲胺、二甲胺一样都“臭气熏天”。

胺类化合物存在于许多植物当中，如山楂花很臭，因为它的花蕊是大自然中的三甲胺“制造厂”。此外，在人的汗里，同样含有少量三甲胺。这就是为什么当人满身大汗时会散发出有些刺鼻的味道。

为了除去鱼腥味，人们在烧鱼的时候常常浇些料酒，这样效果就好多了。这是因为三甲胺总是“隐藏”在鱼的肉里，用一般的方法人们很难将它清除出去。酒里含有酒精，而酒精能够很好地溶解三甲胺，从而把三甲胺从鱼肉内清除出去。而且，酒精和三甲胺都很容易挥发，烧鱼时温度较高，没一会儿，鱼的腥味就被除掉了。

另外，料酒中还含有一定量的乙酸乙酯，它们具有很好的香味，也可以在一定程度上掩盖鱼的腥味，所以料酒是很好的调味佐料。

» 为什么鱼、肉的汤遇冷会结成冻?

鱼、肉的汤遇冷结成冻不仅仅是因为温度低，其中还发生了一些化学反应。

让我们先通过显微镜观察一下鱼肉和猪肉吧！你会发现它们就像一捆捆甘蔗一样，是由蛋白质纤维束组成的。在纤维束与纤维束之间有如同绳子一般的结缔组织，它们把这些纤维束紧紧地连在一起。

结缔组织的主要成分是韧带质与生胶质，它们都是蛋白质。当人们用小火慢慢地炖鱼汤、肉汤时，韧带质发生的变化不大，而生胶质却与水发生了化学反应，被水解成了动物胶。

动物胶在较高的温度中能够溶解在水里，形成胶体溶液。但是，温度降低，即使还没到 0℃，它也会凝结成冻状。动物胶具有极高的营养价值，如果炖得时间长一些，它还会继续与水反应，进一步水解变成氨基酸。氨基酸味道很鲜，这就是为什么鱼汤、肉汤炖的时间越长，味道越鲜的原因。

» 为什么最好蘸着盐水吃菠萝?

菠萝有一个好听的名字叫凤梨，它是一种多年生的草本植物，叶子呈剑状，密生，边缘常有利刺，是热带地区特别流行的水果。它原产于美洲的巴西，后来逐渐传播到美洲中部和南部。那菠萝是什么时候传入我国的呢？我国大约是从 17 世纪开始引种栽培菠萝的。菠萝成熟之后，果肉是黄色的，汁水很多，富含营养，味道特别香甜可口。菠萝的果肉除了含有丰富的糖分和维生素 C，还含有苹果酸、柠檬酸等有机酸。菠萝成熟之后，果肉里的有机酸含量变少，糖分含量变多，香甜可口；但菠萝未成熟时，菠萝果肉里有机酸含量较多，糖分含量较少，味道较酸。大家也许有过这样的经历，当你吃过没有蘸盐水的菠萝果肉后，口腔和嘴角就有一种麻木刺痛的感觉，这是怎么回事呢？这是因为菠萝果肉里还含有一种“菠萝蛋白酶”，这种酶能够分解蛋白质，刺激我们口腔黏膜和嘴唇的敏感表皮。而食盐能抑制菠萝蛋白酶的活性。因此，为了抑制菠萝蛋白酶对我们口腔黏膜和嘴唇的刺激，当我们吃菠萝的时候，最好先蘸蘸盐水，并且蘸过盐水的菠萝味道会更加香甜。

» 车轮为什么都是圆形的？

今天，人类使用的所有车辆、飞机都离不开圆形的轮子。

为什么古人选择用圆形来作轮子的形状呢？有人也许会张口回答：“这个问题还不简单，因为圆形的轮子才能够不断地向前滚动啊！长方形的或是三角形的轮子根本就滚动不了，不是吗？”

这话没有错，事实也是如此，但为什么只有圆形可以滚动，圆形有什么重要的性质呢？圆上任何一点到圆心的距离都是相等的。人们把这个相等的距离，叫作半径。这就是圆形的重要性质。

当我们把车轮做成圆形，车轴安在圆心上时，车轮在地面滚动后，车轴离开地面的距离，一直保持为车轮半径。因此，车厢里坐的人，能够很平稳地被车子拉走。假设车轮变了形，轮缘这里凸出来，那里凹下去，也就是说从轮缘到轮子圆心的距离不再相等，那么，这种车子走起来，不但滚动困难，还会把坐车人的头颠昏，骨头颠散。

车轮做成圆形的，还有别的原因，那就是当一样东西在地上滚动的时候，要比在地面上拖着走省力得多，原因是滚动摩擦阻力比滑动摩擦阻力小。

» 为什么汽车在高速公路上能够高速行驶?

高速公路与一般公路对车辆行驶速度的限制正好相反。一般公路的车速限制是 60 千米 / 小时以下，而高速公路的车速限制是 60 ~ 120 千米 / 时。

为保证车辆能高速行驶，高速公路建造得坚固、耐用、平整、防滑，而且设计成双向、宽阔、全封闭式。高速公路通常有 4 至 8 条行车道，往返各占一半。中间设 2 ~ 3 米宽的“中央分隔带”，种植灌木或设置栏杆，一方面分开不同方向的车道，一方面防止夜间对面开来的汽车的车灯炫花司机的眼睛。公路两侧设有“紧急停车带”，供行驶中遇到故障的车辆临时停靠。

高速公路有专门的出入口，非机动车、老旧慢速的交通工具以及禽兽等不能进入。高速公路实行全线封闭，最外面用金属栅网阻拦。高速公路与其他公路交叉的地方设有“互通式立交”，汽车从这里进入或离开高速公路。这种互通式立交每隔50千米设置一个，里面有收费站、加油站、车辆维修站、休息室、商场等。还有起交通警察作用的“电子监控中心”，里面有闭路电视和有线、无线通信设备。另外，每隔一定距离就要设跨线天桥或地下通道，供行人和自行车过“马路”。

另外，工程师们还在高速公路上用鲜明清楚的标志牌和路面标志作为“指挥棒”，给车辆指路。还常用直升机、电视摄像机或巡逻车来充当“耳目”，将监控的信息传送给监测中心的电子计算机，经过电脑分析处理，把确定的措施信息通过可变标志显示出来，以便司机采取应对措施。这样，车辆就可以在高速公路上高速安全地行驶了。

» 消防车上的水枪为什么能喷出高速的水流？

物理知识告诉我们，当一定流量的流体经过管道时，管道直径大小与流体速度成反比。当管道直径大时，流体速度就小；反之管道直径小时，流体速度就大。所以，为了获得较大的喷出速度，消防水枪的出口直径都设计得比较小。

那么，为什么消防水枪喷出的水流能射向高空呢？下面的例子也许可以给我们一些启示。当我们给球一个起始速度，使它滚上一斜坡时，球就会相应地在斜坡上达到一定的高度并停下来。这个停下的高度与球的起始滚动速度有关，一开始给球的速度越大，那么它达到的高度就越高。

从消防水枪口能喷射出又急又高的水流也是这样一个道理。出口水流的速度越大，则动能越大，也就使水流射得越高。所以说为了使水流射到高空，消防水枪出水口的水流必须很急，也就是说一开始给的速度必须很大。

我们明白了为什么消防车的水枪能够喷射出高速的水流的原因后，还可以试着运用这些知识去解释类似的现象。

» 为什么汽车轮胎上有各种凹凸不平的花纹？

汽车轮胎并不是光滑的，表面有许多凹凸不平的花纹。而且轮胎不同，花纹的形状、宽窄也有很大的区别。这是为什么呢？

原来，轮胎表面的花纹，是用来增加轮胎与地面间的摩擦力，防止轮胎在路面上打滑的。

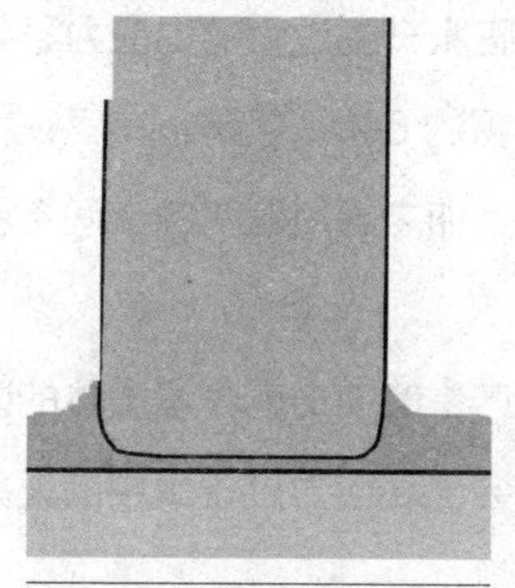

表面没有防滑纹的轮胎
轮胎和地面之间的摩擦力很小，轮胎容易打滑。

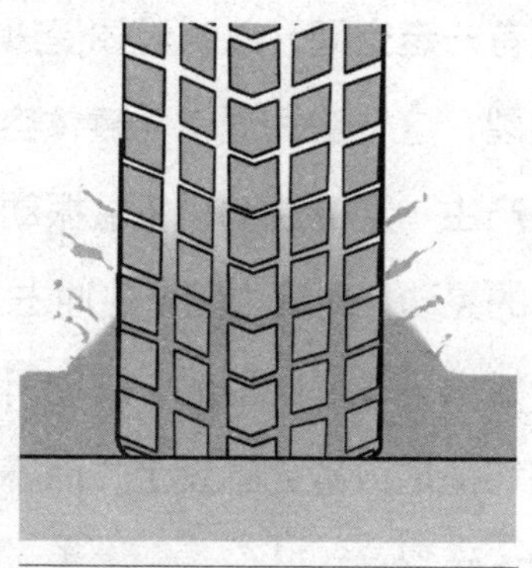

表面有防滑纹的轮胎
轮胎的花纹会增加轮胎与地面之间的摩擦力，轮胎不容易打滑。

起初，轮胎花纹仅是直线型的楞花，非常简单。后来，随着车辆载重量的增加和行驶速度的提升以及路面的改进，轮胎花纹逐渐多样、复杂起来。现在，轮胎花纹习惯上分为通用、高越野性和联合式 3 大类，几何形状包括纵向直线、横向直线、斜线、块形和混合式等 5 种。通用花纹也叫公路花纹，是使用最早、最普遍的一种，如常见的公共汽车轮胎上纵向直线形和锯齿形花纹。高越野性花纹专供车辆在荒野及松软土地上行驶。联合式花纹的轮胎既能让车辆在硬性和沙砾路面上行驶，也能在松软、泥泞或冰雪路面上行驶。我国地形复杂、公路路面质量差别很大，联合式花纹显得更为合适。

» 为什么液罐车都采用圆形车厢？

液罐汽车是用来运输易燃液体或其他特殊液体的，罐内必须留有一定空间，以防液体受热膨胀产生过大的内应力导致罐体破裂，这一空间通常为罐体容积的 5%。但是，车辆在行驶中会产生一定的跳动和机械振动，加之罐内留有的空间会引起液体的晃动，对罐内壁产生冲击。

如果罐体是圆形的，震动所产生的冲击就会沿罐体的圆周方向均衡地分散到罐壁上，而不会出现应力过于集中的现象，使罐体破裂。

如果罐体外形是集装箱那样的长方形，车辆震动时液体产生的冲击力容易造成应力集中，使得罐体的棱角部位承受的应力过大，从而导致罐体破裂。

» 为什么自行车在夏天容易爆胎？

夏天，自行车在马路上疾行的时候，很容易爆胎。了解空气受热膨胀的道理，可以帮助我们避免这样的事故发生。

夏天气温很高，车胎里的空气受热膨胀后，不断地冲击着车胎，想跑出来。如果车胎里的空气打得太足，或者车胎上有磨损的地方，空气就会剧烈冲撞，把车胎挤破。

另外，夏天的早晨和中午，室内外温差较大，早上在家把车胎里的气打满了，到马路上一骑，车胎里的空气受热膨胀，便急着要找条路跑出来，最后只得把车胎挤破。

所以，在炎热的夏天，给车胎打气时要留有余地，不要把车胎里的气打得过足。

» 飞鸟为什么会对喷气式飞机造成威胁？

为什么飞鸟总是同飞机发生冲突呢？这是因为现在的飞机大部分都是喷气式飞机，这种飞机的发动机要从周围吸入大量的空气才能运转，所以它们的进气口都开得比较大。飞行起来，像张着的血盆大口，贪婪地把迎面的气流全部吞食进去。如果飞鸟正好在它的附近飞行，就可能会由于气流的原因而跟空气一起被吸进发动机里去。由于喷气式飞机飞行的速度非常快，飞鸟的身体虽然很柔软，但由于高速的撞击，它的破坏力还是很强大的。又因为喷气发动机的内部结构十分精密，飞鸟进去后，常常会严重地干扰发动机的工作过程，甚至使发动机停止工作，使飞机丧失前进的动力，造成飞机失事。

此外，飞鸟对喷气式飞机的威胁，还表现在它与飞机外壳的直接碰撞。由于喷气式飞机高速飞行，这种撞击也会给飞机带来致命的打击。曾经有一只飞雁同一架以 600 千米 / 小时的速度飞行的歼击机在空中相撞，结果这只飞雁“破窗而入”，把飞行员撞昏过去。这样严重的直接撞击，虽然是不常发生的，但确实对高速飞行的喷气式飞机构成了极大的威胁。

» 在飞机上为什么禁止使用移动电话？

移动电话的使用方便了人与人之间的交流和沟通，可是，飞机上却禁止使用移动电话，这是为什么呢？我们先来看几个例子。

1996 年 7 月 11 日，中国南方航空公司的一架航班从上海出发，飞往广州。一路上都平平安安，可是，就当飞机接近广州准备降落时，飞行员发现飞机进入着陆航道后，罗盘指示的航道不符合实际航道。调查后才发现，当时有四五名乘客正在客舱里使用移动电话。他们一停止使用，飞机罗盘立刻恢复正常指示。

1998 年，“华航”一架由印度尼西亚飞往中国台北的班机在降落时坠毁，机组人员和乘客全部遇难。这是什么原因造成的呢？调查人员怀疑是由于有人在飞机准备降落时使用移动电话，干扰了飞机通信，从而导致了这次空难。

电磁波干扰对飞机是一种威胁。据国际飞行员联合会的一项调查报告统计，近年来，每年由电磁波干扰造成的飞行险情有 20 多起，而且在已发生的其他空难事故中，电磁波的干扰原因也不能被完全排除。

» 遥控器为什么能遥控家用电器？

红外线遥控开关由红外线发射器和接收器两部分组成。我们拿在手里的遥控器就是发射器，遥控器里主要包括调制器和红外线发射管，可以对 10 米以内的家用电器进行遥控。因此，我们使用遥控器时，不能离得太远。那么，遥控器是如何工作的呢？首先，红外线发射管发射出特定波长的红外线，调制器则把低频控制信号“载”在红外线上。这些信号可不是普通信号，它们能控制开关。这样，从红外线发射器发射出来的红外线，就包含了控制信号。

我们了解了发射器，那接收器在哪里呢？红外线遥控开关的接收器一般被安装在家用电器的正面面板上，主要由接收管、抗干扰电路、解调器、开关控制器等部分组成。接收管是一种硅光敏三极管，它负责接收红外线，并且通过光电效应将照射在它上面的红外线转变成电信号。抗干扰电路则负责鉴别和排除周围环境中会对红外线产生干扰的信号，以使接收管接收红外线。解调器能将“载”在红外线上的低频控制信号“卸”下来，输送到开关控制器，使电源开关接通或断开。

遥控开关可以用来控制电源开关，也可以用来选择频道、调控音量的大小、电风扇调速、控制空调的温度等，因此，即使躺在床上，也可以根据自己的需要对家用电器进行遥控。

» 移动电话会影响人体健康吗？

移动电话释放的电磁波所产生的热效应，会导致人体组织中的分子振荡。为了做进一步的测定，科学家设计了一套测定实验。他们先制作了一个模拟人头，并在模拟人头的眼睛上安装温度测试仪器，然后在距离模拟人头 5 厘米的位置放了一个移动电话。很快，模拟眼球的温度上升了 0.5℃左右。

实验表明，温度随移动电话使用频率的上升而增高。移动电话发出的电磁波，还会对人体产生非热效应。它可能使人体染色体变异，而染色体变异又引起人体组织畸变，破坏人体正常的运行机制，也可能使人体免疫力下降。

长期以来，我们一直生活在放射性物质所笼罩的环境中。放射是一种自然现象，它在我们的周围无时不在、无处不在，人类的本身就生活在其中。对人类有用的放射性物质，我们可以加以利用，但是，对它所产生的副作用，我们应该予以重视。

因此，一些专家呼吁那些身体机能稍差的人群要少用移动电话。

» 为什么使用含磷洗衣粉会污染环境？

洗衣粉中的磷类化合物能够与水中的钙离子、镁离子结合，降低水的硬度，从而使洗涤去污的效果得到提高，可是洗涤后却产生了许多的含磷废水。磷是大多数植物生长的营养物质，磷增多会导致水中的植物——藻类迅速繁殖。藻类一多，就会大量消耗溶解在水里的氧气，使水质恶化，鱼类大量死亡。这样，水体就发生了富营养化。

众所周知，藻类生长所需的最重要的营养元素是磷和氮。那么，限制氮元素，是不是就能阻止水体富营养化的发生呢？答案是不能。因为藻类可以直接从空气中吸收它所需要的氮元素，并且藻类死亡后，微生物会分解它们的“尸体”，释放出氮，其他的藻类可以重新利用。

通过实验，科学家了解到，要想防止水体发生富营养化，只能通过限制水体中的磷元素。所以，限制使用含磷洗衣粉，就可以有效地控制水体发生富营养化的概率。

现在，我国每年有 45 万吨左右的磷酸盐排入江河湖海，使许多近海和湖泊都处于富营养化状态。例如从 1990 年到 1996 年，渤海共发生了几十次赤潮，海里鱼类几乎全部死亡。

有些国家在 20 世纪 80 年代就已出台了洗涤剂“禁磷”的法规，日本、瑞典、加拿大等国均已实现了洗涤剂无磷化。在我国，太湖、杭州等地在 1998 年也开始“禁磷”，从此拉开了“绿色洗衣”革命的序幕。

» 为什么在厨房晾衣服干得更快?

即使衣服的温度没有上升到沸点，水也仍然能从衣服中逃逸并进入空气中。在衣服里的单个的水分子都被其他水分子所吸引，同样也被构成衣服的分子所吸引。水分子会发现自己处在一个“黏滞”的环境中，这就意味着它很难从衣服中逃逸并进入空气中，但它还有足够的能量可以到处移动，和其他水分子交换位置。

热量可以被当成是一种分子所拥有的能量，而热量越高，它们所拥有的能量就越大，也越容易克服周围的黏性。例如在一个室温 20℃的房间里，一些水分子可以有足够的能量克服来自其他分子的吸引力，并可能完全从衣服中逃逸到空气中去。当这个过程继续进行时，留在衣服里的水分子将会越来越少，直到最后衣服中没有水分子为止。

如果温度超过 20℃，那会使更多的水分子同时拥有足够的能量蒸发，因此衣服就会干得更快。厨房的温度一般是房间中最高的，因此，晾衣服会干得快些。一些脱离衣服表面进入空气中的水分子可能会落回到衣服上并被再次粘住，这就是为什么在大风天里把衣服放在外面会有助于加速干燥的过程，因为风吹走了从衣服表面脱离的水分子，使它们回到衣服上的可能性减少。

» 为什么用彩色胶卷能拍出彩色照片？

黑白胶片的感光剂是卤化银。纯净的卤化银，对蓝光特别敏感。如果将一些特殊的染料加入卤化银，就可以使卤化银分别对绿光或红光敏感。这些特殊的染料称为“增感染料”。随后人们又发明了“多层彩色胶片”：先在片基上涂一层“感红乳剂层”，即对红光敏感的感光乳剂，再涂一层“感绿乳剂层”，即对绿光敏感的感光乳剂；最后涂一层“感蓝乳剂层”，即不增加感染料的感光乳剂，只对蓝光敏感。

在拍摄时，各种颜色光线通过摄影机或照相机的镜头，落在多层彩色胶片上面。这些光线被分解，然后按照其中所含的红、绿、蓝三种原色的数量，分别于感红乳剂层、感绿乳剂层、感蓝乳剂层上感光。冲洗之后，彩色胶片上就出现了色彩。但是，这些色彩很奇怪：红色衣服变为青色，蓝天变为黄色，绿叶变为红色！

原来，这些彩色胶片还要用彩色正片翻印后，才能变得正常，因此被称为负片。翻印后，红衣服才重现了鲜红的颜色，蓝天一片蔚蓝，绿叶一片翠绿。

» 商品为什么要使用条形码？

条形码包括条码和数字码，条空组成条码，数字组成数字码。宽度不同的条和空，分别代表不同的字符，这些字符实际上包含了该商品的部分有关信息，例如其中有生产该商品的国家或地区代码、生产厂商代码、商品名称代码和检验码等。数字码和条码所包含的信息是一样的。出售商品时，只需要把条形码在条形码光电阅读器上轻轻扫过，计算机就会按照厂商代码和商品代码从数据中找出销售价格，同时在库存中减去本次销售量，最后将品名、单价、数量、金额等显示在收银机上，并用票据打印机将这些内容打印在销售票据上。

欧洲商品编号 EAN 编制出的商品码由 13 位数字码以及与其相对应的条码组成。我国也于 1991 年制定了 GB12904-91 国家标准，根据它所印制出的通用商品条形码，其结构与 EAN 条码是一样的，开头三位数字代表国家或地区，接下来的四位是制造商代码，再后面的五位为商品名称代码，最后一位是校验码。另外，二五条码、交错二五条码、三九条码、库德巴条码等也很常见。

条形码作为辅助工具在实现现代化管理的过程中不可或缺，它经常被应用于超市、图书馆、书店、医院和各种库房管理中。有了它，结算、登录都变得快捷而准确。

» 走马灯为什么能“自行”转动？

大家有没有见过一种叫作“走马灯”的灯具？这种灯具一般都是用来装饰的，也能照明，还能给人们带来一种动感的艺术享受。

为什么这么漂亮的灯具却有一个如此奇怪的名字——走马灯呢？这是因为，假如在圆筒中间点上一支蜡烛或点亮一盏电灯，圆筒就会渐渐转动起来，而且越转越快。由于最初的圆筒上画着疾驰如飞的马匹图案，因此圆筒一旦迅速地转动就会给人以马匹奔驰的错觉，所以才称其为走马灯。

那么，走马灯为什么能“自行”转动呢？它们之所以能够在蜡烛点燃后或是电灯点亮后转动起来，是因为蜡烛点燃或电灯亮了以后，首先会加热圆筒内部的空气，而被加热的空气体积膨胀，密度减小，就会从圆筒上端徐徐上升。上端的风车被这股上升的气流带动着转动起来，圆筒也就会跟着转动。圆筒内部的热空气向上升起后，外面的冷空气就从下端补充进来。就这样循环往复，只要蜡烛或电灯不熄灭，走马灯就会不停地转动。这便是它们能“自行”转动的奥秘所在。

» 不倒翁为什么不会倒？

不倒翁十分有趣，不管怎样推它，它都不会翻倒，就算把它横放，松手后它还是会立起来。这是什么原因呢？

其实对任何物体来说，如果它的底面积越大，重心越低，它就越稳定，越不容易翻倒。一方面，不倒翁的整个身体都很轻，只是在它的底部有一块较重的铅块或铁块，因此它的重心很低；另一方面，它的底面非常宽大而且平滑，当它倾斜向一边时，重心和桌面接触点不在同一条铅垂线上，重力的作用就会使它摆动。当不倒翁向左倾斜时，重心在接触点的右边，不倒翁就在重力作用下向右倒；当不倒翁向右倾斜时，重心又跑到接触点左边，不倒翁则向左倒。不倒翁倾斜得越厉害，摆动得就越显著。摆动过程中能量会不断消耗，当能量减少到零，重力作用线恰好通过接触点时，它就会停止摆动。不倒翁倾斜的程度越大，重心离开支点的水平距离就越大，重力产生的摆动效果也越大，使它恢复到原位的趋势也就越明显，所以不倒翁是永远推不倒的。

» 肥皂为什么能洗去污垢？

肥皂中的高级脂肪酸盐分子，是由长链的疏水基（亲油基）和短小的亲水基构成的。

肥皂在水中遇到油污分子时，高级脂肪酸盐分子中的亲水基会与水结合，而疏水基则会与油污分子结合。这样的组合会降低水的表面张力，显示出肥皂的一种表面活性能力。与此同时，高级脂肪酸盐分子会在水里聚集成几十个分支的胶束。肥皂的这种表面活性和胶束的功用，使它具有了很强的去污作用。

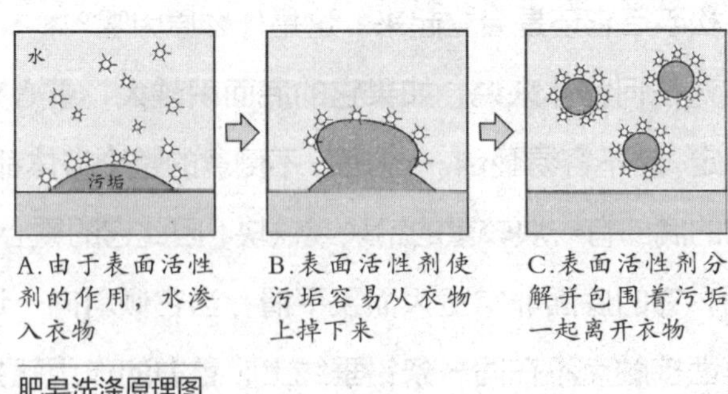

肥皂洗涤原理图

肥皂水将织物纤维润湿、渗透后，衣物上的污垢就被定向吸附到肥皂分子层上，经过搅拌和搓洗，污垢便会脱离衣物溶到水中，进一步产生乳化、分散、悬浮等现象，再用清水冲洗，污物就被水冲走，衣物就变得干净了。

» 为什么卫生球会消失？

防蛀的卫生球（樟脑丸）放在衣柜里，几个月后就消失了。其实卫生球并没有消失，人们打开衣柜时，有时会闻到一股很浓的气味，这是因为卫生球变成了气体。

流体通过蒸发才能变成气体。卫生球是固体，为什么能直接变为气体呢？一般情况下，固体分子的排列是有规则的，绝大多数的分子只能在自己的位置附近做无规则振动。但是，在固体表面，总有一些振动比较强烈的分子，它们挣脱邻近其他分子的吸引，跑到固体外面成为气体分子。绝大多数的固体物质，只有极小部分能够变成气体跑掉，但卫生球则可以全部变成气体。它的分子遍布衣柜的每一个角落，保证衣物不受虫蛀危害。

» 屋顶为什么常常被设计成三角形？

如果将三根木条用钉子钉成一个三角形木架，它的形状是不会改变的，这就是“三角形的稳定性”原理。

“三角形的稳定性”原理，在现代生活中有着十分广泛的应用。

最广泛的应用体现在建筑学上，我们常常看到许多高楼大厦和我们所住的房子的屋顶一般都是三角形。这是因为，屋顶两面是三角形的两个坡度面，有利于雨水的排出，而更重要的一点是利用了三角形稳定性中重心的作用。任何物体都有一个重心，如果物体的重心越出物体支撑点的范围，物体就会不稳甚至翻倒。要使三脚架稳定，就应该使它的“头”落在它的中心，进而力就均匀分布在了它一个个三角形支架的“脚”上。

现代科学技术给建筑业注入了新的活力，一栋栋造型各异的大楼拔地而起，而“万变不离其宗”，要使它更稳固，丝毫不动摇，还须用到三角形稳定性及其物体重心的原理。

» 为什么不同地域的房屋建筑风格也不同？

我国是一个幅员辽阔的国家，各地的房屋建筑呈现出各种各样的特点。

我国北方地区的房子一般都是平顶的，因为北方地区雨水一般都比较少，因此不用顾虑雨水泄漏的问题；同时，人们还可以充分利用房子的平顶来晾晒东西，可谓一举两得。华北地区春季多风沙，因此那里的房屋多具有避风、挡沙的功能，北京的四合院便是一个典型的例子。四合院的四周都是房屋或围墙，因此尽管院外可能北风呼啸，院内却是微风轻拂。我国江南地区雨水充沛，因此房屋多建成尖顶形状，以便于雨水迅速下泄。

我国是一个多民族的国家，除了汉族，还有五十多个少数民族。各民族的生活习惯和宗教信仰都不一样，因此，各民族的建筑也呈现出自身民族的特点。如过去蒙古族和藏族都过着游牧生活，因此他们都用蒙古包、帐篷这类易于迁移的住房。

» 为什么打针前要推掉一点药水？

我们到医院打针时会发现，护士总是先把针筒里的药水推掉一点，然后再注射。这里面有什么道理呢？

这种做法是为了保证治疗安全。当护士抽药水的时候，总是免不了会抽入一点空气，所以在打针前，一定要把空气从针筒里全部排出，若不这样做，会把空气和药水一起打进身体里，给人体造成危害。

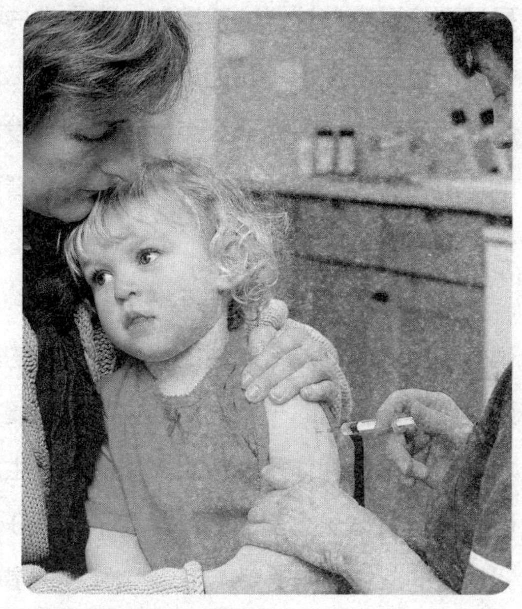

医生在打针前，总是先要推掉一点药水。

空气打到身体里，引起的后果与打入的量和打的地方有关系。注入空气的量愈多，影响也愈大，如果只有一点，那也许觉察不出什么不适。比如打防疫针时，一般是将药水打在皮下或皮内，如果带点空气进去，除了感到比平常更胀痛一些，一般不会带来更大的影响。空气若是误打入血管里去，那就比较麻烦了。因为打进去的空气会顺着血流一直流动，跑到口径较小的血管时，空气泡挤不过去时就会形成一个栓子，像个瓶塞子似的堵在那里。这样就会阻碍血流，影响它输送氧气和养料，组织就会相应地出现低氧。

» 为什么点燃鞭炮会发出爆响声？

“爆竹一声辞旧岁”，中国的小孩一般都有这种体会：凡是遇到像过春节这样的喜事时，家家户户都喜欢放鞭炮。各式各样的鞭炮有发出单响的，也有双响的，但几乎都穿着同样的红色“外套”。那为什么点燃的鞭炮能发出“嘭——啪”的爆响声呢？脱去鞭炮的“外套”，我们会看到一种黑色粉末，这便是其中的奥妙所在。

这种黑色粉末叫作火药，它是用硫黄、木炭粉与硝酸钾（白硝）按一定比例混合制成的。点燃鞭炮的药线以后，里面的火药开始燃烧，这时一个剧烈的化学反应便很快发生了：硫黄、木炭粉与硝酸钾作用，放出大量的热，生成二氧化硫、二氧化碳等多种气体。火药的体积猛增了 1000 多倍，以致外面那层紧裹着的草纸层终于受不了：“啪”的一声，炸得粉身碎骨——鞭炮会响就是这个原因。

» 寄信为什么要贴邮票？

19世纪初，一个名叫罗兰·希尔的英国教员的偶然发现导致了邮票的诞生。一天，他走在小镇的街道上，打算去买点东西。当他经过一户人家门口时，看见一位邮递员正在与一位姑娘争执。询问之下，原来邮递员将写着姑娘地址和姓名的信交给她时，姑娘拒绝收信，也拒绝支付邮资。希尔问她为什么拒绝收信，那姑娘回答说：“我没有钱付邮费。”希尔见状，出于对姑娘的同情，就掏出钱准备为姑娘付邮费，并让她将信收下来。可是出乎意料的是，那姑娘不要希尔为她付钱，也坚决拒收信件。待邮递员走后，希尔问姑娘：“既然我愿意为你付邮费，你为什么不要自己的信呢？”姑娘见希尔一片好心，便以实言相告：“家里穷，付邮费是个不小的负担，我的未婚夫在军队服役，这是他从部队寄过来的信。我们约好，只要他平安无事，就在信封上画个圈儿。我见了圈儿，就可以不收这封信了。”

希尔通过这件事意识到这种由收信人付费的邮递收费方法有漏洞。于是，他就设想了一个由寄信人付费的办法：设计一个图案，让寄信人以与邮资相当的价格去买来这个图案并贴在信上，邮递部门也凭此图案送信，这便是邮票的起源。希尔的这个办法于1839年经英国维多利亚女王批准实行。这种图案，是为了邮递而设计的，被称为“邮票”。世界上第一枚邮票，用的是维多利亚女王侧面头像图案，面值1便士。以后世界各国相继开始发行邮票。

» 为什么危险的信号要用红灯来表示？

指挥交通的红绿灯中有红灯；汽车的尾灯、转向灯也用红灯；电影院、礼堂、体育场等公共场所的安全门上也用红灯，还有其他很多的地方都用红灯作标志。在众多色彩中，为什么人们偏偏对红色“情有独钟”呢？原来这里面包含着一个重要的光学原理。

太阳光，即所谓的白光里面包含有红、橙、黄、绿、青、蓝、紫七种颜色的光，颜色不同，波长也各不一样。其中，红光的波长最长，有0.75微米，它能轻松地穿透小雨点、尘埃、雾珠等细小的微粒，并且不容易被散射。所以，即便在雨天、雾天和沙尘天，行人和车辆照样可以看清红灯、尾灯和转向灯，从而避免了许多交通事故的发生。

» 为什么除草剂能光除草不除苗？

农业生产中应用最多的是选择性除草剂，不同的农作物还需选择不同的除草剂。除草剂就像孙悟空的火眼金睛，能准确地辨别杂草和庄稼。由于杂草和庄稼在形态上、生理上以及发育时期等方面存在着不同差异，因此我们可以利用这种差异对除草剂所产生的不同的抵抗力来除去杂草。

近年来，科技工作者利用高新技术改良了一种叫草甘膦的广谱除草剂，它只杀死杂草，不伤害庄稼，这又是怎么回事呢？这种除草剂是技术改造作物的成果。他们通过一系列的培养发现，将抗草甘膦的 EPSP 合成酶基因引入到烟草中，将草甘膦喷洒到烟草上使烟草具有抗草甘膦的能力，奇迹出现了：杂草被杀死了，但烟草却安然无恙，茁壮生长。

» 为什么用锤子打不穿柔软的橡皮泥？

橡皮泥有一个有趣的历史。它最早是由詹姆斯 · 赖特于 1943 年发现的。赖特当时正在尝试研究一种制造人造橡胶的方式。他试着将硼酸和硅树脂油混合在一起，然后他得到了一种拉伸和弹跳力度比天然橡胶还强的东西。问题是没有人能为它找到一种用途。几年后，一位广告经理听说了这个东西，他发现了它作为玩具的潜力，不久橡皮泥就成为一个流行事物。它甚至被用于执行航天任务的“阿波罗 8 号”的太空舱中，用来阻止工具在太空船里飞来飞去。

橡皮泥的成分之一是二甲硅油的聚合体，而这个聚合体是由长链分子组成。加入硼酸致使分子彼此附着在不同的点上，把一个液状聚合体转变为固体复合物。但二甲硅油在橡皮泥中链接得不那么紧所以橡皮泥不易碎，也不会被锤子击坏，但轻微的压力却能刺穿它。

» 为什么衣物会缩水？

这与包括棉、羊毛和亚麻在内的天然纤维的物理和化学性质有关。

纱线中单独的一条纤维是由长长的聚合物分子链或是一长串大分子所构成的。自然状态下的这些分子链大都呈卷曲或皱缩状。在纺纱和编织之前，通常要对纤维进行预处理。预处理的第一步就是像梳理羊毛一样把纤维拉直。

可是被拉直的纤维会试图恢复到原本的自然状态。从一个状态变化到另一个状态需要越过一定的能障，甚至从高能级态转变到最低能级、最无序的状态也要消耗能量。洗烫过程中的高温为纤维提供了改变自身状态所需的能量，于是长长的聚合物分子链再度卷曲收缩在了一起。因为人造纤维的聚合分子链可以被制造者设计成任意的形状，于是人造纤维从一开始就处于拉伸状态，所以人造纤维的衣物不容易缩水。

» 为什么清澈的水结成的冰总是浑浊的？

有三种很好的解释，它们都是在开始用一个障碍物挡住光束去路的时候产生的。

第一，冰块不是一个大的晶体，而是由很多的小晶体组成，而这为光线碰撞到晶体边缘发生衍射提供了大量的机会。衍射和折射之间有什么不同呢？衍射是光波在遇到障碍物边缘时发生弯曲的情况，而折射是光从一种介质射向另一种介质时发生的弯曲。

第二，空气中像二氧化碳、氧气和氮气这些气体在寒冷的天气里会更易溶解在水里，而在水冷到结冰的时候这些气体产生的气泡会被留在冰块里。它们可能是非常小的气泡，但对于折射光线来说它们仍然相当大。

第三，即使在冰块内部，一小部分的液态水仍能保持溶解状态——这是另一种折射光线的机会。

将这三种情况放到一起，光就没有办法完全穿过冰块从另一边射出来。

» 不干净的雪为什么比干净的雪容易融化？

春天来了，天气回暖，冰雪开始消融。有些人会观察到，沾了较多的尘土的脏雪很容易融化，而那些洁白干净的雪却融化得较慢，这是怎么回事呢?

原因其实很容易找到。雪融化的快慢，决定于雪吸收到的热量的多少。脏雪能比干净的雪吸收到更多的来自太阳光的热量，因此脏雪往往比干净的雪升温快，更易融化。

任何物体在受到阳光照射时，都会吸收一部分光并转换成一部分热量，其余的光和热量则被物体反射出去。能够吸收光和热量越多的物体，看上去就觉得越暗、越黑；反之，如果一个物体反射光和热很多，看上去觉得明亮、洁白。

人们常常用“白雪皑皑”和“白茫茫一片”之类的词来形容冰雪的美丽。这是因为冰雪具有很强的反射本领，当光照射在干净的雪上时，被反射的光和热量较多，雪不易融化。反之，脏雪看上去是黑乎乎的，色泽暗淡，不如干净的雪那么白净亮眼。它们比干净的雪吸收太阳光和能量要多得多，因此，在受到阳光照射时，脏雪就更容易融化。

» 珍珠为什么会发光？

珍珠是大自然赠送给人类的瑰宝。它一般孕育于水生的贝类动物中。当水中的寄生虫或砂粒等异物进入贝类的身体，贝类分泌的壳角蛋白和碳酸钙就会将其层层包裹起来。时间一长，光彩夺目的珍珠就形成了。人们之所以认为珍珠是无价之宝，就是因为它的光泽耀眼夺目。那么，珍珠为什么会闪闪发光呢？

珍珠的表面被一层光滑的胶质包裹，这便是宝贵的珍珠层。人们称珍珠层中所含的各种成分为珍珠质，其中碳酸钙的含量占 90% 以上，除此之外还含有少量的有机质、金属元素和细微的水滴。正是由于这些固体和液体的微粒具有良好的折光性能，才使得珍珠在光线照射下发出熠熠闪动的珠光，显得晶莹可爱。

珍珠的色彩多种多样，一般可以分为白色、黄色、淡蓝色和粉红色 4 种，其中最为珍贵的是粉红色珍珠。据研究，珍珠层中含有一种卟啉体，它是由蛋白色素卟啉和金属元素结合而成的，卟啉体中所含的金属元素不同，就会呈现出不同的颜色。例如，粉红色珍珠中含有较多的钠、锌，黄色珍珠中则含有比较多的铜和银。除此之外，珍珠层中含有的卟啉体的多少不同，珍珠色彩也有深有浅。

» 为什么能人为地制造降雨?

云是由水汽凝结而成的。云可以分两种：全部温度或一部分温度低于0℃的云叫作“冷云”；全部温度在0℃以上的云叫作“暖云”。

冷云，由冰晶或冰晶与温度低于0℃的水滴混合组成。有时候，上部是冰晶和过冷却云滴，下部是温度高于0℃的水滴也能组成冷云。冷云一般很难人工降雨，但这并不是绝对的，只要云中有过冷却云滴，人工降雨就可以实现。

人工降雨通常是用飞机将催化剂送入冷云中，当冷云出现过冷却云滴和冰晶时，就会下雨了。

在自然界中暖云不下雨，要使暖云人工降雨，必须加吸湿性催化剂，例如食盐、盐水、氯化钙等。这些催化剂，可装在飞机、火箭、炮弹、气球上，然后人工将它们撒播到云层中。

» 玻璃窗在冬天为什么会结出冰花?

冰晶是六角形的，肉眼之所以看不出来，是因为它们彼此缠绕得非常紧密。

玻璃窗上的冰花，本来也应该是六角形的，但是当最初的冰晶凝结起来后，便开始逐渐向四周扩展，这个时候情况就变得复杂起来。风力有时大有时小，玻璃有的光滑、有的粗糙不平，有的玻璃上积有污垢、有的一尘不染。这样，蒙在玻璃上的水蒸气就分布不均匀了，有的地方水蒸气可能积得多些，有的地方可能积得少些。当冰晶向四周延伸的时候，在水蒸气积聚多的地方，冰就结得厚些，在水蒸气积聚少的地方，冰就结得薄些，在冰结得特别薄的地方，受到热气或者压力的影响，薄冰又会立即融化，因此各种各样的花纹就形成了。就像画画一样，颜料用得多，画上的颜色就浓些，颜料用得少，画上的颜色就淡些，不着颜料的地方，就是画纸原来的颜色。于是，当冷空气遇到玻璃时就结成形状和图案各异的冰花。

» 蜂窝为什么是六角形的?

蜂窝为什么是六角形的？这样设计有什么优势呢？18 世纪初，法国学者马拉尔琪曾经测量过蜂窝的尺寸，得到一个有趣的发现，那就是六角形窝洞的六个角，都有一致的规律：钝角等于 109° 28′，锐角等于 70° 32′。

难道这是偶然的现象吗？法国物理学家列奥缪拉由此得到一个启发，蜂窝如此形状是不是为了使材料最节省而所占容积最大呢？（确切的提法应当是，同样大的容积，建筑用材最省；或同样多的建筑材料，建造最大容积的容器。）

列奥缪拉请教了巴黎科学院院士、瑞士数学家克尼格。他的计算结果使人震惊。他从理论上计算，要消耗最少的材料，制成最大的菱形容器，它的角度应该是109° 26′ 和70° 34′ 。这一结果与蜂窝的角度仅差2′ 。

后来，苏格兰数学家马克劳林又重新计算了一次，得出的结果竟和蜂窝的角度完全一样。后来发现，原来是克尼格计算时所用的对数表印错了!

小小蜜蜂在人类之前解决的问题，竟要18世纪的数学家用高等数学才能解决!

这是多么有趣的事情呀！看来，大自然处处充满了神奇。

» 2月份为什么一般只有28天?

公元前46年，罗马皇帝儒略·恺撒开始制定阳历时，最初规定每年共有12个月，单月是大月，31天；双月是小月，30天。2月份是双月，也应该是30天。但这样的话，一年就不是365天，而是366天了。因此需要从1年中扣掉1天。

从哪个月里扣掉1天呢?

当时，按照罗马习俗，许多死刑都于2月份执行，因此人们把2月看成一个不吉利的月份。既然一年里要扣去1天，那么就在2月份扣好了，让这个不吉利的月份少1天。所以，2月份就变成了29天。这就是儒略历。

继儒略·恺撒之后，奥古斯都做了罗马皇帝。他发现儒略·恺撒是 7 月份出生，7 月份是大月，有 31 天。奥古斯都自己是 8 月份出生，8 月份偏偏是小月，只有 30 天。为了与儒略·恺撒具有同等的尊严，奥古斯都就下令把 8 月份也改为 31 天。同时也调整了下半年的其他月份。9 月份和 11 月份，由原来的大月改为小月；10 月份和 12 月份，由原来的小月改为大月。这样就又多出一天来，该怎么办呢？仍然从不吉利的 2 月份内扣掉。所以，2 月份就只有 28 天了。

两千多年来，人们已经习惯了这种规定，所以一直沿用下来。世界各国的历法研究者，提出很多改良历法的方案，想使历法变得更合理。

» 为什么要发布空气质量预报？

从1997年6月5日起，我国开始向社会发布重点城市空气质量周报，1998年5月开始日报工作。但周报、日报所提供的信息是已经“过时”的空气环境质量，不能满足人们的需求。1999年9月24日大连市在我国首先向社会发布空气质量预报。

空气质量预报与天气预报一样，是为了让有关方面事先对空气污染情况有所了解，以便一些污染物排放量大的单位和对空气污染敏感的人事先采取相应的预防措施。城市的空气污染要经历这样一个过程：从污染源排出的污染物，在大气中运送扩散，最后对污染对象产生作用。这个过程本身要受到气象条件的限制。比如在夏天，遇到气温高、相对湿度低、风速小的天气，加上强烈的阳光辐射作用，汽车尾气中含有的氮氧化物和一氧化碳，积累到一定浓度，就可能有光化学烟雾事件的发生。

现在空气质量预报已成为城市污染的一项重要控制措施。

» 为什么要进行环境影响评价？

真正的环境保护应该是保护，而非治理污染这种事后的弥补行为。较为有效的预防手段之一就是环境影响评价。

环境影响评价是指对可能造成的环境影响进行预测和评估，包括对建设项目、区域开发计划及国家政策实施后可能对环境造成的影响的一种评价分析，又称环境影响分析。大中型工厂、大中型水利工程、矿山、港口及交通运输建设工程，大面积开垦荒地、围湖围海的建设项目都是环境影响评价的对象。还有对珍稀物种的生存和发展产生严重影响或对各种自然保护区和有重要科学研究价值的地质地貌造成重大影响的建设项目，以及开发区域的计划，国家的长远政策等也在环境影响评价的对象之列。实施环境影响评价，最大的益处就是可以领先于建设和开发活动，准确预测这些活动将要给周围环境带来的影响，以便及时采取措施，最大可能避免这些影响发生，免于陷入“先污染，后治理”的不利境地。还可以强行制止那些会产生较大影响而又无法避免和克服这些影响的建设项目的实施。

» 为什么会刮沙尘暴?

沙尘暴又叫黑风暴，本来只是发生在沙漠地区的自然现象。因为沙漠地区有大量的流沙，为沙尘暴提供了沙源。但是近100多年来，由于过度垦荒、过度放牧，严重破坏了地球上的植被，结果，沙尘暴的范围日益扩大，危害加重。

除了上述不合理做法，人口的增长和农村向城市化的发展，还导致了乱砍滥伐。原来在沙漠、沙地周围的天然荒漠林也因此被破坏掉了。这些起着控制沙漠、防止沙地扩展作用的树木，因为人类需要土地和木材遭到大量砍伐。甚至有些人把花费大量人力栽植的各类防沙人工林以及灌木林也都砍伐了。这些被砍伐一空的空地很容易退化为沙尘暴的发源地。

如今，为了保护土地、保护资源、保护我们的生态环境，我们最先需要做的便是退耕还林，退牧还草，大力开展植草和植树造林活动，同时加强环保教育，提倡爱护树林，保护水资源。只有通过这样一些综合治理，才有可能逐渐减轻沙尘暴的强度直至最后消除沙尘暴的危害。

» 我国北方的春天为什么风沙特别大?

我国北方的春天常常沙尘满天，美好春光因此大打折扣。那么，天空中的沙尘是从哪里来的呢?

我国华北平原的西边紧挨着黄土高原，西北方又是著名的戈壁沙漠。黄土高原和沙漠中到处是质地疏松的沙土，一旦风吹起这些沙土，就把它们挟带到空中。春天，我国北方经常刮来自西伯利亚的西北风，当它经过戈壁沙漠和黄土高原时，就挟带起沙土南下，使华北平原沙尘满天。同时，华北春天雨少而风大，有些地方会出现大量松土，部分沙尘就是由此引起的。

我国不仅北方会刮风沙，南方有时候也会有这样的天气，天色带着灰黄，太阳变得模糊，空中黄沙满天，屋子里的桌子和椅子上都会落上一层极细的薄沙。这种情况出现的最根本原因是我国地面植被破坏严重，国土森林覆盖率较低。

» 为什么不能随便焚烧枯枝落叶？

焚烧枯枝落叶等垃圾，都是不完全燃烧，它们在燃烧的过程中，向大气中排放多种有害物质，包括气体、液体和固体。气体中含有一氧化碳、二氧化碳、水蒸气、氮氧化物、硫化氢、甲烷、甲醛、丙烯醛等物质。水滴、酸雾等，是枯枝落叶等垃圾燃烧过程中向大气排放的有害液体。如果聚氯乙烯等含氯废塑料制品被焚烧，就会产生有毒的气体——氯化氢。氯化氢与水蒸气结合生成白色的强酸性盐酸烟雾，能腐蚀皮肤和黏膜。燃烧时产生的固体微粒主要有炭黑、粉尘和烟黑。

有机化合物在温度600～900℃且供氧不足时极易生成一系列的多环芳香烃，其中不少有致癌的可能性。这些致癌物质常常附着于烟尘微粒上随风进入大气，进入人的肺部，使人们患癌症的可能性大大上升。这些飘浮在大气中的致癌物质随雨雪降到地面后，会造成水和土壤的污染。

» 为什么城市里会出现高楼风？

高楼林立的城市里不时有高楼风发生，对很多人造成危害，但这类风是怎样出现的呢？

众所周知，太阳的照射会使空气升温膨胀，导致大气层内部的气温和气压不断变化，这样就形成了气流。气流的运动就形成风。

在一般情况下,风遇到地面障碍物时速度就会减小，方向也会发生改变，但往往在近地面处产生“湍流”，紊乱交错。这种湍流在楼房高密的大城市会“扶摇直上”，上升到500~600米的高处又会向下运动。当下冲气流到达两幢大楼之间狭窄的通道处时，就会产生“狭管效应”，而后到达建筑物的底部，沿着马路和巷道冲袭；一到拐弯处就迅速旋转，风力陡然增大；而在凹形的转角处，风速虽然变小，但会产生压力极大的地面风暴。高楼风不仅会刮倒行人，掀翻汽车，还会摧毁建筑物。

» 为什么有些城市会发生地面沉降？

我国的天津，从1959年到1982年，城市地面下降了2.5米，而日本的东京、大阪两城市地面年沉降速度曾超过20厘米。

这些城市的地面为什么会下沉?

正常的地壳运动引起的地面沉降，速度极为缓慢。当前之所以会出现工业城市地面下沉的现象，主要是因为地下水的大量抽取。这些工业城市工厂集中，深水井开凿得多，地下含水层中地下水被大量抽走，形成空隙。含水层中的孔隙受上部的土层压力压缩，地面沉降现象便出现了。

地面沉降，会使地下管道扭曲断裂，造成道路起伏不平，码头被淹没，海水倒灌，不均匀下沉会使建筑物产生裂缝甚至倒塌，严重危害工业生产和城市建筑，给人们生活带来严重影响。

» 为什么要制定机场关闭的气象条件?

在飞机起飞、降落和飞行三个环节中，哪一个环节最易发生事故?早在20世纪60年代，在航空业发达的美国就有这样的结论：约56%的飞行事故发生在飞机着陆时，起飞时事故发生率为19%，两者占全部事故的四分之三。正是这一发现使得人们认识到，要降低飞行事故发生率，就必须制定机场关闭的气象条件。

经过大量的飞行调查与气象对比观测，航空专家提出机场关闭的气象条件应该是：小于1000米的能见度，云的高度低于100米，超过12米/秒的侧向风速，在这些条件下机场就得关闭。意思就是如果出现上述任何一种情况，将要起飞的飞机就得停在原地待命；即将要降落的飞机，要在指挥下降到附近气象条件良好的机场。这一措施的实施使得飞行事故明显地减少，大大提高了安全系数。可见制定机场关闭的气象条件十分必要。

» 为什么要保护地下水？

不同于地表水，地下水有两个特点：一是在地下独自流动，不受大气降水的直接影响。受地下周围环境的限制，地下水流量小、流速慢、水温低。地下水的这个特点使污染物质不易扩散和稀释，也不利于污染物质的分解和转化。因而地下水的自净能力较低，无法像地表水那样迅速向周围环境扩散。二是潜藏在地下，与外界环境不接触，接触不到阳光，难以进行曝气净化和生物净化的过程。因而，一旦受到污染，地下水要经过相当长的时间才能恢复原来的洁净。

经济的发展、人口的激增以及城市化的扩展，使得地下水的污染日益严重。被污染的地下水又会影响工业生产，还对人们的健康形成严重威胁。因此，我们要保护地下水。

» 为什么我国农村要大力发展沼气池？

解决我国农村燃料不足、改善农村环境的一种切实可行的途径，就是发展沼气池，生产沼气。

有机物质发酵后产生的可以燃烧的气体称为沼气，主要成

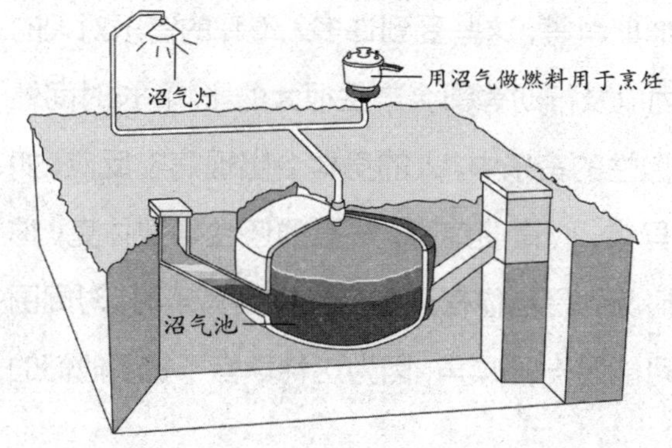

沼气利用
沼气的主要成分是甲烷，它是植物的残体在隔绝空气的条件下生成的。用沼气烧水做饭既清洁又卫生。现在我国农村正在推广沼气池。

分是甲烷。农村里有很多秸秆、杂草、树叶、人畜粪便等，这些都是制取沼气的好原料。

沼气的热值比煤气高出80%以上。如直接以秸秆作燃料，一个5口之家平均每天要消耗25千克秸秆，而将秸秆发酵制成热效率高的沼气，每天可节省燃料42.4%，仅需要消耗14.4千克秸秆。沼气是一种干净的能源，以它作燃料，对减少环境污染十分有利。而且沼气是可再生能源，用之不竭。沼气池中残留的沼渣，是优质的有机肥料，也是猪、鱼、鸭很好的饲料。

» 为什么说音乐有时候也是噪声？

工厂里机器的轰鸣声、道路上汽车的喇叭声、建筑工地里混凝土的搅拌声，以及街坊邻居的喧闹声，这是我们通常理解中的噪声。但事实上，音乐有时也能被视为噪声。音乐成为噪声有两种情况：第一种情况是音乐本身对人体健康有影响，例如节奏强劲的摇滚乐、迪斯科等，这些受到许多人青睐的音乐对人的自主神经、判断能力以及行动等都会产生很大的影响，长时间处于这种节奏强、刺激性的音乐中，人的身体会出现病态反应，如血压不稳、心血管异常、肠胃溃疡等，严重的还会导致休克、神经错乱等；第二种情况则是当你在开大音量欣赏音乐时，对周围的其他人来说，就可能是一种噪声，因为这种声音干扰了他们的正常学习或工作。

» 为什么要分拣处理城市垃圾？

现在一些国家尽可能地通过对垃圾进行再生利用来创造财富，他们采取垃圾回收、分拣、处理加工、焚烧和综合利用的方法来实现这一目的。

先是对生活垃圾进行分类收集。无利用价值的垃圾通过科学填埋和焚烧等方法进行处理。将无利用价值的垃圾进行减害化处理之后，再运到填埋场，用推土机或压路机压实，覆盖一层土，再放一层垃圾，这样逐层填埋，最后覆一层30厘米厚的泥土，这就是科学填埋法。在2～5年后，可在上面钻孔提取沼气，沼气可用于发电。

近年来，一些发达国家普遍采用焚烧法来处理垃圾。通过高温燃烧处理，垃圾被焚化，只留下原来体积的5%的残灰，废物的数量大大减少。在焚化过程中还可消灭各种病原体，使有毒物质得到了无害化处理，焚化的热量还可用于蒸汽发电。

而且焚化过程是在安装有除尘和除烟装置的焚化炉中封闭进行的，可以防止垃圾焚烧时污染大气。

» 为什么废旧电池不能乱丢?

当我们用完一节电池后，往往随手就把它丢掉了，其实这是一种错误的做法，因为一节小小的电池也会对环境造成不小的破坏。

废旧电池往往具有潜伏的、长期的危害性。实验表明，一枚小小的碱性纽扣电池，一旦其中的化学物质渗入水中，将会污染600立方米的水体；而一节普通的5号碳电池可以污染1平方米的土地，使其寸草不生。

因此，我们不能将废旧电池乱丢，而是要积攒起来进行回收，利用它们还可以提取其中的锌等稀有金属。这样，既节约了能源，又保护了环境。

» 为什么要开发新能源?

新能源之所以“新”，是相对于已成熟的、常规的能源而言的。出于实际需要，我们要开发新能源。因为，已经探明的不可再生能源的储量十分有限。煤、石油、天然气的储量最多只够人类几百年节省的使用。在很多发达国家，水力资源也几乎耗尽。而社会的发展、人口的增长、环境的恶化、资源的减少，又需要越来越多的能源。怎样才能获得持久和强大的能源，确保子孙后代的需要呢？唯一的途径是开发新能源。

开发新能源的课题很多，但现在看来，只有太阳能和核能比较可靠。

太阳预计还有80亿年旺盛的生命，因而可以将太阳能转换成电力或其他二次能源，包括生物能源、氢能源等，使未来世界对能量的需要得到满足。利用太阳能有很光明的前景，但尚需技术上和经济上的重大突破。

核能是比较强大而集中的能源，它是新能源开发的一个重要而有意义的课题。

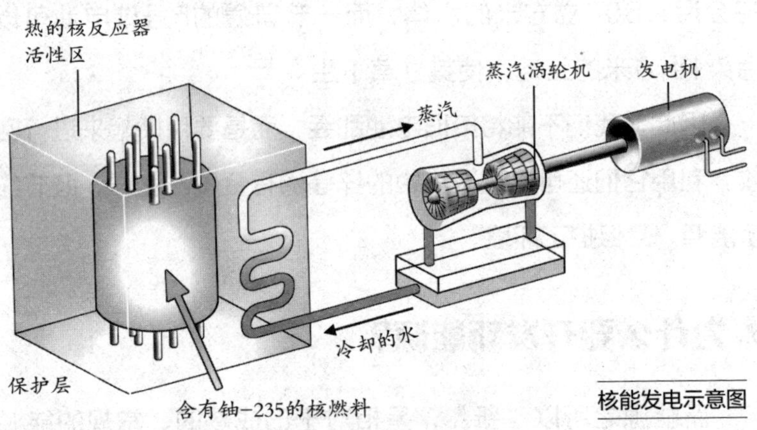

核能发电示意图

人体健康

» 为什么有些人的头发天生就是卷曲的？

是什么影响着头发的直或卷？有可能是基因、新陈代谢（身体反应）、种族遗传、饮食、疾病，也有可能是压力或打击。同样，在胚胎里发生的事也可以起到作用。

头发的卷曲与毛囊的形状有关，直发来自直的毛囊，卷发来自卷的毛囊，但这并不能解释个别人的头发怎么能从卷变直，反之亦然。

头发的生长取决于毛囊基部乳头细胞分裂。把生长的头发想象成一个钟面，如果细胞在每小时的方向以平均速度分裂，头发就会直着生长。如果头发在 3 点钟的方向比其他时段长得快，那头发就会朝 9 点钟的方向弯曲；如果在 9 点钟方向的头发长得比较快，头发就会朝 3 点钟的方向弯曲，这样就会得到卷曲的头发了。

当细胞在一个“绕着钟”的循环里分裂得更快时，就形成了紧密的卷发。如果某个卷发的人毛囊里的细胞突然开始以匀速分裂，头发又将开始直着生长。

» 为什么人类有不同的肤色？

人的肤色主要取决于他们的祖先居住在什么地方。科学家曾经提出过许多种理论，试图解释人类不同的肤色是如何形成的，但没有任何一种能让人完全信服。

皮肤的颜色取决于一种叫作黑色素的化学物质。皮肤里的黑色素越多，肤色就越深。肤色浅的人在阳光下暴露久了，皮肤里就会产生大量的黑色素，换句话说就是这个人被晒伤了。白化病患者的皮肤里没有黑色素，他们的皮肤通常是粉红色的，这其实是血液透过无色的皮肤呈现出的颜色。通常，白化病人的毛发也是白色的。所以患有白化病的人，从小就是一头白发。

黑色素是皮肤的保护伞。阳光中的紫外线会晒伤皮肤，甚至导致皮肤癌，黑色素像防晒霜一样，可以吸收阳光中的紫外线，保护皮肤免受进一步的伤害。皮肤中的黑色素越多，肤色就越深，吸收紫外线的能力也就越强。

紫外线对皮肤的作用为科学家探究人类肤色的演变过程提供了有力的线索。

来自非洲的类人猿祖先曾经身上长满软毛，这些毛起到了隔离紫外线的作用，在几万年的进化过程中，体毛逐渐消失了。虽然没有人知道为什么会出现这样的变化，不过光洁的皮肤的确暴露在了强烈的日光下。

由于黑色素可以保护皮肤免受紫外线的伤害，在古代的非洲肤色深的人就比肤色浅的人生存能力更强。于是，更深的肤色被一代一代传承下来，生活在非洲的人类祖先就演变成为今天的黑人。

然而，随着人类的分布范围逐渐向北扩展，他们发现这里的天气比非洲冷得多。比如说欧洲，这里的光照比非洲弱得多——特别是冬天的时候。这种气候给他们的生存带来了新的威胁。适量的紫外线照射有助于身体合成维生素 D，而维生素 D 是人体的必需元素之一，对骨骼的健康生长至关重要。欧洲地区的光照强度低，阳光中紫外线的含量也少。第一批到达欧洲的人类由于皮肤中的黑色素含量过高，又妨碍了适量的紫外线的吸收，因此有些儿童可能患上佝偻病。佝偻病的症状是骨质软，易变形，而且容易骨折。

所以在欧洲，浅肤色人群的存活率比较高。同样地，浅色的皮肤被一代又一代地传承下来。冬天，浅色的皮肤可以让紫外线有效地透过皮肤被身体吸收。但是在阳光强烈的夏天，阳光会促使皮肤产生较多的黑色素，从而防止皮肤被晒伤。

今天，人类遍布于世界的各个角落，他们的肤色也反映了世界各地的气候状况：在光照不足的斯堪的纳维亚半岛，居民的肤色最浅；阳光较充足地区的居民，皮肤呈现出金色或淡棕色；而居住在非洲和澳大利亚的土著居民则拥有黝黑的皮肤。近年来，随着交通工具的飞速发展，人们可以自由地往来于世界各地。结果便出现了不同肤色的混合色肤色。

» 为什么我们的手指长度不一样？

人在胎儿时期，手指最初成形时都是一样长的，不过每一根手指都有一个特殊的“遗传码”或特征。这时，每根手指大约都是1毫米长，并由已做好生长计划的软骨细胞构成。由于每根手指有它自己的特性，个体发育时手指通过使用一种特殊的“信号传输分子”独自成长。

每个手指都会接收到一个不同的信号，从而使得手指的长短不一。拇指是受信号传输分子的影响最小的手指，所以比较短。

和其他一些生物相比，人的手指长度是相当均匀的。蝙蝠的指头比起其他动物的长得多；翼龙最引人注意的是它有1个巨大的大指头和3个小指头。

» 人在运动后为什么会觉得肌肉酸痛？

乳酸是能量来源——葡萄糖代谢后的产物。甚至在平时休息时，体内的乳酸也在一刻不停地被生成和分解。在热身运动之初，乳酸的生成速率等于分解速率。随着运动强度的增加，人体对能量的需求也随之增长，因此乳酸的生成速率开始超过分解速率，导致乳酸在肌肉中堆积。这可能也是许多运动者在运动后感到肌肉酸痛的原因之一。即使在没有运

作为网球运动员，不只是手臂的肌肉，就连脖子、后背和腿部的肌肉都在运动，从而保持身体的平衡和柔韧，以便运动时减少损伤。

动到的部位里也会有乳酸形成，比如说跑完步以后手臂的肌肉会感到酸痛，血液中也有不少乳酸形成。

乳酸最终会被氧化掉，或者说被“烧”掉，但是其中一部分会通过一个叫作糖异生作用的过程被转化为其他物质，如丙酮酸。丙酮酸是由乳酸与氨基酸结合形成的，是一种糖，是合成蛋白质的基本物质。在运动后的恢复期间，氧化作用和糖异生作用都在持续进行着。

想要更有效地消除运动后肌肉中积聚的乳酸，就需要在运动后采取积极的恢复手段而不是消极地休息，比如在跑步后适当地步行而不是直接躺倒在地上。

许多人在运动后一天或几天内感到的肌肉酸痛不是由乳酸引起的。具体原因尚不十分清楚，很可能是由于运动后肌肉中微小的撕裂而引起的。

» 为什么喝茶能解毒?

茶到底含有哪些成分？到底是如何发挥解毒作用的呢？

现代社会污染问题越来越严重，特别是镉、铅、汞、砷等重金属，严重地污染着环境和食物，即便量很微小，但长期被人体摄入也会引起中毒。而绿茶里的儿茶素和红茶里的茶黄素，能与这些重金属离子结合形成不溶性的沉淀物，不被肠道吸收而直接排出体外，因此达到解除重金属中毒的目的。

胃癌、肝癌、肠癌等肿瘤疾病，经研究发现与一种叫亚硝胺的物质密切相关。亚硝胺是一种由仲胺和亚硝酸盐合成的合成物。谷物、鱼肉的蛋白质分解和食品烹饪过程中都会产生仲胺，而很多蔬菜中也含有大量亚硝酸盐，因此亚硝胺很容易在人体内形成。研究表明，茶叶含有的茶多酚和维生素 C 能有效地抑制亚硝胺在人体内的合成，而且还对细胞突变和癌细胞的形成有很好的预防作用。

» 为什么煤气会使人中毒？

煤气在现代人的家庭生活中扮演着非常重要的角色，除了使用极为普遍的煤气灶，许多家庭还有煤气热水器、煤气取暖器等燃气用具。与煤球、木柴等固态燃料相比，煤气这种气体燃料显然更方便。可是，煤气是一种具有极强毒性的气体，人们会不知不觉地吸入它并因此而中毒，甚至死亡。这是怎么一回事呢？

首先让我们了解一下人的呼吸循环。人体血液中的血红蛋白在人体中负责氧气的输送。血红蛋白在肺中与吸入的氧气结合，并通过血液循环把氧气输送到人体各个部位。可是，煤气中的一氧化碳也能和血红蛋白结合，而且其结合能力比氧气要高 200 倍。所以一氧化碳一旦被吸入人体中，血红蛋白就会跟它结合，氧气的输送因此无法进行，时间一长，人就会因缺氧而窒息死亡。实验表明，当空气中的一氧化碳含量超过 0.1% 时，人就会感到头痛恶心，时间一长就会渐渐昏迷，如抢救不及时，就有失去生命的危险。

煤气中毒事件经常发生在冬天。这是因为一到冬天，不少人家由于天气寒冷往往会紧紧关闭窗户，而冬天人们又大量地使用各种煤气器具，这样就增加了煤气泄漏的风险，煤气中毒事故也就更容易发生。除了管道煤气，在家中使用煤球炉灶等，也容易发生一氧化碳中毒。这是因为煤在不充分燃烧时会产生有毒的气体，这些气体在房间里积累到一定浓度，同样会成为制造中毒事件的罪魁祸首。

» 为什么在室内种植仙人掌有益健康？

为什么在室内种植仙人掌会有益人体健康呢？这是因为，一方面仙人掌可以增加空气中的负离子含量，使空气变得清新，对人的呼吸系统和皮肤都很有益；另一方面仙人掌为适应沙漠地区的恶劣气候，它的气孔很特别，少而下陷，而且白天关闭，晚上才稍稍张开，这种特点既可以减少水分蒸发，又有利于夜间吸收二氧化碳，呼出氧气。因此，在居室中摆设仙人掌、仙人球，可以大大提高居室的空气质量。另外，仙人掌还可作药用，因为它含有丰富的三萜、苹果酸、琥珀酸和生物碱等。新鲜的仙人掌去刺后捣烂外敷，可以治疗腮腺炎、乳腺炎和疖疮痈肿；捣烂后的液汁可外用，对火烫创伤有很好的效果；煎服可以治胃气痛、急性菌痢等疾病。

仙人掌生长的自然环境造就了其特殊的生理结构和生存方

式，而它却用这种自身的特点来默默无闻地为人类做贡献。仙人掌有别的花卉所没有的优点，因此它越来越受到养花人的青睐。仙人掌浑身是宝，养几株仙人掌有百利而无一害，确实是一种居家栽培的理想植物。

另外，还有一种菜用仙人掌，富含多种矿物质，可以食用。

» 受凉后为什么容易腹泻?

大家也许都有这种体会，无论是夏天还是冬天，一旦受凉就有可能会腹泻。腹泻的症状与食物中毒、肠炎、细菌性痢疾、阿米巴性痢疾等有所不同。受凉导致的腹泻有两个特征：一是人体腹部会发出咕噜咕噜的声响，同时还会明显感到一阵阵的疼痛；二是人体排泄出来的不是呈固体状的粪便，而是稀薄的粪水和几乎没有被消化的食物渣滓。

寒冷的气候是人体受凉的主要原因。当人体受了凉，特别是小肚子受了凉时，肠蠕动的次数就会明显增加。肠蠕动增加的结果，就是促使肠子里还没有完全被消化和吸收的食物渣滓，伴着大量的水分提前被排泄出来。因此，肚子会发出咕噜咕噜的声响并伴有阵阵疼痛，且排泄出来的大多是稀粪。因此，平常要注意保暖，特别是腹部的保暖，就算是在夏天，晚上睡觉时也要防止受凉，最好的办法是在腹部盖块毛巾，以预防腹泻发生。

» 为什么多晒日光浴有可能导致癌症？

日光浴是一种利用日光进行锻炼或防治慢性病的方法。主要是让日光照射到人体皮肤上，引起一系列化学反应，从而达到健身治病的目的。日光浴常和冷水浴、空气浴结合使用。

近年来，大气污染日益严重，平流层中阻止紫外线辐射的臭氧层被破坏，严重威胁到人类的生命健康。据测算，每减少 10% 的臭氧，紫外线辐射量就增加 20%，皮肤癌发病率也随之增加 20%，白内障的发病率也将增加 6%。

适度地晒日光浴对人类的健康有益，但长时间接受阳光照射，特别是让肌肤直接暴晒在日光下，会导致皮肤疾病和其他的机体不良反应，轻则表现为头痛、头晕、恶心、视力减退、失眠、原有的慢性疾病加重等；重则使人体免疫活性细胞减少，预防疾病的能力下降，甚至诱发皮肤癌。

海边日光浴

太阳光中含有紫外线，适度地晒日光浴有益健康，但过度地暴晒，大量的紫外线会伤害皮肤。

所以，不宜多晒日光浴。夏季要晒日光浴，不可一次在烈日下暴晒时间过长，而应逐步锻炼皮肤对日晒的耐受力，要随着皮肤色素的逐渐加深，再逐步增加日晒的时间；要经常按摩皮肤，增强皮肤抗黑色素沉积的能力；要给皮肤足够的营养，多食富含维生素的食品。由于紫外线容易被红色可见光吸收，因此，经常穿红色衣服可降低紫外线的危害。

» 为什么雾天锻炼对身体有害？

一些人坚持每天早起锻炼，他们认为呼吸早晨的新鲜空气有利于身体健康。有时出现大雾天气，他们也照常晨练，结果某些人出现气喘、呼吸困难等症状。这些人不管什么天气从不间断户外锻炼。有毅力是件好事，但天天坚持户外运动也未必正确，比如在雾天锻炼就得不偿失。

雾的形成有两个基本条件：一是夜间风力很小，大气层结构较稳定，并有充足的凝结核——悬浮物质存在；二是靠近地面的空气中水汽含量很充足，遇冷时能达到饱和状态。雾形成时，常伴有相应的逆温层存在，也就是说，在近地面这一段，越往上温度越高，越靠近地面温度越低。这种现象正好相反于正常天气情况。由于“逆温层”的存在，大气很稳定，对流作用减弱，空气中水汽、尘埃和其他污染物只能滞留在近地面，不容易向高空扩散，当雾滴消散后，污染物便全部进入空气中，严重污染了环境。在这样的环境中进行体育锻炼，无益于健康，反而很有害。

» 为什么并非所有煮开过的水都宜饮用？

我们都知道一个很普通的常识，即不能喝生水，否则会喝坏肚子的。那么，煮开过的水就能放心地饮用吗？其实这是一个误区，有一些开水也不宜饮用。有哪些水烧开后也不宜饮用呢？主要是以下三种。

一是水质有问题的水。当供水管道老化生锈或者水源受到环境污染时，即使水被烧开，其中的有害物质可能仍然存在，如细菌、病毒、重金属等。这些有害物质在高温下可能无法被完全杀灭或去除，因此饮用后可能会对健康造成危害。

二是放置时间过长的水。如果水烧开后没有及时饮用，且没有妥善保存（如盖上盖子），长时间放置后，水中可能会滋生病原微生物，如细菌、霉菌等，从而造成安全隐患。

并非所有烧开的水都可以放心饮用。

三是硬水。硬水中含有较多的钙、镁等矿物质，这些矿物质在高温下容易形成沉淀物。虽然这些沉淀物对人体健康的影响相对较小，但长期饮用硬水可能会增加肾脏的负担，从而增加患泌尿系统结石的风险。

综上所述，为了确保饮水安全，我们应该尽量避免饮用上述几种煮开过的水。同时，在日常生活中，我们还应该注重饮水卫生，定期清洗和更换饮水设备，确保水质的安全和清洁。

» 为什么我们要抓痒？

“瘙痒的感觉”是由皮肤表层里的末梢神经机械型感受器产生的。

末梢神经中的机械型感受器是一种细胞，或者说是细胞的一部分，它含有对扭转和弯曲敏感的组织。它们和负责感受常见的缓慢型疼痛的细胞很相似，因此，瘙痒被认为是疼痛的另一种形式。

当这些末梢神经受到刺激时，会释放出一种神经传递素，神经传递素会引起血管的扩张，从而使更多的血液流向发痒的部位——这使得你的皮肤开始发红。与此同时，人体过敏性感应系统中的肥大细胞被激活，它们释放出组胺，导致血管进一步扩张，过敏部位开始肿大。于是产生了瘙痒的感觉。

抓痒是一种有效的反射动作，是由瘙痒部位的脊髓反射器引起并指导你的手来完成的。抓痒是通过移开刺激物，或通过抑制脊髓反射器中的瘙痒信号来减轻瘙痒的感觉，如果抓痒太用力可能会产生疼痛感。

» 人为什么会渴？

烈日炎炎的夏日，大汗淋漓地运动一番后，总会觉得口渴，只有痛痛快快地喝一口凉水，才能重新恢复活力，继续投入到运动中去。人为什么会感到口渴呢？答案很明显，就是因为我们在运动中出汗太多了，需要补充水分。

水对人体具有重要的作用：首先，水是人体的“忠诚卫士”，比如我们可以通过眼泪冲刷出飞进眼睛里的尘沙，通过腹泻将不干净的食物从身体中排出；其次，水是人体不可或缺的“化学兵”，它能够对各种营养物质进行水解作用，以方便人体的消化和吸收；再次，水是人体重要的“运输兵”，是它将各种

口渴的其他原因

激素的作用之一是协调人体内水、盐的代谢。一旦这种激素的平衡遭到破坏，就会引起经常性口渴。很多糖尿病患者血糖过高，就会尿量猛增。这时，尽管大量饮水，仍会感到口渴难忍。

有些人在脑损伤或神经外科手术后也会口渴。这是因为患者体内缺少所谓“限制排尿激素”的缘故。

患有甲状腺亢进的人经常会感到口渴，而激素过剩往往也会导致患者牙齿脱落、浑身骨头疼、快速疲倦、肌肉乏力、急剧消瘦，从骨头中流失的钙甚至能将尿染成白色。

患有肾病的人也会经常出现口渴的症状。这是因为肾已经丧失保持水分的能力，因此需要大量的水。

营养物质运送到各内脏器官和各种组织，又将新陈代谢的废物运送到排泄器官处，以排出体外；最后，水还是人体体温的“调节者”，它将人体每昼夜产生的热量运送到体表，通过呼吸、出汗、排泄等方式，携带热量离开人体，使人体的温度一直保持在 37℃左右。所以，人类一刻也离不开水，一旦缺水就需要马上补足，只有这样才能更好地维持人体各器官的正常运转。

那么，人体是通过什么方式觉察到缺水这一情况的呢？科学家通过研究发现：人体在大量失水的时候，血量就会减少，而血量的减少会促使肾脏分泌出一种叫作“血管紧张素”的化学物质，这种化学物质随着血液流入脑内，被脑内某一感受器所捕获，于是就发出了“渴”的信号，提醒人们该补充水分了。但是，也有科学家提出，能够接收到“血管紧张素”的感受器并不都存在于大脑之中，人体的其他部位也参与了渴感的产生。总之，现在科学家唯一达成共识的一点就是渴感是由血量不足所引发的，但是它具体是怎样引发渴感的，直到今天还没有一个科学的解释。

如果没有口渴现象的出现，我们可能会错过及时补充水分的时机，从而影响到身体的正常运转。所以人不知道口渴，并不是一个好现象。

» 为什么酒精不能摄入过量？

酒精，食用过量就是毒药，它影响着脑细胞中神经元的功能，并影响着大脑对 3 种特殊的化学物质的使用方式。这 3

种化合物是 γ－氨基丁酸、复合胺和多巴胺。它们都是神经传递素，它们在不同的神经细胞间传递信号，刺激或阻滞这些靶细胞。

一方面，酒精能迅速提高复合胺的水平。这会引起一种快乐的感觉，这也是为什么人一喝酒就会立刻快乐的一个原因。另一方面，γ－氨基丁酸通常会抑制大脑的运转速度，导致醉酒的感觉出现。

多巴胺是另一种调节快乐感的化合物，但是也负责协调运动，这可能是当酒精起作用的时候人会摇摇晃晃的原因，同时也是为什么喝了酒的人不能开车的原因。

过量的酒精会损害很多器官，包括肝脏，而且身体本来就能察觉到它的毒性。少量还能忍受，但是酒精摄入过量的话就会出现呕吐反应。当然，这并不能排泄掉身体里过量的酒精——从这点看来，很可能大多数酒精已经被身体吸收了。所以接下来唯一可选择的就是用常规方法来恢复身体。

» 为什么食盐对人体非常重要？

在化学上，食盐被称为氯化钠。它在人和动物的生命活动中十分重要。这是因为在人或动物细胞膜的两侧，钠离子与氯离子的浓度的比例关系是固定的，如果这个比例关系发生了变化，会对细胞的正常功能造成影响。因此，高温作业的工人需要饮用一些含盐的饮料，防止盐分蒸发，否则会有乏力、恶心甚至昏迷的现象发生。

食盐在空气中放置一段时间后会变潮，有时甚至会变成盐水。这是因为盐中少量的氯化镁和氯化钙成分易于吸水发生潮解。纯净的食盐是不会吸潮的。在夏天和雨季里，必须将食盐存放在密闭的盐罐中，防止潮解。

食盐的主要来源是海水，称为海盐。内陆一些干涸的古盐湖中也储存有大量食盐，被称为岩盐。

食盐是日常生活中最广泛的防腐剂，通常可被用来制作咸菜、咸肉、咸鱼等。研究发现，一个人每天所需食盐量为 3 ~ 5 克，食盐的过多摄入，会危害健康，容易引起高血压。

» 为什么吸烟有害健康？

香烟中含有一种有害的物质，叫作尼古丁（烟碱）。科学家曾做过实验：1 支香烟的尼古丁可以把 1 只老鼠毒死，20 支香烟的尼古丁可以把 1 头牛毒死。在法国举行的一次吸烟比赛中，1 个人连续吸了 60 支香烟，当场中毒死去。此外，香烟中含有的亚硝胺，对人的鼻咽部有极强的致癌作用；烟中的焦油可能导致肺癌、膀胱癌、胰腺癌等多种癌症。吸烟的人常发生血液中碳氧血红蛋白增多的现象，对血液循环产生阻碍，容易使人体低氧而猝死。

吸烟对身体健康有害。1 支香烟可产生烟雾约 2000 毫升，烟雾中含有 4000 多种化学毒素。吸烟的人在吸烟过程中可吸入致癌物质 40 多种，从而引发癌症、心肌梗死等疾病。

因此有人说，每吸 1 支烟，人的寿命会减少 2 分钟。瑞典进行过统计，每年因吸烟导致死亡的人数，占总死亡人数的三分之一，多于因交通事故死亡的人数。至于因吸烟患上支气管炎、肺气肿、哮喘等疾病的人数，则更是无法计数。

» 为什么侧卧是最好的睡姿？

人们的睡姿多种多样，有的人喜欢仰睡，有的人喜欢俯睡，而有的人却喜欢侧睡……那么，哪种睡姿才是最好的呢？

研究表明，侧卧是最好的睡姿。侧卧睡眠时，身体稍向前弯曲，肢体关节大多放松、微曲，有助于身体处在良好的休息状态中。中国古代有“卧如弓”之说，讲的就是这个道理。

仰睡和俯睡都有哪些弊端呢？仰睡时，身体挺直，四肢舒展，不少人认为这样可以防止驼背，有利于脊柱和骨骼的发育，促进身高增长。其实这种看法是不正确的。从人体肌肉分布看，躯干和腿部的一部分肌肉在仰睡时仍然处在紧张状态，不能得到有效休息。如果仰卧时把双手放在胸口，或胸部压着又厚又重的棉被，则会妨碍心肺功能，甚至引起多梦和惊慌。有打鼾习惯的人仰卧熟睡时，下坠的舌根受出入咽喉的气流冲击，容易发出阵阵鼾声。

而在俯睡时，胸腹向下，背部朝天，似乎非常安静。与仰卧相同，俯卧时腿和躯干的一些韧带肌肉不能得到完全的放松和休息。胸廓活动由于体重的压迫受到限制，使肺的呼吸功能和心脏功能受到影响，胸部和肺部被压，这种睡姿对青少年发育成长极为不利。俯卧时为了防止口鼻被枕头捂住，头总是偏向一侧，时间长了，侧颈部肌肉容易“拉”伤。因此，俯卧是最不科学的睡姿，应当加以改正。

» 为什么大热天人会中暑?

为什么天热时,人会中暑呢? 因为人体内的热量蓄积过多。人体每时每刻都在产生热，这些热量需要依靠人体的体温调节中枢散发出去。如果体温调节中枢出了故障，身体里的热量越积越多，散不出去，就会发生中暑。

中暑可以分下面几类:

第一类叫“过热症”。在湿热的环境下劳动，体内的热量蓄积，体温升高到 40℃左右，体温调节中枢功能紊乱，影响身体出汗功能，使皮肤变得干燥发烫，出现头痛、恶心，甚至昏倒等症状。

第二类叫“日射病”。主要是由于强烈的阳光直射在头部，头部温度过高造成的。

第三类叫“热衰竭”。人在炎热的环境中，有时皮肤和肌肉里的血管会过度扩张，使大量血液分布在皮肤和肌肉中，回到心脏的血液比较少，血压降低，脉搏变得细弱，呼吸变浅，全身出冷汗，让人感到心慌无力，甚至会神志不清。

第四类叫“热痉挛”。这类中暑是因为人在高温环境中干活，出汗过多，盐分缺乏而造成的。热天干活，出汗多了，人体就会缺盐，盐缺得过多，就会引起肌肉痉挛，疼痛难忍。

» 为什么发热时要多喝水？

水和人的生命休戚相关。对于人体来说，水是最重要的物质，七八天不喝水，人就要死亡。

一般说来，普通情况下一个人一天（包括昼夜 24 小时）大约需要 2500 毫升的水。不过，人体所需的水量并非恒定不变。

对于健康的人来说，在炎热的夏天以及剧烈运动以后，需要的水量就相对多些。人发高热的时候需要的水量也比平时多，这是为什么呢？道理很简单，因为，发高热的时候，体内代谢旺盛，大量水分从呼吸道和皮肤渗出而蒸发掉了。所以，必须多喝水以补充水分的不足，否则就会发生脱水现象而加重病情。除此之外，多喝水还能通过汗水的蒸发或排尿散热而降低体温。

另外，有些病是因为致病细菌侵入造成的，多喝水，能把血里细菌所产生的毒素冲淡，并从尿液中将它们排出体外，不让毒素在体内蓄积起来。同一道理，水喝得多，还能把发热时产生的危害人体的有害物质稀释、带走，减少它们对人体的不良影响。

» 为什么不宜长久地待在空调房间里?

夏季人们更容易患上感冒、发热、头痛、高血压等疾病。经过医生诊断，不少患者得的是“空调病”，究其原因，是长期待在装有空调的房间里的缘故。

空调的普及，使人们避免了酷热的困扰，中暑现象也很少发生了。但在享受清凉的同时，人们却在不知不觉中忽略了室内空气污染的危害。空调只能调节室内的气温和湿度，却难以使室内外空气得以流通，当空调启动后，必然要关闭门窗，室内的污染物，如一氧化碳、氮氧化物、悬浮颗粒物等会蓄积起来，危害人体健康。另外，人们还测出，装有空调的房间里的空气中含有放射性气体氡，氡被人吸入体内后，肺部会受到辐射的危害，很有可能患上肺癌。

室内空气污染的一个主要来源是人体本身。在室内，说话、咳嗽、打喷嚏时，人会将口腔和呼吸道内的微生物喷出。感冒患者的一个喷嚏可喷出 15 ~ 18 000 个感染剂量的病毒粒子。因此，要预防“空调病”，就要经常开门开窗，让室内空气保持流通，或经常到户外进行锻炼。

» 为什么人在走路时会摆动双臂?

我们走路时，两臂就会很自然地轻微摆动。

走路时手臂为什么要摆动呢? 有人认为，走路时双臂摆动有利于校正头的位置。因为人走路时面部始终朝向前方，伴随双脚的交替跨步，臂部随之会自然发生摆动。这种转动会由肩部传到头部，导致人的头部在走路时左右转动，而手臂和脚交叉摆动，就能够适当抵消这种转动。但科学测定的结果并不支持这种推测。因为人走路时即使手臂纹丝不动，臂部转动的范围也只有 9°，肩部转动的角度更小，最后头部的角度几乎只有 2°，所以不会影响人体面向前方的情形。总而言之，这个推断不成立。

有些科学家从猿演变成人的过程中得到启发，推测出人行走时摆动双臂的原因。人是从猿猴等四肢着地的动物演变而来的。这一类动物在行走时，前后肢交替跨步是很有规律的。当人学会直立行走时，其前肢的行走功能逐渐退化，最后变成了

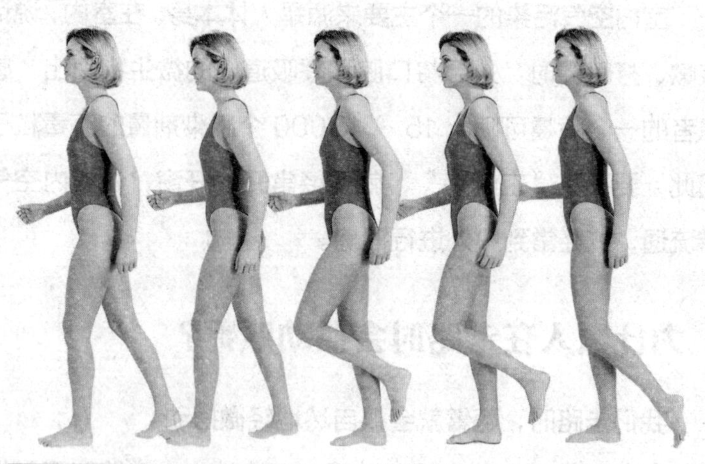

人在行走时会自然地摆双臂。

手臂。实验表明，当人被绑住手臂走路时，手臂的肌肉仍在不断地、有规律地收缩运动着。由此可知，走路时双臂摆动，与四肢着地的动物行走姿势有重要关系，它体现了由猿到人的演变过程中动物习性的残留影响。对于现今的人类来说，这种姿势主要起协调和平衡走路的作用。

» 为什么人突然站起来时会头晕眼花？

在生活中，我们常会遇到这样的情况：蹲了一段时间以后，突然起立，会觉得一阵头晕，眼前冒金星。

实际上，每个健康的人都会出现这种反应，这是一种神经反射。人下蹲时间一长，突然起立，头部容易出现暂时性供血不足。头昏，是因为脑供血不足，神经细胞的活动受到了影响；眼前冒金星，是因为眼睛的视网膜供血不足，视细胞受到了刺激。

原来，人在蹲着的时候，腹部的大血管受到压迫，腹部和四肢的血液大大减少，前倾的头部却供血丰富；当人突然起立时，原来在头部的血液，向下大量涌向腹部和下肢，这就形成了暂时性的脑部缺血现象。这仅是一刹那的事。由于神经系统的调节作用，腹腔血管马上收缩，充沛的血液又很快地送到脑部去，头昏和眼前冒金星的现象也就很快地消失了。人们的健康并不会因此受到多大损害。

» 人为什么分左撇子和右撇子？

左右开弓或者又称双手灵巧的说法在现实中是存在的。在各种劳动技巧的运用方面，有些人的双手确实能表现得同样的灵巧和熟练。不过，对惯用手的选择其实是一个连续的统一体，把人群分为左撇子、右撇子和双手灵巧这三类仅仅是人为的分法而已。

有一位学者将双手灵巧的人称作双侧灵巧，并进一步将这类人群分为双手右利手者和双手左利手者。前者是指两只手都和右撇子的右手一样灵巧的人，后者则是指两只手都和左撇子的左手一样熟练的人。对于某些技能来说，有的人用右手就能很快地掌握其中技巧，有的人却发现自己用左手学习得更快。这都是很平常的事情。决定一个人用哪一只手学习和掌握技能更容易的因素有两个：本身的接受能力和他的用手偏好。甚至婴儿也已经确立了自己的惯用手，然后模仿其他人的动作学习各种技能，就算别人的惯用手和自己的相反也照学不误。

比如说，有一个左撇子的孩子要学习投球，但是大部分成人投手是右撇子，所以他们示范投球动作的时候往往会受到自己惯用手的影响，可能会用右手来做示范。为了掌握示范者的投球技巧，孩子在学习过程中不得不进行自我调整。所以从整体上看，左撇子的投手投球威力不如右撇子的投手。

研究者发现，在学习诸如编织等技能的时候，如果学生和老师的惯用手一致，学习的效率会更高。如果在学弹吉他时，示范老师习惯用右手，那么对左撇子的学习者来说这是一个不利的条件。甲壳虫乐队的保罗·麦卡特尼就是一个典型的例子，麦卡特尼是左撇子，因而开始在学弹吉他时面临诸多困难，直到他重新调整了吉他的琴弦之后才渐入佳境。

» 为什么我们的脚和小腿容易抽筋？

抽筋是肌肉或肌肉群持续性的反常的挛缩，也是一种张力亢进和过度肌紧张的状态。这是由于 α 神经细胞异常兴奋所造成的，这会使得你的肌肉收缩，不管你怎么努力都无法放松它们。从本质上说，这意味着控制肌肉挛缩的神经在持续不断地向肌肉发送收缩信号。

有时候你会在运动之后抽筋。这是因为没有足够的氧气进入肌肉，肌肉只能进行无氧代谢，抽筋意味着缺乏氧气。肌肉通过这样做来获得足够的能量去收缩。但是因为缺少了氧气，呼吸过程就造成了乳酸的堆积，从而引起疼痛，而且没有氧气，这种乳酸就不能分解。

如果身体是健康的，肌肉中的肌肉纤维数量便会增加，就和血液供应一样，而这使得更多的氧气进入肌肉，所以肌肉在感觉疲劳之前可以运动得更久。这也移走了更多的乳酸，所以抽筋的机会就减少了。如果你足够健康，从来没有遇到过肌肉不能除去运动时产生的乳酸的情况，你就不会抽筋。

我们之所以腿脚抽筋比较多，是因为和身体其他部位相比，腿的血液循环效率比较低。由于供血量的减少，到达腿的氧气就更少了，这使得抽筋看起来更应该归因于乳酸的堆积。

» 为什么有时候会产生视错觉？

有些图片会导致视错觉，这种图片很有趣，也很有挑战性。视错觉的产生和大脑处理视觉信息的方式有关，它是有规律可循的。而且，每个人受视错觉影响的程度不同。

大脑基于过去判断的经验形成定势。例如，我们能从简单的几笔中看出人形，因为大脑中储存有丰富的相关线索会自动填充空白。但是，有时大脑会对视觉信息做出错误的解释。在有些情况下，大脑没有接收到足够的信息，或者受到了其他信息的迷惑和误导，就会产生视错觉。有些视错觉的产生是由于

螺旋陷阱

观察这个螺旋，你会发现你找不到它的中心。事实上，图中并没有螺旋，只有一系列的圆，但是大脑受到背景图案的误导，错误地将这些圆叠加在一起。

大脑没有将图像和背景分离开来。另外一些视错觉的产生是因为大脑将若干图像混合在一起，创造出了某个不存在的物体的图像。还有一种情况是图片的某一部分对大脑影响很深，以至于大脑对该图片的其他部分做出错误的判断或解释。

» 我们为什么会笑？

笑是一种多义性的动作，它可以代表开心、紧张、尴尬或失望。笑能让人放松（当我们笑的时候，全身的肌肉都得到放松），笑也能用来排挤他人，例如嘲笑。笑还可以是一种调节工具——老板开个玩笑，所有的人都笑了。

但是我们究竟为什么会笑，这个问题至今仍然困扰着科学家。行为心理学家说，笑不是复杂的、可以预料的意识过程，而是一种对所处环境的基本反应。笑可以增强社会凝聚力，因为它是一种能让我们当时觉得舒服的外在表现形式。例如，分享一个笑话，本质上就是一种社会凝聚力的表现形式。笑也是一种放松的自然方式，如果笑过了头，我们就会没有力气。笑和典型的“抵抗或逃跑”的本能反应作用相反。

在紧张的环境下，笑是一种不安的反应，例如傻笑往往是一种用来分散潜在的面对面的威胁的方式。

让人开怀大笑的原因可能有很多，但至今为止人们还没有找到最准确答案。

» 为什么人哭时会一把鼻涕一把泪？

大概每个人都哭过。但您有没有注意过，大哭时除了眼泪不断从眼中涌出，鼻子中的鼻涕也会突然增多，于是，便经常一把鼻涕一把泪。为什么会这样呢？

要解开这个秘密，先要了解一下眼睛中的泪器。泪器是产生眼泪的地方，目的是湿润眼球。其实在不哭的时候，泪器仍在分泌眼泪，只是量很少，我们未曾觉察。我们每天要眨无数次眼睛，就是为了将泪水均匀地涂抹在眼球表面，让我们的眼球始终保持清洁明亮。

泪器由两部分组成，一是产生泪水的泪腺；二是让眼泪流出去的泪道，也和鼻腔相连通。一把鼻涕一把眼泪的秘密就在于此。平时，只有极少的眼泪通过泪道流到鼻腔中，我们几乎感觉不到。但是，当你大哭时，泪器产生的泪量一下子大大增加。其中涌出眼眶的一部分，就是我们平时见到的泪水，而另一部分便通过泪道进入鼻腔中，再从鼻腔中流出。实际上，从鼻腔流出的液体是眼泪的一部分，而不是真正的鼻涕。

» 为什么吃东西时偶尔会流鼻涕？

吃东西的时候，如果流鼻涕，这可能有几种原因。比如食物很烫，那么口腔内的热量会向上传递到鼻腔。鼻子里有黏液，它的重要作用是保护鼻子免受细菌的感染。当鼻腔内的温度变高时，黏液流动的速度也会变快。因此，吃热的东西时会流鼻涕，这是热量的作用。

一小部分鼻黏液对我们的味觉来说是很重要的，因为我们对味觉的感知，许多都来自气味。那些失去嗅觉的人常常会抱怨食物没有味道或者很难吃。这是因为我们的味觉只能尝出4种味道：甜、咸、苦和酸。而介于两种味道之间的味觉，我们就只能依靠鼻子里的嗅觉感官器来感知了。当气味和潮湿的表面接触时，会变得更浓。因为产生气味的化学物质能溶解在液体中，从而让能够感受气味的细胞更容易发现它们。这也是鼻子总是湿湿的狗的嗅觉比人类的要敏感许多的原因之一。因此，当我们吃东西的时候，鼻子总会分泌出一些黏液来帮助我们辨别食物的味道。

» 为什么老年人近事记不清、往事却记得很牢？

有些老年人对眼前的事总是记不住，可是对小时候的事，却记得清清楚楚。为什么会有这样的情况呢？

原因就出在大脑皮质上。原来的某件事在大脑皮质上引起兴奋，建立了条件反射，而回忆，只不过是重复一遍条件反射罢了。年轻的时候，人精力集中，条件反射容易建立，也很牢固，所以孩子和年轻人的记忆力特别好。随着年龄的增大，建立起来的条件反射有时不牢固，于是就变得健忘了，老年人更是这样。

虽然老年人不容易建立新的条件反射，但从前建立的条件反射却还是很稳固的，所以形成了往事记忆非常清晰，而近事却常常忘怀的情况。我们了解了这个道理，就应该在年轻时，特别是在青少年时期尽量多学知识，多建立一些条件反射，为以后的工作和生活打下坚实的基础。

» 为什么我们会想睡觉？

睡觉是最常见的一种人类活动。然而睡觉的过程以及是什么引起睡意的，至今还没弄清楚。

大脑基层中的松果体很重要，因为有种叫作褪黑激素的化学物质是在这里产生。这种物质进入血液能控制睡觉和醒来的循环。小鸡被注入褪黑激素后，就会睡着。直到最近加利福尼亚的研究者才发现一种天然的诱发睡眠的化学物质（尽管我们已经生产了几种能够帮助睡眠的药物）。

他们发现，失眠的猫的脑脊髓液（这种液体有清洗大脑和脊髓的作用）中有一种物质的数量在增长。当他们把这种物质注射到老鼠体内时，老鼠睡着了。这种产生睡意的物质是脂肪酸，它和细胞膜中的某种成分相似，但是什么引起脂肪酸的释放还是未知的。将来，这种物质也许会成为一种天然的安眠药，因为现在使用的安眠药，不仅长期服用会上瘾，而且残留物对人体会有副作用。

» 有些人为什么会在睡梦中磨牙？

科学研究表明，睡觉磨牙最常见的原因是肠道蛔虫症（在中医看来睡觉磨牙是由于肚中虫多了的缘故）。因为人睡熟以后，蛔虫在肠道内蠕动，同时分泌出一些毒素，从而刺激神经系统引起神经反射。而支配咀嚼肌的神经细胞最容易受这种毒素刺激，神经细胞再将信息传到机体上，因此出现夜间磨牙。但有一点是应该明确的，不是每一个有肠道蛔虫的人都会出现磨牙。

另外，夜间磨牙也可能是由于身体的疾病引起的。比如，60% 以上的慢性牙周炎、牙周脓肿患者都不同程度地患有磨牙症。上下牙齿咬合不全，牙齿排列不整齐，口腔肌肉、关节某些炎症病变等，也是导致磨牙的重要原因。消化不良、消化性溃疡病会造成大脑皮质咀嚼区在睡眠状态下兴奋起来，从而导致睡觉时磨牙现象常常发生。

如果孩子患有维生素 D 缺乏症，体内钙、磷代谢就会混乱，可引起骨骼脱钙、肌肉酸痛、神经紊乱，也会诱发磨牙症。

» 为什么我们有时候会睡不着？

每晚，地球上都有上亿人在自己的床上辗转反侧，无法入睡，这种症状叫作失眠。对有些人来说，偶尔一两天晚上睡不着并无大碍，但对有些人来说，失眠长期困扰着他们，漫漫长夜也变成了无声的煎熬。

失眠的原因多种多样，但其中最常见的是心理压力。忧郁症也可以引起失眠。忧郁不同于正常的心情沮丧，忧郁症患者通常会长期地感到悲伤绝望。他们每天很早就会醒来，之后就无法再进入睡眠。还有许多其他原因会导致失眠。比如，在睡前做了剧烈运动，你就会觉得头脑清醒，能量充沛，以至于在床上翻来覆去几个小时也无法入睡。

有些食物和饮料也会让人难以入睡，咖啡、茶和一些软饮料（最常见的是可乐）中都含有一种兴奋剂，叫作咖啡因。晚饭后喝这些饮料会延迟困倦出现的时间。最奇怪的是，酒精也会让人夜不能寐。酒精有催眠的作用，它会让人昏昏欲睡，但当你真正想要睡觉时，却反而睡不踏实了。醒来后，又会感觉头昏眼花，四肢无力。时差也会打乱你的作息规律。

为了晚上能睡一个好觉，千万不要在白天过于劳累。要留出适当的放松时间；不要过于焦虑。即使晚上睡不好，也不要在白天打盹。睡前几个小时之内不要喝含咖啡因的饮料，也不要做剧烈的运动。如果肚子饿了，可以少吃些清淡的食物——曲奇饼和牛奶是比较合适的选择。如果在床上躺了几个小时还是睡不着，有睡眠障碍专家建议下床去做些安静的活动，比如到隔壁房间看书。然后，当你感到真正困倦的时候，再回到床上去。

如果你怀疑自己失眠是因为得了忧郁症，你就要及时将自己的情况告诉家长、医生，或者康复专家，他们会想办法帮你好起来。只要摆脱了忧郁的阴影，睡眠质量也会迅速改善。

» 为什么伤口愈合时会痒？

人们在受了伤并且伤口快要愈合的时候，伤口处常常痒得难受。上了年纪的人就会说："不要紧，快好了。"一般规律确实是这样的，要是发痒，伤口不久就会长好。当然，也并非所有的伤口都是如此。

人的皮肤分为表皮层和真皮层。在表皮的最底层，有一层细胞叫生发层，这层细胞的增生能力就像花草树木的芽一样，可以不断地生长繁殖。浅表的伤口一般就是在生发层的作用下愈合的。由于伤口很浅，在愈合的过程中，神经受不到什么刺激，也就不大会有痒的感觉，愈合后也没有伤疤。

但是，如果伤口比较深，损害到表皮层下的真皮层，在愈合过程中，就会有新的结缔组织补上去，也就是从伤口里长出来的肉芽。新生的血管神经都要长进这种结缔组织里。在快速生长阶段，新生血管很容易刺激到与它们挤在一起的新生神经。而新生神经受到轻微刺激之后就会产生痒的感觉。因此，伤口在愈合时，常常会很痒。

» 为什么血液是红色的？

为什么血液是红色的呢？因为血液中含有铁。

为什么血液含铁就会呈红色呢？

人体内含有铁，除小部分在肌肉、骨髓、肝、脾等器官组织里贮存，贮存在血液里的铁占全身含铁总量的60% ~ 70%。一个体重50千克的人，身体里大概含铁2克，与3枚一分钱的硬币重量不相上下。靠着这些铁，血液才变得鲜红。

血液里的铁绝大部分存在于血液中红细胞的血红蛋白里，是血红蛋白的组成部分。红细胞专门负责氧气和二氧化碳的运输工作。而这个工作的完成，靠的就是血红蛋白。它里面的铁与氧气结合起来，就使得血液变为鲜红色，因为铁与氧发生反应生成的氧化铁是红色的。长期暴露在外面、饱受风吹雨打的铁器，表面会有一层红色的铁锈，就是铁与空气中的氧发生化学反应的缘故。

» 牙膏为什么能洁齿护齿？

牙膏是由许多特别的化学物质混合而成的，通常包括摩擦剂、表面活性剂、保湿剂、增稠剂、防腐剂、甜味剂、活性添加物、香精、色素等。牙膏的功能很多，像保持牙齿清洁、减退色素、抑制菌斑、减轻牙龈炎症、消除口臭等。完全放心使用，牙膏中的化学物质都是没有毒性的。

牙膏中含有一些对保护牙龈、防止龋齿和消除口臭有一定功效的活性成分。如含氟牙膏内加有活性氟化亚铁、氟化钠和氟化锶等，牙齿表面会因为这些氟化物形成一层稳定的惰性物质，这种物质能使口腔内细菌的活动受到抑制，防止酸性物质侵蚀牙齿，可以有效地防止龋齿。

其他药物牙膏中添加了草珊瑚等中草药，能够有效地缓和与治疗牙龈出血、牙龈红肿、牙质过敏、口臭等症状；加酶牙膏中含有各种能分解牙缝内残留食物的酶制剂，对清洁口腔、防止蛀牙有一定功效；叶绿素牙膏中含有叶绿素，能阻止牙龈出血、防止口臭；而特效牙膏中常加有氟化物和柠檬酸锌等，可抑制色素、菌斑在牙齿表面的沉积，减轻牙龈炎症和出血，并使牙齿保持光洁。

» 为什么被蚊子叮了以后会发痒？

在叮咬的时候，蚊子会把极少量的唾液注入被咬者体内。蚊子的唾液中含有一种酶，能防止被咬者的血液在它吸血的时候凝固成块。

这种酶会激起人体内的免疫反应，使得大量柱状细胞聚集到创口。造成皮肤瘙痒和红肿的正是柱状细胞释放出的组胺。

有一个简易的治疗方法。因为对人体来说，蚊子唾液中的酶是一种异体蛋白，所以最简单的做法就是使用含有木瓜蛋白酶的嫩肉剂。木瓜蛋白酶提取自番木瓜，是一种能分解蛋白质的可食用植物性蛋白酶。

将少量的嫩肉剂和水混合成糊状物敷到被蚊子咬的部位上，木瓜蛋白酶通过蚊子口器叮咬出来的小洞渗入体内，分解蚊子唾液中的蛋白质分子，能起到止痒的效果。

预防蚊虫叮咬最首要的一点，就是在蚊子最活跃的黎明和黄昏时分待在室内，穿长袖的衣服和裤子，减少身体暴露在外的部分。方法虽然简单，却能将被叮咬的概率降低一半。

» 为什么自己挠痒不会笑？

生活中我们常常会碰到这样的情况，那就是当朋友趁你不注意挠你的痒时，你常常会控制不住地大笑。为什么感到痒之后会发笑呢？科学家认为挠痒会对皮肤产生一种轻柔的、有节律的轻微刺激。大脑对这种轻微刺激的反应是恐惧。例如，人们可能会把这种危险想象成有毒的小虫子甚至是毒蛇在皮肤上爬行，一旦否认了这种危险的存在，脑子中瞬间的反射性恐惧便消失了，于是便放心地、下意识地笑了起来。

那么，为什么自己挠自己的痒时，不会发笑呢？这是因为自己挠痒时，已经预先在大脑有了准备。也就是说，大脑在向手指发出指令的同时，也发出一种接受抚摸时不会有危险的信号，因此便不会产生反射性恐惧。没有危险，神经就不会紧张，当然也就不会产生放松的笑了。

» 为什么两只眼睛可以观察同一个物体？

当我们用眼睛观察物体时，两只眼睛同时接收物体反射的光，并向大脑发出信号。大脑再把双眼传来的信息组合，形成图像。既然这样，那么我们为什么要长出两只眼睛来呢？为什么我们不选择只在头中央长一只眼睛，就像希腊神话中的独眼巨人那样？

两只眼睛让我们看到了立体的图像，这是一只眼睛无法做到的。人的两只眼睛分开约 5 厘米，所以两只眼睛可以从稍有不同的角度观察同一个物体。

关于这点，可以通过实践来验证：盯住眼前距离你约 30 厘米处的一件物品，比如一个闹钟，首先用双眼观察；然后遮住右眼，用左眼观察；最后遮住左眼，用右眼观察。你会发现钟的位置在移动，因为两只眼睛其实是从不同的角度观察闹钟的。右眼看见闹钟的右侧多一点，左眼看见左侧多一点。如果只是简单地将两只眼睛中的图像叠在一起，它们不会完全重合。

大脑接收到两幅图片之后，会对其进行整合，形成一幅三维图像。用双眼观察有助于我们判断物体的深浅。相比之下，用单眼观察，你会发现闹钟似乎更为扁平。这种观察方式叫作双目视觉。就像用双目望远镜观察远处物体，我们也是通过两个透镜来观察这个世界的。

大多数成年昆虫的眼睛是复眼，复眼由许多小眼面构成，每个小眼面都相当于一个透镜。苍蝇的一只复眼表面通常分布着 4000 多个小眼面，当它观察一朵花的时候，每个小眼面里都会出现花朵的一小部分的影像。然后，苍蝇的大脑再对几千幅图片进行整合，形成一幅完整的花的图像，这个过程就像是用成千上万块马赛克拼成一幅壁画。

对于长着复眼的动物来说，距离物体越近，它们看得就越清楚。而对于人类来说，当我们把物体贴在眼睛上时，物体的影像就会变得模糊不清。但对于苍蝇来说，趴在物体上时，它才能够真正地看清楚这个物体。毕竟昆虫是一种小动物，对它们来说，真正的威胁通常出现在几厘米之内，而不是几米开外。

» 人为什么会长两次牙?

我们知道，人身上的大多数组织器官都只有一副，并且出生以后不会更换。只有牙齿非常独特，与众不同，在一生中有两副，并且要进行一次“交接班”。第一副叫乳牙，共 20 颗，小而不耐磨。另一副是恒牙，一般来说恒牙较大，而且耐磨，上下左右共 32 颗，也有一些人只长 28 颗。

人在生长发育过程中，乳牙和恒牙具有的功能并不相同。乳牙除了咀嚼食物，主要作用在于刺激牙槽骨发育，以及引导恒牙生长，而恒牙的主要作用是咀嚼食物。幼儿如果乳牙生病或过早地失去乳牙，就会引起牙槽骨发育不良，导致恒牙长不好，这样不但会影响咀嚼功能，还容易引发牙病。

由此可见，在漫长的生物进化过程中，人类形成了一种适应性变化：幼年时暂时依靠乳牙咀嚼，并刺激牙床骨发育；到了 6 岁之后，乳牙脱落，恒牙长成，承担起咀嚼食物的责任。

» 为什么吃过菠菜以后牙齿会觉得很奇怪?

如果烹调之前菠菜洗得不干净，吃起来就会有粗糙的沙粒感。

菠菜中含有一定的草酸。它之所以会吃起来让人感到牙齿不舒服而且口感粗糙，其原因就在于其中含有草酸。不过，在草酸含量最高的一种菠菜中，草酸也不过占干重的 7%，而且并没有被栽培出售的。生菠菜中的草酸含量要远低于这个量。

以前人们认为，菠菜中的草酸会与铁质结合形成草酸铁，阻碍人体对铁质的吸收。不过美国农业部植物、土壤和营养实验室最新的一项监测结果表明，草酸不会与铁质结合。

正常人每日铁质的建议摄入量为 10 毫克。每 100 毫克生菠菜或者是两杯菠菜汁中铁的含量约为 2.7 毫克。半个菠菜罐头——连同罐头其中的液体在内，含铁量不过 1.85 毫克。

其他富含铁质的蔬菜还有蒲公英嫩叶、唐莴苣和羽衣甘蓝等。像桃干、杏干和葡萄干等干果也是很好的铁质来源。当然，肝脏等动物内脏补铁效果更佳。

» 为什么春天人容易困倦?

中国有句古话:“春眠不觉晓”，意思是春暖花开的季节，人常会感到困倦，一觉睡去，不觉天就亮了。春天原本是万物复苏、生机勃发的时光，人为什么反而会感到困倦呢?

原来，人体内脏的供血量是相对稳定的。例如一个体重 60 千克的人，在安静状态下，供应脑部的血液数量约为 750 毫升 / 分钟，供应皮肤的血液数量约为 450 毫升 / 分钟。脑部的供血情况是决定人反应能力的主要因素。脑部的血供应量达不到一定的数量，人就容易感到困倦。

漫长的冬天，寒风呼啸，人体体表的毛细血管广泛而又持久地收缩，皮肤的供血量减少，内脏器官和脑部的供血量增加，使人对外界刺激的反应灵敏，容易清醒。到了春天，天气变得暖和起来，皮肤里的毛细血管舒张，更多的血液流进毛细血管里来，内脏和脑部的供血相应减少，人也就容易困倦。血液供应量的这种变化，在冬去春来的交替阶段或气温明显变化的时候，最为显著。人体一旦适应了这种气温变化，这种困倦现象就不明显了。

春困既不是病，也并非睡眠不足。产生这种现象时，只要用冷水洗一下脸，或去室外活动一下，倦意就会消失。加强体育锻炼，增强心脏收缩能力，也会降低对这种气温变化的敏感度。

» 为什么色盲患者无法分辨颜色？

色觉正常的人是幸运的，因为他们可以分辨出色彩间的差别。但少数人却由于先天体内带“色盲基因”，而分辨不清物体的颜色，人们通常说的“色盲”就是这样的。红绿色盲是最常见的色盲，它的症状是患者对红色和绿色分辨不清。除此之外，还有红色盲、绿色盲、蓝色盲，甚至还有全色盲。

经过研究，人们发现色盲症的病因出在眼睛的视锥细胞上。如果一部分视锥细胞出现故障，眼睛就会认错颜色或分不清颜色。这就是色盲症的病因。我们从眼睛的结构入手分析，人的眼睛是个坚韧球体，而且充满液体。眼球晶状体的作用是使光线在视网膜上聚焦。而视网膜上感光细胞的作用是察觉低光度以及辨别不同的颜色。它们能对转亮的光及不同波长的光做出反应，再将信号传递到大脑，而这些都是通过视觉神经来传播的。然后颜色的深浅、多少在我们的大脑里进行搭配，就形成了我们看到的形象。这样我们就能既看到物体的形状大小，又能分清物体的颜色。如果视锥细胞出了问题，就可能分不清颜色了。

» 身体的瘀青为什么会呈青黑色？

眼眶的青肿以及其他部位的瘀青之所以呈青黑色，主要是皮下的毛细血管破裂后，血液流出并在皮下淤积，以及血液里的血红蛋白分解的产物结合而形成的。拿眼眶上的黑眼圈来说，事实上瘀血根本不是黑色的，而是深紫色和青色的。瘀血的颜色被眼眶周围松弛、透亮的皮肤给放大了，使人误以为眼眶周围瘀青的颜色要比身体其他部位的深得多。

血红蛋白是红细胞中携带氧气的物质，瘀青的颜色变化正是由一系列血红蛋白分解后的化学产物所造成的。青绿色的胆绿素物质和黄褐色的胆红素都在颜色变化中起了比较关键的作用。

很难对血红蛋白什么时候分解以及各种色素什么时候相互混合做出准确的预估，但是最初的时候，瘀青基本是深蓝色、紫红色或是深红色的，随后逐步变成紫色、绿色、深黄色、浅黄色并最终消失。在一项研究中，病理学者得出结论，只能判断出黄色的瘀青是 18 小时以前撞的瘀伤。

» 为什么眼珠不怕冷?

天寒地冻，在外面行走的人常会冻得鼻尖红紫，耳朵发痛，手指麻木，可是，暴露在外的眼珠却永远不会觉得冷。

眼珠外的角膜是人体最敏感的部分，即使是针尖般大小的沙尘落到眼里，都会马上引起不舒服的感觉。为什么眼珠不怕冷呢?

这是因为眼珠上只有负责感知触觉和痛觉的神经，没有负责感知温度的神经。所以，眼珠没有冷热的感觉。眼珠前面的角膜不含血管所以热的散失也就较慢、较少，再加上前面又有柔软而且血管丰富的眼睑（眼皮），像两扇大门似的挡住了扑面的寒风，所以眼珠的温度，实际上要比完全暴露的鼻尖、耳缘、指头等部位高。

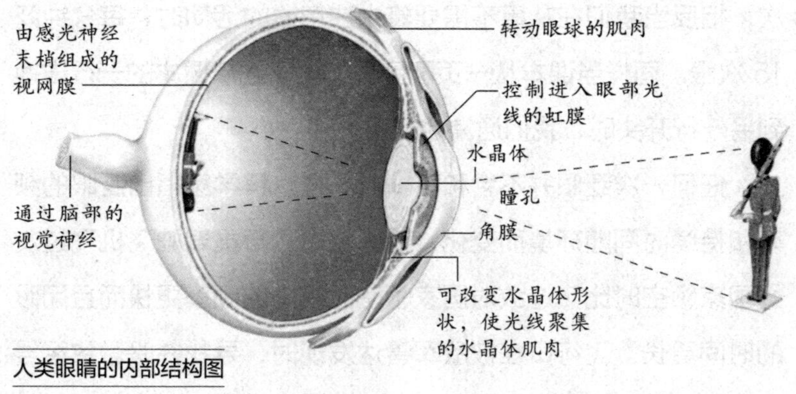

人类眼睛的内部结构图

» 我们为什么会眨眼？

我们必须通过眨眼来清洁并使双眼湿润：每次眼睑合起来的时候，泪腺中的咸的分泌物就会浸润眼睛表面，冲去细小的尘粒并润滑暴露在外的那部分眼球。一般我们每 4 ～ 6 秒钟眨一次眼，但是在刺激的环境中，例如在充满烟雾的房间，我们眨眼会更加频繁，以此来使眼睛保持清洁和湿润。

然而，如果眨眼只是为了保持眼角膜的湿润和清洁，我们需要更频繁地眨眼。婴儿大约每分钟只眨 1 次眼，但是成人平均每分钟要眨 10 ～ 15 次。目前，科学家认为眨眼是为了收集信息，因为实验表明当信息来得又多又快时我们眨眼的次数就会减少，而当我们接收的信息比较少时眨眼的次数就会增加。

眨眼就好比大脑中的标点符号，通知活跃的大脑暂停活动。如果我们正在读一个有趣的材料，我们平均每分钟眨眼 3 ～ 8

次；相反当我们在从事不需要集中注意力的活动时，每分钟眨15 次眼。同样当课本从一页翻到另一页，或从课本的一行末换到另一行开头时，我们通常会眨眼。

任何一次眨眼并不会和下一次一样。科学家指出眨眼的频率和持续时间随环境而变化。英国空军飞行员驾驶飞机飞过友好国家领空时比飞过敌对国家领空时眨眼的频率更快而且闭眼的时间更长。飞行员在被敌军雷达发现时、寻找并躲避敌军导弹时，或飞机降落时眨眼次数最少。

» 我们为什么会打嗝？

打嗝是由膈膜的突然收缩造成的，这个重要的肌肉位于胸腔底部，刚好在胃上方，它主要负责呼吸运动。

当我们吸气的时候，肺不会直接扩张：肺的扩张是因为我们扩大了胸腔的体积。由于肺“粘”在胸腔内部，所以当胸腔扩大时它们也随之扩大。膈膜是推动这种扩张的肌肉。打嗝的时候，膈膜会突然抽动，这就使空气进入肺中。同时，声门（喉咙顶部凸起的那一小块，也是喉的一部分）会突然闭合。这个突然闭合隔断了空气，从而引起打嗝。

打嗝不是开始于膈膜自身的肌肉，而是始于分布在膈膜里的神经——膈神经。在吃饭的时候打嗝是常有的事，因为分布在胃里的神经与呼吸神经有联系。不过打嗝会发生在任何时候。

打嗝有各种各样治愈的方法，例如站直并仰头喝一大杯水；举起双臂并屏住呼吸；用手指捂住耳朵并喝水；让某人突然给你一个惊吓，当然还有很多其他方法。这些方法是否有效很难说，但是当你试完所有这些复杂的方法之后，你可能就会停止打嗝了！

» 舌头为什么能辨别味道?

舌由横纹肌和舌黏膜组成。它的前部是舌体，主要受三叉神经的支配；后部为舌根，受咽神经支配。舌面和两侧，有许多突起的小乳头。乳头的四周，是味觉的感受器，即“味蕾”。为什么叫它“味蕾”呢？因为这些个体长得像花蕾似的。舌头能辨别味道，秘密就在于“味蕾”。

味蕾是椭圆形的，外面有一层盖细胞，里面就是细长的味觉细胞。每个味蕾有10～12个味觉细胞，而且都有一个小味孔。味觉细胞末端有味毛，每个味毛都伸到味孔口，专门用来辨别食物的滋味。支配“味蕾”的感觉神经末梢细支，一旦有感应，就会像电线一样，将味觉细胞的兴奋传递到大脑里的味觉中枢，从而辨别甜酸苦咸等滋味。

舌头不同部位的味蕾的味受体是不同的，对不同的刺激物也有不同的敏感区。为什么会有差异呢？这主要是由于不同部位味蕾的蛋白成分不同，从而使结合的化合物也有所不同。

对人类来说，舌的两侧后半部分的味蕾，喜欢与氢离子亲和，所以对酸味最敏感；舌尖和舌头两侧前半部分的味蕾，喜欢与氯离子亲和，对咸味最敏感 而舌头根部的味蕾对苦味敏感 舌尖的味蕾可以感受甜、咸和酸味，但对甜味更青睐。除了味蕾，舌和口腔还有大量的触觉感受器和温度感受器。在中枢神经内，再配合嗅觉参与，就能产生多种多样的复合感觉。味蕾就是这样，各司其职，又共同协作。

» 耳朵为什么能听到声音？

耳朵为什么能听到声音呢？这还必须从耳朵的结构说起。耳朵有外耳、中耳、内耳之分。在功能上，外耳、中耳主要起着搜集、传导声音的作用，是声音的传导器官。内耳才是真正的听觉器官，是声音的感音装置。在人类胚胎听觉器官的发育过程中，内耳发育最早，约在胎儿三周时就出现了。

声音传入内耳有两条途径：空气传导和骨传导。当外界的声波经过形似喇叭的耳郭收集后，通过外耳道传到鼓膜，鼓膜再通过具有扩音作用的中耳骨将声音传入内耳，让人感知到声音的存在。这就是所谓空气传导。奇妙的是，在咽部和中耳之间还有一根管状的咽鼓管，它能自动调节鼓室内的气压，保持与外界大气压的平衡。另一种情况是当外界的声波作用于颅骨后，颅骨发生振动，内耳淋巴液也发生相应的振动而让人产生听觉。但空气中的声波到达颅骨时绝大部分被反射，仅有很少部分能够传入内耳。声音最终被人们所感知，还少不了人体的听觉细胞（耳蜗毛细胞）。它能将声波的刺激通过神经纤维传入人脑中的听觉中枢，使人感知到声音。

» 为什么鼻子能闻到气味?

日常生活中，我们许多人有这样的习惯，每当吃什么东西时，往往先拿到鼻子前闻一闻，辨别一下是不是香的，有没有变质，如果变质了就不吃了。鼻子作为我们的嗅觉器官真是太有用了，我们每天都在用我们的鼻子嗅东西。鼻子为什么能闻到气味呢?

原来，在人的鼻腔顶上，有一块 10 平方厘米左右的嗅区黏膜，内含的嗅腺很多。吸气时，空气中含气味的微粒进入嗅区黏膜，并在嗅腺的分泌物中溶解，此时就会对嗅毛的双极嗅细胞构成刺激，从而引发神经冲动，这些冲动经过嗅神经、嗅球传输到大脑嗅觉中枢，从而产生嗅觉。据测算，人类嗅黏膜上的嗅细胞约有 1000 万个，它们是嗅觉的感受器。每个细胞靠近鼻腔的一侧又有 6 ~ 8 根嗅毛伸向鼻腔，因而可以捕捉到任何气味。

» 人为什么每天都会掉头发?

每天早上我们醒来时都会看到枕头上落了许多头发，在洗头时,同样也会看到许多头发脱落。人们不禁会问:“照这样下去，我们的头发是不是没几天就脱落完了？”其实完全不必为这个担心。

因为每根头发存在的时间是有限的，通常更换一次的时间为2～6年。长发是正常替换下来的头发，它掉落以后，可以在原处长出新发来。短发是更换日期还没到就掉落下来的头发，这可能是因为头发底下的毛乳头暂时遭受了不利的影响。如能把这些不利的因素消除掉，很快就能恢复正常。正常的脱发，是毛根逐渐发生角质化，向下蔓延直到毛乳头处，头发和毛乳头脱离，头发就从头皮上掉落下来，但是在原处又有一根新的头发长出来。经过这样重复循环，平时虽然有头发掉落下来，但头发总量变化不大。

那是不是无论什么情况下头发数量都保持不变，脱落之后仍会生长出来呢？不是的，如果头部的皮肤组织因创伤、烫伤、患疮疖等损伤，生成瘢痕，导致头发脱落，那以后就不会再长出新头发来了。

» 人是否聪明为什么与脑袋的大小无关？

以前，听说聪明的人的脑容量比别人大，脑袋也比常人大，这种说法把人是否聪明与人脑袋的大小直接联系起来了。按这种逻辑他们得出结论，脑袋大则人聪明，脑袋小则人愚钝。但现代科学表明，人聪明与否与人的脑袋的大小是没有关系的。

事实上，人的大脑中有许多沟回，从而增加大脑皮质的面积，大脑皮质的细胞数量也增加了。所以，脑袋小不一定具有较少的大脑细胞，脑袋大也不一定具有较多的大脑细胞。更何况一个人所受到的教育和训练在很大程度上决定着一个人的聪明才智。

人的智力的发展是随着脑的发育进行的。到了25岁左右，大脑发育成熟。在正常情况下，一个人是否聪明，起决定性作用的是后天环境的好坏。后天的环境主要指的是教育、社会实践、主观能动性的发挥等。对青少年来说，智力的形成和发展主要是通过掌握知识而来的。

同时，智力的潜力是可以被挖掘的。据科学家估算，现在人的智慧，只是大脑潜力的5%得到了发挥的结果。

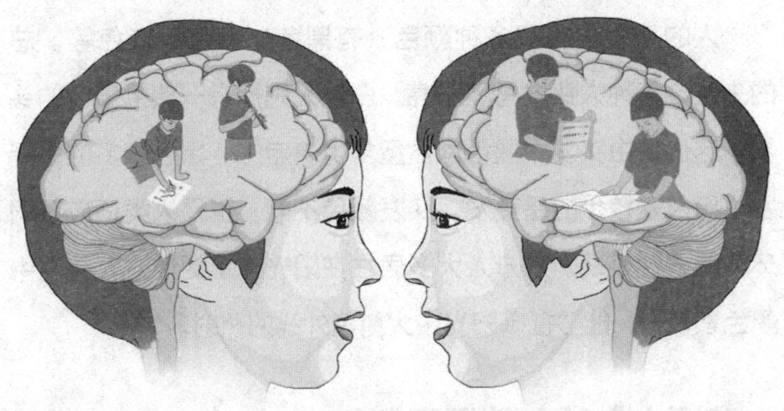

大脑

大脑是身体中最重要的器官，是身体的控制中心。不同的半球控制着不同的活动。

» 为什么东方人与西方人的长相区别很大？

大家都知道，东方人与西方人长相区别很大，这是为什么呢？

这主要是由环境因素决定的。如东方人眼珠的颜色和西方人的不一样，东方人的眼珠为黄褐色或黑色的，西方人的眼珠却是浅蓝色或灰色的。这是因为眼珠的颜色与虹膜的颜色相同，虹膜是眼球前面一个环形的膜。眼珠的颜色是由虹膜上黑色素的多少决定的。东方人以及非洲、拉丁美洲人，虹膜上黑色素较多，所以眼珠是黑色或黄褐色的；西方白种人虹膜上的黑色素较少，而血管十分丰富，所以看上去眼珠是浅蓝色或灰色的，就好像透过白色皮肤看到皮下的血管呈蓝色的一样。

人的头发也有很多种颜色，有黑色、金色、红色等。总的来说，黄种人头发乌黑发亮，白种人则拥有一头金黄色的头发。这也是由头发中黑色素含量多少决定的，黑色素多的是黑发，黑色素较少的是黄发。头发颜色不同，也是人类适应不同环境的一种表现。东方人大多居住在阳光充足的地方，头发中黑色素较多，能够抵御阳光中大量紫外线的照射。

» 非洲人为什么善于奔跑？

长期以来，非洲国家的运动员在马拉松等项目上保持着优异的成绩。在有关跑步的项目上，黑人运动员都有着不错的成绩。人们惊奇地发现，中长跑项目的优秀选手多出自非洲的东部，而世界上的短跑名将出自西非的多一些。非洲人善于奔跑的天赋得到了全世界的认同。

一家国外研究机构对非洲肯尼亚人和欧洲人的生理结构进行了比较研究，发现肯尼亚人血液中乳酸盐的积蓄比较缓慢。乳酸盐是在肌肉疲劳和身体低氧的情况下产生的，肯尼亚人的这一特点，使他们比欧洲人能够多维持10%的奔跑距离。这一点可以形象地说，肯尼亚人对“燃料”的利用效率更高。为什么会出现这种情况呢？

科学家研究发现，距离人体心脏越远的部分，移动时所需要消耗的能量就越多。例如，当你躺在地上的时候，移动一下手显然要比移动一下脚更轻松一些，这就是因为手离心脏更近。而肯尼亚人的腿都是细长的，轻巧而富有弹性。他们的腿平均比欧洲人的腿轻400克，所以他们的双腿快速移动要比欧洲人节省8%的能量。

另外，科学家还发现肯尼亚人的身体中，有一种酶的含量比其他地区的人要高。这种酶不仅能减少乳酸盐的形成，还能加强身体内脂肪

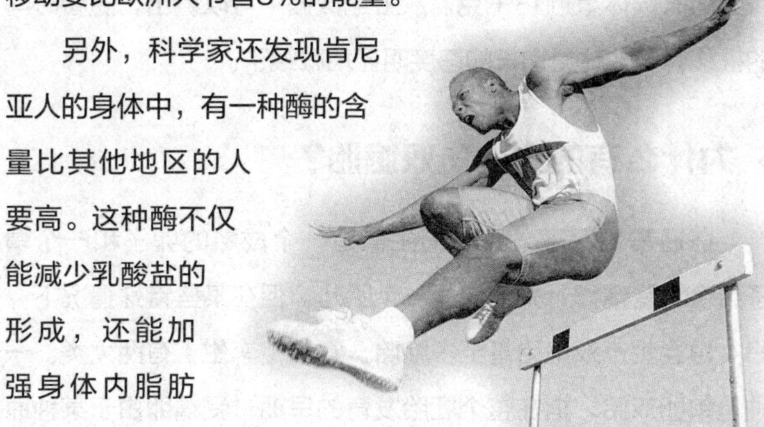

酸的氧化能力，使肌肉能够得到更充足的能量补充。

当然，这些客观原因或许能够给非洲人提供一些帮助，但是不可否认，刻苦训练才是他们获得骄人成绩的根本原因。

» 为什么婴儿的睡眠时间如此之长？

因为当婴儿睡着时，垂体腺分泌的人体生长激素的浓度要高于醒着的时候所分泌的浓度。

科学家还没有完全弄清楚身体和大脑协调该过程的机理，然而在婴儿初生的几个月里，一天中大部分的时间都被用来睡觉，醒着的时间只占一小部分，在这一阶段他们发育得异常迅速。随着一天中睡眠时间的逐渐减少，发育的速度也开始减缓。

一个刚出生时只有3千克多的婴儿通常到了5个月大的时候可长到近7千克重，11个月大的时候体重大概为9.5千克，24个月大的时候体重近13千克。从上述数据中可以看出，随着时间的推移，婴儿体重增长的速度明显地减缓了。

» 为什么有的人会生双胞胎？

在通常情况下，正常的生育是一个成熟的卵子和一个精子结合为受精卵，并演变为一个胎儿。但在某些特殊情况下，妇女也会生产双胞胎甚至多胞胎。双胎（孪生）有两大类。一种是单卵双胎，指在整个胚胎发育的早期，受精卵由于某种原因而在第一次分裂时形成两个卵裂球，两者各自发育成一个婴儿，其胎儿具有相同的遗传性，在性别、血型、相貌、指纹、身材、行为、智能和性格特点上都十分相像。另一种是双卵（异卵）双胎，是妇女同时排出2个卵子，这两个卵子又各自和一个精子受精，形成两个受精卵，由于从不同的合子演变而来，其遗传结构不同，性别往往也不相同，因而会出现身体特征不相似的现象。这种同一时间排出两个卵，大多是因为女性生理上不协调所致。两卵双胎占双胎总出现率的三分之二。双胎的产生与遗传因素可能有一定的关系。在有双胞胎兄弟或姐妹的家庭中，其后代出现双胞胎的概率较高。

» 为什么癌细胞会转移?

正常的细胞是不会转移的，良性肿瘤细胞也一样不会转移。那么癌细胞为什么具有转移的特性呢?

这是因为癌细胞具有以下一些特征:

第一，癌细胞有转移的“动力”。打个比方，地球与月亮之间存在着引力和斥力，地球和月亮由于这两股力量的相互制约，从而始终保持在特定的距离上，不会发生相对运动。人体的细胞与细胞之间也存在着引力与斥力。这体现在癌细胞的钙离子数量减少，与之相反，另一种涎酸的物质增多，这样就会使癌细胞之间的引力减小，斥力增加。这样癌细胞表面电荷就会失去平衡，为癌细胞转移产生了动力。

第二，癌细胞有类似坦克式运动的本领。细胞膜好比是“履带”，向细胞的尾部流动，并且溶解在细胞质里，这样细胞前端便空出一个缺口，让好比是“车身”的细胞质和细胞核能够轻易地向前移动。接着，溶解在细胞质里的细胞膜又重新流向细胞前端，再构成细胞膜。这样周而复始地进行，癌细胞便向前移动。

第三，癌细胞有转移的“工具”。那便是血液、淋巴液。癌细胞依靠这些“工具”进行转移。

这样，我们就清楚地知道癌细胞为什么会转移了。

» 为什么脸上会长皱纹?

我们脸上的皱纹与脚下的地球有关系。无论待在哪儿——学校、办公室，还是山顶，你的身体都时刻受到重力作用，它作用在你的脸上，就会把皮肤往下拉。如果你待在室外，阳光中的紫外线会穿过表皮，进而损伤深层的皮肤结构。

除此之外，每次微笑、皱眉，或抬起眉毛，都会让皮肤皱起。日积月累，折缝的痕迹就永久地留在了你的脸上，成为漫长岁月中喜怒哀乐的见证。

有些人因为遗传因素，不容易长出皱纹。如果你的父母或祖父母脸上皱纹不多，那么你也很可能不会长出满脸的皱纹。如果你天生肤色黑，也不太容易长皱纹。因为皮肤里的黑色素会降低阳光中紫外线对皮肤的伤害。

对于我们来说，降低紫外线对皮肤的伤害成为抵抗皱纹的主要途径。紫外线会损伤真皮——表皮下面的深层组织。在真皮中，一种叫作胶原纤维的蛋白质结构支撑着皮肤，紫外线的照射使胶原纤维凝结在一起，削弱了皮肤的弹性。而且，紫外线还会使皮肤变薄。我们知道，一张纸比一摞纸更容易折叠。同样的道理，越薄的皮肤也越容易出现皱纹。

每次做出面部表情时，面部皮肤都会被折叠，所以在被阳光晒伤过的皮肤上更容易出现皱纹。防紫外线很简单：不晒日光浴，不要长时间让皮肤直接暴露在日光下，防晒霜或遮阳伞都可以防止紫外线穿过皮肤损伤真皮。

吸烟可以加速皱纹的形成。科学家曾经将吸烟者的皮肤与不吸烟者的皮肤进行比较，发现吸烟者出现皱纹的时间远早于

老年人脸上的皱纹比较多。

那些不吸烟的人，而且吸得越多，脸上的皱纹就越多，而且越深。吸烟者出现满脸皱纹的概率是不吸烟者的5倍。

科学家发现，烟草里的有毒物质会破坏皮肤里的胶原蛋白，还会进入眼部的组织，导致鱼尾纹出现——从眼角向两侧发散的细小皱纹。此外，吸烟还会使嘴唇轮廓变得模糊不清。